1+X 职业技能等级证书配套教材

门店数字化运营与管理系列

门店数字化运营与管理教程

（中级）

MENDIAN SHUZIHUA YUNYING YU GUANLI JIAOCHENG

主　编　居长志　李加明　王　方

副主编　夏承龙　彭　亮　方　芳

中国人民大学出版社

·北京·

"1+X"职业技能等级证书配套教材·门店数字化运营与管理系列

编委会名单

前 言 ······ PREFACE

党的二十大报告指出，加快发展数字经济，促进数字经济和实体经济深度融合，打造具有国际竞争力的数字产业集群，这一点在门店行业得到了充分的体现。《国家职业教育改革实施方案》中明确提出，在职业院校、应用型本科高校启动“学历证书＋若干职业技能等级证书”（即“1+X”证书）制度试点，鼓励学习者在获得学历证书的同时，积极取得多类职业技能等级证书。

为了贯彻落实党的二十大精神和《国家职业教育改革实施方案》，积极推动“学历证书＋若干职业技能等级证书”制度试点，进一步完善相关行业技术技能标准体系，为技术技能人才教育和培训提供科学、规范的依据，中联职教（北京）科技有限公司依据当前相关行业发展实际情况，结合自身多年在零售行业的运营经验，联合行业、企业、院校，组织有关专家开发了《门店数字化运营与管理职业技能等级标准》，并在此基础上开发了“1+X”职业技能等级证书配套教材·门店数字化运营与管理系列。

《门店数字化运营与管理教程（中级）》是依据《门店数字化运营与管理职业技能等级证书（中级）》而编写，通过学习本书，学习者可以对门店、连锁门店的数字化运营形成系统且清晰的认知。在编写过程中，笔者调研了大量零售、餐饮行业企业对门店管理运营岗位的技能要求，形成了以下鲜明特色。

1. 以“1+X”证书制度为导向，以证书标准内容为基础，聚焦关键工作技能

本书积极贯彻落实国务院发布的《国家职业教育改革实施方案》中关于“1+X”证书制度试点要求，加快学历证书和职业技能等级证书的互通衔接。围绕门店数字化运营与管理职业技能等级标准，依据企业门店实际运营方式及工作流程而编写。

2. 校企合作编写，理论知识与实践技能有效融合，教材实用性强

本书为院校和企业合作编写，以门店的实际运营工作流程为蓝本，聚焦关键工作领域，将理论和实践技能有效融合。通过理论知识和实操知识的学习，学习者可以胜任相应岗位的工作。

3. 知识体系完整，符合学习者的认知规律与学习能力

本书从门店的基础运营知识入手，逐步加深难度，全方位涉及门店的运营、人员管理、财务管理等方面知识，理论联系实践，符合学习者的学习规律，有利于学习者建立完善的知识体系。

本书由中联职教（北京）科技有限公司主持编写，得到江苏经贸职业技术学院、山东经贸职业学院、山西省财政税务专科学校等众多高校，北京百品五味集团、北京比格餐饮管理有限责任公司等多家企业以及中国人民大学出版社的大力支持。其中：模块一由长沙职业技术学院彭亮、彭幸、黄静，湖南商务职业技术学院李黎编写；模块二由安徽财贸职业学院夏承龙、重庆城市管理职业学院青雪梅和长沙职业技术学院黄静编写；模块三由山东经贸职业学院李加明编写；模块四由江苏经贸职业技术学院李璐、居长志编写；模块五由安徽工商职业学院方芳、马妮娜编写。居长志、李加明、王方负责全书的统筹编审工作，为本书主编，夏承龙、彭亮、方芳协助完成本书的编写，为本书副主编。

在此，对各位老师和朋友的辛勤工作表示衷心的感谢！由于门店数字化运营与管理涉及的内容具有较强的时效性，加之编写时间有限，书中难免存在不足之处，恳请广大读者批评指正，以使本书日臻完善。

编者

目 录 CONTENTS

模块一 1

连锁门店基础运营与管理概述

模块二 2

门店全渠道数据分析与立体渠道推广分析

模块三 3

门店顾客画像分级与客户服务

模块四 4

门店 QSC 建设与现场管理

模块五 5

门店销售目标管理

模块一

连锁门店基础运营与管理概述

学习目标

知识目标

- 把握连锁门店管理的基本内容；
- 掌握连锁门店管理的 3S 标准；
- 了解连锁门店的组织架构及其组成部门；
- 熟知连锁门店各岗位的职责及各岗位人员的配置标准；
- 理解连锁门店管理的整体规划及其内容；
- 熟识连锁门店的基础管理制度和日常运作管理制度。

能力目标

- 运用 3S 标准管理连锁门店；
- 能够按标准配置连锁门店人员；
- 能够调查与分析连锁门店的经营管理现状；
- 能够胜任连锁门店人员的招募和遴选。

思政目标

- 崇尚制度，提高对制度的认可度和执行力；
- 培育创新精神，善于发现和解决问题；
- 塑造敬业爱岗的价值观，追求精益求精的品质。

知识导图

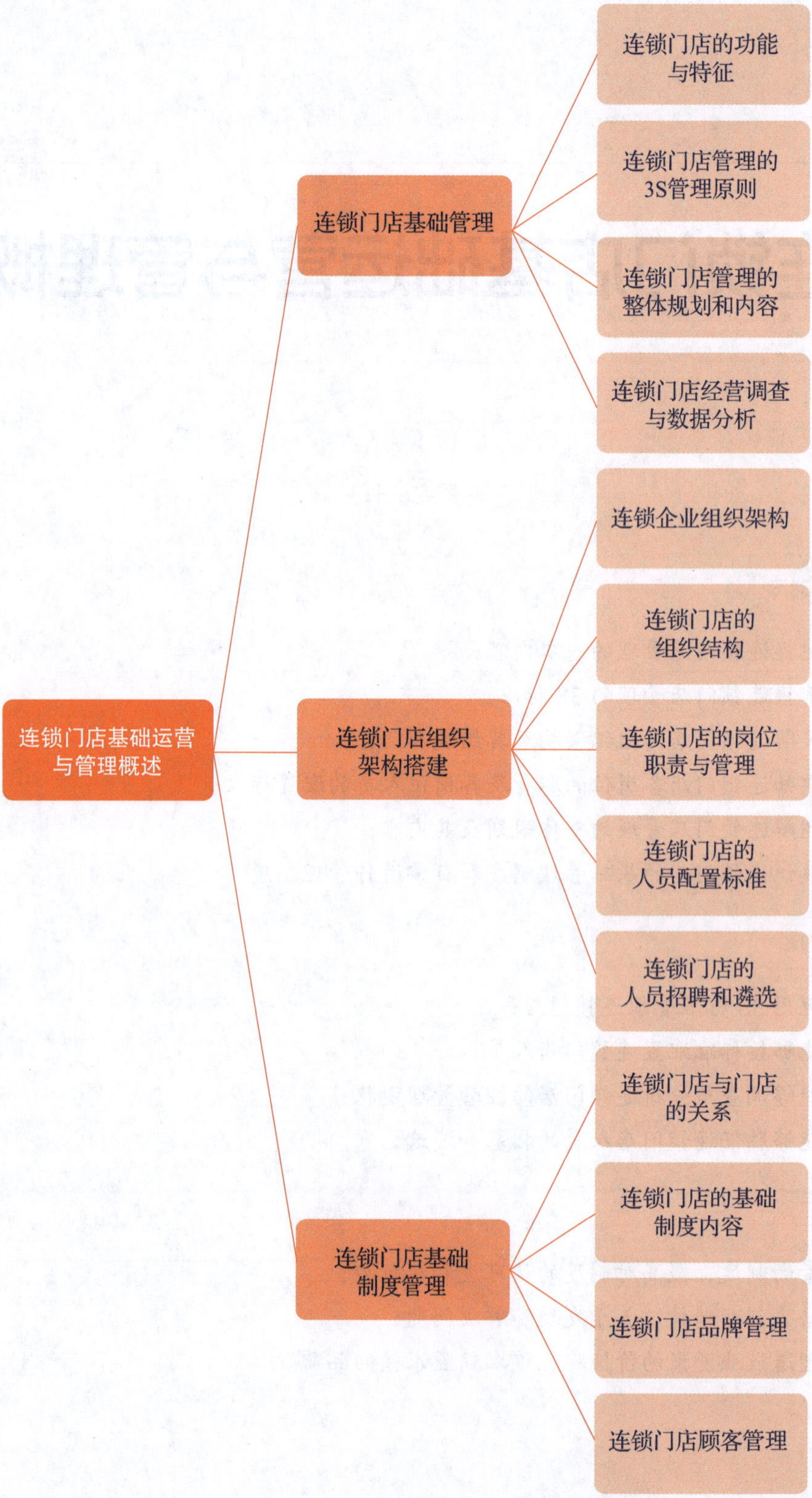
连锁门店基础运营与管理概述
连锁门店基础管理
连锁门店的功能与特征
连锁门店管理的3S管理原则
连锁门店管理的整体规划和内容
连锁门店经营调查与数据分析
连锁门店组织架构搭建
连锁企业组织架构
连锁门店的组织结构
连锁门店的岗位职责与管理
连锁门店的人员配置标准
连锁门店的人员招聘和遴选
连锁门店基础制度管理
连锁门店与门店的关系
连锁门店的基础制度内容
连锁门店品牌管理
连锁门店顾客管理

单元一

1 连锁门店基础管理

案例导入

数据驱动，打造新佳宜“决策大脑”

湖南佳宜企业管理有限公司是一家以连锁便利店特许经营加盟为主，集设计装修、物流配送于一体的连锁便利店经营管理企业。旗下品牌“新佳宜”便利店有1 400多家门店，位居中国连锁便利店企业20强。

新佳宜认识到，只有不断强化平台的数字化能力，提高精细化运营水平，才能对抗其他成本增加的压力，实现持续扩张和业绩增长。公司先后开发了“新佳宜”网络报单系统、“新佳宜”POS收银管理系统，实现了加盟门店前台销售、退货、盘点、前台订货、自动补货、自动配货、自动结报、自动结算等的智能化管理，大幅节省了管理和人工成本，显著提升了门店经营收益。通过将公司多种系统（如ERP、WMS、金蝶K3）数据进行接通、清洗、融合，打破原有的信息断层局面，实现跨平台数据查询和共享。为使用者提供一个完整的管理视图，实现数据价值的最大化。跨系统的数据整合、数据共享、实现数据可视化，形成自上而下的数据分析体系，帮助决策者进行深度数据挖掘，为终端赋能。

基于需求，公司制定了包括销售分析、采购分析、库存分析、退货分析、商品分析、人力资源、财务分析等7大主题场景的分析计划。无论是管理者、区域经理还是门店店长都能实时监测到自己关心的核心指标。使用者不仅能够在Web端处理查看数据，还支持将数据分析系统集成到新佳宜的钉钉或者企业微信中，同时还可以在移动端建立多场景的移动BI轻应用，随时随地了解销售、库存情况以及各项指标的完成情况，提高精细化运营水平

新佳宜连锁便利店，通过数据驱动，赋能终端，将成为年轻人喜爱的便利店加盟品牌！

资料来源：佚名．数据驱动便利店行业持续增长，观远数据为「新佳宜」打造决策大脑．（2019-10-30）［2021-08-08］．https://www.guandata.com/case-center/news/20191030-4.

思考：

1. 新佳宜是如何通过数字化快速扩张且盈利的？

2. 日常生活中，你接触过哪些企业开展了数字化管理？它们是怎样处理数据的？

一、连锁门店的功能与特征

连锁门店作为连锁总部的对外窗口，根据总部的信息传递制度，通过信息传递系统将顾客及自身经营的相关信息不断输送给总部有关决策部门，从而形成总部与门店、门店与顾客、顾客与总部的良性互动。门店高效、规范运作的基础是连锁企业快速扩展、成功复制的根本，是保障企业持续盈利的关键。

（一）连锁门店的定义

连锁门店，是指众多分散的、经营同类商品和服务的同一品牌的零售店，在总部的组织领导下，采取共同的经营方针、一致的营销行动，实行集中（或分散）采购与分散销售的有机结合，通过规范化经营实现规模经济效益的联合。图 1－1 所示为新佳宜连锁门店。

图 1－1　新佳宜门店

（二）连锁门店的功能

连锁门店是连锁经营的基础，主要职责是按照总部的指示和服务规范要求，承担日常销售业务。门店在其总部的统一规划下，通过实施广泛的布局、分散的销售，实现规模经济效益。连锁企业门店的具体功能可概括为以下“四力”。

1. 门店外观的吸引力

门店的外观要素包括店面设计、招牌设计、橱窗设计、出入口设计和停车场设计等。门店的外观会给顾客留下第一印象，这一印象往往是决定顾客能否驻步停留，并进店参观、购物的关键所在。

2. 门店环境的刺激力

卖场环境直接影响顾客的购买情绪，幽雅、舒适的环境可以激活顾客的兴奋点，使顾客把购物当成一大乐趣。门店可以通过科学的卖场布局、商品陈列、灯光照明、色彩表现等设计营造出良好的卖场气氛，顾客在这种温馨的环境下会产生自我发现、自我实现的购物心情。

3. 门店商品的影响力

琳琅满目的商品陈列、品类齐全的商品组合，能满足顾客的需要；自由选择、购买方便的服务方式会使顾客有一种自得其乐的感觉；商品价格档次适度，会更贴近大多数人的购买能力和消费水平。顾客在轻松、愉悦、休闲和享受的心情下选购自己心中满意的商品，会使购物成为一种乐趣。

4. 门店服务的表现力

门店的服务对象是消费者，经营者和消费者在人格上是平等的，开店经营的目的是赚取商业利润，而表现方式是为顾客服务。营业人员表现出来的优质服务会使顾客感受到人格上受到尊重，营业人员的真诚服务、热情接待会使顾客体验到购物中的愉悦与满足感。

（三）连锁门店的特征

连锁门店是社会化大生产和市场经济条件下，现代化大流通最具代表性的商业经营模式，是生产力发展到一定水平时，社会化大生产对社会化大流通的要求。连锁门店的出现把资本经营的大规模要求同零售活动的分散化、个性化特点有机地结合在一起，使商品和物资在时空领域得以重新有效地配置，从而大大地提高了社会生产率和商业经营的效率。从经营方式看，连锁门店的出现改变了过去百货商店单一的经营模式。具体而言，连锁门店主要特征如表 1 - 1 所示。

表 1 - 1 连锁门店的特征

特 征	具体表现
数量众多，规模经营	连锁经营与连锁门店营运的优势体现在通过建立数量众多的门店形成有机一体的网络系统，从而扩大市场覆盖面，形成规模经营的优势。例如，麦当劳目前在世界 121 个国家和地区拥有超过 30 000 家店，全球年营业额约 406.3 亿美元。
店名、店貌、服务标准化	连锁门店创立是现代化工业大生产原理应用到传统商业中的成功典范。它的经营要求店名、店貌、商品、服务等方面的标准化。商品购销、信息汇集、广告宣传、员工培训、管理规范等方面的统一化，从而把复杂的商业活动分解为像生产流水线上那样相对简单的一个个连续的环节来提高经营效率，实现规模效益。
统一分销	无论哪种形式的连锁，都是由总部、门店和配送中心组成。连锁经营采取统一进货、统一配送、统一价格、统一服务、统一广告、统一管理及统一核算（正规连锁）的经营模式。
经营方式多样	不同的连锁企业门店的经营方式有明显不同，如百货商店、专业店采取柜台销售和开架面售相结合的方式，超市、便利店采取顾客自主服务和统一结算方式，购物中心则采取各经销店独立开展经营活动等。
经营规模各异	连锁门店的经营规模各异，市场上既能见到如沃尔玛、麦当劳、肯德基等这样的世界巨无霸型连锁企业，也能看到许多新兴的、区域型的连锁企业，如迈德思，JJ、福建沙县小吃等。

直通职场

连锁店里“新”的管理者——“连锁经营管理师”新职业正式发布

2020 年 2 月，“连锁经营管理师”正式成为新职业，纳入国家职业分类目录，1 000

余万连锁零售管理从业人员明确了职业归属。

根据商务部 2019 年统计数据显示，全国连锁门店的数量达 2 000 多万家，从业人员 6 113 多万人，占全国总就业人数的 7.4%。其中，连锁经营管理师主要是指门店店长、区域经理以及少量在总部工作负责店铺营运的管理者，这类人群从业人数约 1 000 万人。但本次新职业发布之前，2015 年版职业分类大典中仅有“商品营业员”一个职业与零售经营的工作内容相关。此外，门店运营、品类管理等连锁经营职责在职业标准、技能培训等方面还是空白，这与行业快速发展实际需求极不匹配。

2019 年 3 月，中国连锁经营协会开始着手“连锁经营管理师”新职业信息申报工作，经过数轮的专家论证、答辩与申报材料的修改完善，连锁经营管理师职业终于正式发布，这是从国家层面对连锁经营管理职业的肯定，为行业人才的选用与培养明确了方向。

目前，线下实体零售店面和线上电商平台一体化加强，产业升级必然会带来企业人才需求的变化。连锁经营管理师也需要不断进行知识优化与迭代，提升自身职业素养，以快速适应市场需求的变化，提升顾客满意度，确保竞争力。连锁经营管理师职业的设立，将有效促进人员选聘以及职业发展的规范化，为中国现代服务业的发展提供人才保障。

资料来源：人社部. 连锁店里“新”的管理者——“连锁经营管理师”新职业正式发布.（2021-04-23）[2021-08-08]. http://www.mohrss.gov.cn/SYrlzyhshbzb/dongtaixinwen/buneiyaowen/202004/t20200423_366279.html.

二、连锁门店管理的 3S 管理原则

3S（Simplification、Specialization、Standardization），简称 3S 管理原则，是指连锁门店简单化、专业化和标准化的管理原则。3S 管理原则有助于连锁门店在激烈的竞争中迅速发展，其内因是它适应社会化大生产的要求，从而获得其他商业形式无可比拟的经济效益。

（一）简单化（Simplification）

简单化，即将作业流程尽可能地“化繁为简”，减少经验因素对经营的影响。连锁经营扩张讲究的是全盘复制，不能因为门店数量的增加而出现紊乱。连锁系统整体庞大而复杂，必须将财务、货源供求、物流、信息管理等各个子系统简明化，去掉不必要的环节和内容，以提高效率，使“人人会做、人人能做”。为此，要制定出简明扼要的操作手册，职工按手册操作，各司其职，各尽其责。

（二）专业化（Specialization）

专业化，即将一切工作都尽可能地细分专业，在商品方面突出差异化。这种专业化既表现在总部与各门店及配送中心的专业分工，也表现在各个环节、岗位、人员的专业分工，使得采购、销售、送货、仓储、商品陈列、橱窗装潢、财务、促销、公共关系、经营决策等各个领域都有专人负责。

（三）标准化（Standardization）

标准化，即将一切工作都按规定的标准去做。连锁经营的标准化，表现在两个方面：一是作业标准化。总部、门店及配送中心对商品的订货、采购、配送、销售等各司其职，并且制定规范化的规章制度，整个程序严格按照总公司所拟定的流程来完成。二是企业整体形象标准化。门店的开发、设计、设备购置、商品的陈列、广告设计、技术管理等都集中在总部。总部提供连锁店选址、开办前的培训、经营过程中的监督指导和交流等服务，从而保证了各连锁店整体形象的一致性。

实例分享

麦当劳的3S管理

简单化： 麦当劳公司拥有自己的操作作业手册，在手册中可以查到麦当劳所有的工作细节。在第三本手册中，麦当劳开始教加盟者进行公式化作业：如何追踪存货，如何准备现金报表，如何准备其他财务报告，如何预测营业额及如何制定工作进度表等。甚至可以在手册中查到如何判断盈亏情况，了解营业额中有多大比例用于雇用人员、有多少用于进货、又有多少是办公费用。每个加盟者在根据手册计算出自己的结果后，可以与其他加盟店的结果比较，这样就便于立即发现问题。麦当劳手册的撰写者不厌其烦，尽可能对每一个细节加以规定，这正是手册的精华所在。也正因如此，麦当劳经营原理能够快速全盘复制，全世界上万家分店，多而不乱。

专业化： 麦当劳通过聘用或培训专业采购人员来采购商品可使连锁店享有下列好处：对供应商的情况较熟悉，能够选择质优价廉、服务好的供应商作为供货伙伴；了解所采购商品的特点，有很强的采购议价能力。专业人员负责库存，他们善于合理分配仓库面积，有效地控制仓储条件，如温度、湿度，善于操作有关仓储的软硬件设备，按照“先进先出”等原则收货发货，防止商品库存过久变质，减少商品占库时间。

标准化： 麦当劳全世界的餐厅都有一个金黄色“M”形的双拱门，都以红色和黄色为主；根据统计，最适合人们从口袋里掏出钱来的高度是92cm，因此，麦当劳柜台设计以92cm为标准；店铺内的布局也基本一致：壁柜全部离地，装有屋顶空调系统；厨房用具全部是标准化的，如用来装袋用的“V”形薯条铲，可以大大加快薯条的装袋速度；用来煎肉的贝壳式双面煎炉可以将煎肉时间减少一半；所有薯条采用“芝加哥式”炸法，即预先炸3分钟，临时再炸2分钟，从而使薯条更香更脆；在麦当劳，与汉堡包一起卖出的可口可乐，据测在4℃时味道最甜美，于是全世界麦当劳的可口可乐温度统一规定保持在4℃。

资料来源：《麦当劳营运手册》，http://www.360doc.com/content/14/0214/23/15624738_352586864.shtml.

三、连锁门店管理的整体规划和内容

任何一个企业的经营与管理活动都离不开一定的组织结构，连锁企业由于其特殊的经营特点，使得其组织结构和具体职能与传统商业的组织形式有着明显的不同。不管哪种形式的连锁企业，其基本的组织结构一般由两部分组成：总部和门店。连锁总部是连锁经营的指挥领导层和经营决策层；连锁门店是在连锁企业经营管理的基础上，按照总部的管理要求，承担日常具体销售业务的门店。一般而言，门店管理主要是从经营理念、经营管理、商品和服务、企业识别系统及商标4个维度的执行上进行管理，如图1－2所示。

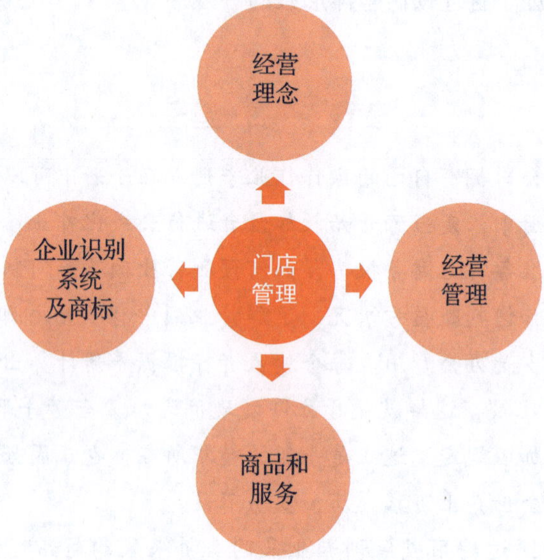

图1－2　门店管理的4个维度

（一）经营理念

所谓经营理念，就是管理者追求企业绩效的根据，是顾客、竞争者以及员工价值观与正确经营行为的确认，然后在此基础上形成企业基本设想与科技优势、发展方向、共同信念和企业追求的经营目标。经营理念决定企业的经营方向，使命与愿景一样是企业发展的基石，因此，在门店管理过程中，需要一以贯之地坚持与执行，并在出现偏差时及时纠正。

知识拓展

宜家的经营理念

（二）经营管理

门店的经营管理主要是对人员的管理、销售的管理和店面的管理，大致的人员结构及分工如图 1－3 所示。

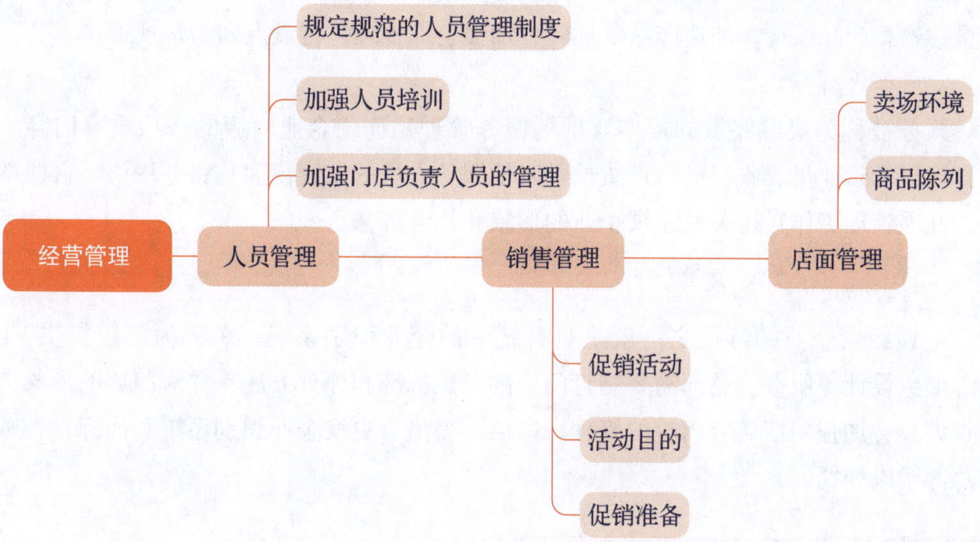

图 1－3 门店的经营管理人员结构及分工

1. 人员管理

门店中导购员的知识和技能、对品牌的认识、产品知识的掌握程度、销售技巧及处理顾客投诉等诸多方面，都直接影响门店销售情况。人员管理包括：（1）制定规范的人员管理制度，并不折不扣地执行；（2）加强人员培训；（3）加强门店负责人的管理。

2. 销售管理

门店的最终目的是能有一个较好的销售业绩，从人员管理到商品陈列都是为销售做准备，销售业务的开展，除平时的正常销售外，还可以利用促销活动来提升销售业绩，这涉及促销活动的目的和促销准备等工作。

3. 店面管理

做好店面管理，提供一个舒适、明快的购物环境，不仅能吸引顾客乐意光临本店，同时也能使工作人员保持良好的心情，更大程度地发挥积极性、创造性。店面管理主要体现在卖场环境和商品陈列两方面。卖场环境，如保持店面的清洁卫生，商品、设备的摆放井然有序；广告画、宣传海报的及时展示；在店内播放适当音乐，吸引顾客并营造销售气氛等。良好的陈列效果有助于提高门店的形象，增加门店销售量及给顾客留下良好的印象。陈列时应根据门店实际情况，选用最符合本店特征的陈列原则，方便顾客找到商品，刺激销售。

（三）商品和服务

1. 商品管理

商品是企业经营的根本，商品管理的宗旨是确保每件商品保持在最良好的状况，以备顾客挑选。优质的商品可吸引顾客继续光临门店购物；良好的商品管理，能减少不必要的次货发生，保持商品最高价值。门店应当及时分析门店销售数据，保持门店健康库存量，熟悉产品结构，加速产品的周转，加强仓库管理，将盘点列为常规工作。

2. 服务管理

服务被称为决胜终端的根本。现场服务管理是连锁企业门店的一项重要内容。现场管理包括营业员、收银员、理货员及其他服务人员的仪容仪表、服务用语、言谈举止等。此项管理工作直接关系连锁企业的形象和社会声誉。

（四）企业识别系统及商标

连锁经营企业的特征之一就是具有统一的企业识别系统，总部为门店提供 VI 方案、形象设计等服务。总部需要制订门店的形象标准和评分方法，并对门店的形象进行检查评分，加强门店店容店貌的管理。门店不得擅自更换企业识别系统和商标，否则将被总部予以处罚。

四、连锁门店经营调查与数据分析

作为门店经营管理者，需要了解下属门店的经营现状。通过调查与分析现状，找到现存问题，挖掘团队能力，掌握经营方向，制订工作计划。

下属门店经营现状调查可通过内部调查和外部调研两种方式，调查下属门店在一定经营周期内的经营状态。

（一）内部调查

内部调查主要是调查门店的经营管理状况和员工的工作能力。作为门店经营管理者，可通过门店内部系统给出的运营报表对门店经营状况进行全面评价。门店经营指标如表 1－2 所示。

表 1－2　门店经营指标分析

指标名称	指标说明
销售指标分析	主要分析本月销售情况，本月销售指标完成情况，与去年同期对比情况，通过这组数据的分析可以知道同比销售趋势，实际销售与计划的差距。
毛利分析	主要分析本月毛利率与去年同期对比情况。通过这组数据的分析可以知道同比毛利率状况，以及是否在商品毛利方面存在不足。
营运可控费用分析	主要是本月各项费用明细分析，与去年同期对比情况，有无节约控制成本费用。这里的各项费用是指：员工成本、能耗及办公用品费用，维修费用，房租，存货损耗，日常营运费用，通过这组数据的分析，可清楚地知道门店营运可控费用后的列支，是否有同比异常的费用发生，有无可以节约的费用空间。
平效	终端卖场 1 平米的效率，一般作为评估卖场实力的重要标准。“平效”一般指年度平效，也有的门店同时采用月度平效，计算方法：平效＝销售业绩 ÷ 门店面积，也就是指平均每平米的销售金额。平效越高，同等面积条件下实现销售业绩也就越高。

续表

指标名称	指标说明
人效	即人的效率，也称为管理人的有效能力。人效同时也是用来衡量企业人力资源价值，形成一种计量现有人力资源获利能力的指标。人效的本质特征取决于人力资源的性质，涉及所有服务的企业业态。
盘点损耗率分析	主要是门店盘点结果简要分析，通过分析，及时发现门店在货品进、销、存各个环节存在的问题。
门店商品库存分析	主要是本月平均商品库存周转天数，与去年同期对比分析。通过这组数据分析，看门店库存是否出现异常，特别要看是否有库存积压现象。
员工工作效率分析	从某种程度上来说，员工的工作态度直接决定了店里营业额的多少。如果员工长时间工作激情不高，管理者就要思考其中的原因，是绩效考核不实用，还是晋升机制不健全，抑或是管理者对待员工的态度有问题等，要深度分析并总结，做出解决方案。

（二）外部调研

外部调研主要是对环境趋势、行业竞争、顾客需求等进行调研。

环境趋势，是企业对整体社会的政策、文化、人口、经济状况、技术等全面的了解和把控。

行业竞争，是对所处行业的竞争对手进行调研。

顾客需求，通过调研顾客对产品的需求、喜好和满意度，了解顾客对门店的满意度和商品的喜好情况。

单元二 2 连锁门店组织架构搭建

案例导入

居然之家数字化变革“从业务做到组织”

北京居然之家投资控股集团董事长汪林朋在湖畔大学答辩中提出，数字化时代企业转型能不能成功的决定性因素是组织能不能成功转型。为了适应数字化转型带来的新变化，居然之家在组织上进行多触角的尝试。

第一，向合伙制转型，将企业从投资人投资平台转型为员工创业平台，让更多员工参与到企业的分利中来。

第二，推进组织结构的扁平化，以往的金字塔组织正一步步转向数字管理平台，组织结构更为精简，曾经自上而下的5级管理机构已经压缩到3级架构，地级分公司被“砍”掉；同时，增加数字化部门的所需人员。

第三，以数字化研发部门为核心组织，全面推进企业经营管理在线化。在线部门都已是集团总部的一级部门，数字化相关的管理部门已经占到所有部门三分之一。

第四，打破工作时间与地点的限制，推动柔性化组织和用工的管理。

仅仅依靠自己的力量不够，汪林朋还从外部聘请了一个咨询公司帮助其改造，同时借助阿里的专业团队帮助其实现数字化，至今阿里仍有一个团队常年在居然之家办公。

思考：

1. 数字化时代的组织变革趋势是什么？
2. 管理者在进行组织结构设计时，需要考虑哪些因素？

一、连锁企业组织架构

（一）连锁企业组织架构设计原则

为了保证组织结构朝着有利于实现战略目标的方向发展，同时也为了便于统一共识、给予团队人员安全感，需要事先明确组织结构优化的原则。一般而言，连锁企业组织结构应该遵守以下原则。

1. 任务与目标原则

强调各部门的目标与组织的总目标保持一致，各部门或者科室的分目标必须服从组织的总目标。只有目标一致，才能同心协力完成工作。

2. 统一指挥原则

每个环节有人负责，每个人知道对谁负责，而且只对一个上级负责，每个上级知道哪些人对他负责，上下级线条明晰、统一，责任清楚，避免多头领导，责任不清。

3. 专业分工和协作的原则

本原则是指组织结构应能正确地反映为实现组织目标所必需的各项任务和工作分工，以及这些任务和工作之间的协调，组织的运行才能达到精干、高效。

4. 责权对等原则

为了保证组织结构的完善和组织工作的有效进行，在组织结构的设计中，职位的职权和职责要对等一致。

5. 精简高效的原则

部门绝不是越多越好，以层级简洁、管理高效为原则。过多则效率低下，过少则残缺不全。

6. 集权与分权相结合原则

企业的集权与分权各有利弊，只有结合起来，才能扬己之长、补己之短。

7. 稳定性和适应性相结合原则

组织结构及其形式既要有相对的稳定性，又要与环境相适应，随环境的重大变化而调整。

（二）连锁企业组织架构的类型

连锁企业组织架构的基本类型有职能型组织结构、分部型组织结构和矩阵型组织结构。

1. 职能型组织结构

按照工作职能将具有相同专业背景的人员归入同一部门。缺点是各职能部门由于工作专业化程度高，对组织的整体动作缺乏了解，易引发部门间矛盾，如图 1－4 所示。

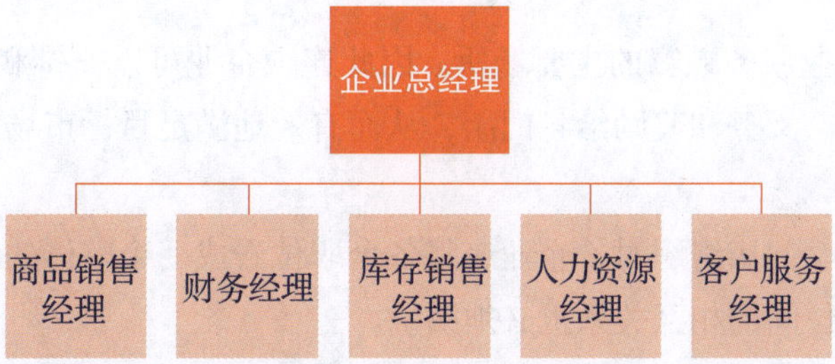

图 1－4　职能型组织结构

2. 分部型组织结构

赋予各分部负责人在运营方面的绝对权力，每个分部类似一个智能型组织，分部型组织结构有利于提升经营效益，其缺点在于部门的重复设置，造成效率的下降。如图 1－5 所示。

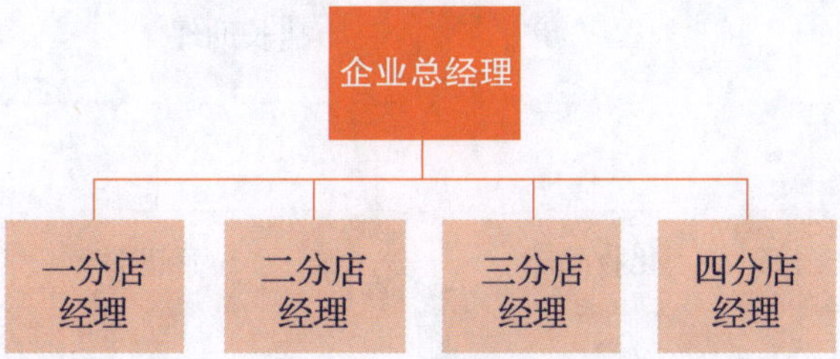

图 1－5　分部型组织结构

3. 矩阵型组织结构

这种组织结构是对职能型组织结构与分部型组织结构的一种综合，可以更好地配置各项资源，促进经营目标的达成。缺点是容易造成组织内部的矛盾，如图 1－6 所示。

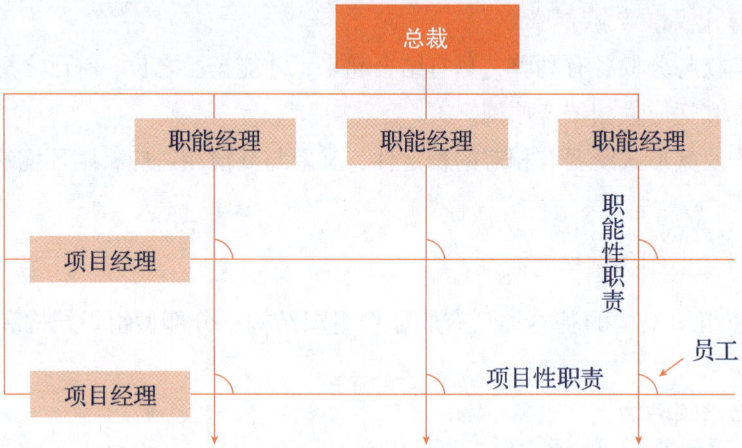

图 1－6　矩阵型组织结构

二、连锁门店的组织结构

门店是连锁企业服务顾客的主要场所。因此连锁企业可以安排和分配任务（职能）、政策、资源、权利、义务和奖励给各门店，从而有效地满足目标市场、员工和管理层的需要。

在筹划架构一个门店组织时，企业应将各个职位看成一个整体的组成部分。职位必须明确、清晰，职位间的相互关系也必须明确。

门店通常按商品品类大类设置相关部门，再辅以相关服务部门形成分店的组织构架，或者主要包括收货部、防损部、收银部、服务中心、综合服务部。人力资源部和采购部可由总部直接统一负责，也可在分店设置相应部门，负责分店的人事、商品采购工作。典型的连锁门店组织结构如图 1－7 所示。

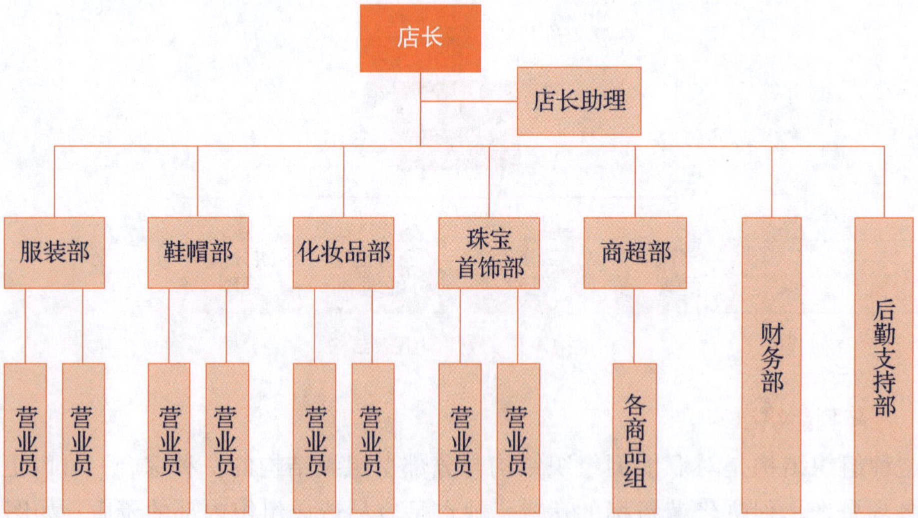

图 1－7　典型的连锁门店组织结构

三、连锁门店的岗位职责与管理

连锁门店的岗位和岗位职责要根据门店的任务、目标和需要而确定。连锁门店确定工作任务后，将任务细分并归集成岗位职责和具体工作内容，根据岗位职责制定岗位标准。

岗位一旦归集完毕，其职位的功能职责如何，必须明确制定，这样才能有针对性地进行人员编制，另外，须对职位进行管理，并将其作为招聘的参考工具及教育培训发展的依据，从而使人力规划更精准，并作为工作职责与绩效目标的检核及规划合理的薪资制度的依据，故在进行职位规划与管理时，通常要遵循以下步骤。

（一）工作分析

工作分析又称职位分析、岗位分析或职务分析，指全面了解获取与工作有关的详细信息的过程，是对组织中某个特定职务的工作内容和职务规范的描述和研究过程，即制定职务的说明和职务规范的系统过程。工作分析探讨的内容包括：做什么事，如何去做，为能顺利完成工作所具备的知识、态度和技能如何。

（二）工作岗位说明书

工作分析的书面结果就是工作岗位说明书。工作岗位说明书概括了每个职位的名称、目标、义务和责任，如××公司门店经理的职位说明书（见图1-8）。人力编制、人员招募、异动与晋升、培训、薪资给付、绩效管理等都是依照职位说明书来实施的，因此，书面化的建立有其必要性，而每个职位都必须有相对应的职位说明书，以利于职位管理制度的推行，它是对员工进行聘用、监督和评价的工具。

职位名称：××公司门店经理
职位上级：高级副总裁
职位下级：门店所有员工
职位目标：经营门店及配置门店人员
任务和责任：
销售预测和财务费用预算
人员招聘、甄选、培训、激励、评估
商品陈列、存货管理、商品订购审核和分店间调货
处理门店收据和与银行账款
处理顾客投诉和分析经营数据
提交门店年度工作总结和计划，按月提交运营报告
参加会议：
每月参加由高级副总裁主持的会议
监督部门经理的例会

图1-8 ××公司门店经理的职位说明书

值得注意的是，在把任务归集为岗位职责时，应考虑实施专业化分工。在专业化分工条件下，每名员工对有限的职能负责（与之对立的是每名员工执行多种职能）。但是，所有的方法都是有利有弊的，具体如表1-3所示。因此，就需要连锁门店经营者在管

理过程中采用适当的方式扬长避短。

表 1-3　专业分工的优缺点

优　点	缺　点
任务范围明确，可以获得专业技能	士气低落（工作枯燥乏味）
降低培训费用和时间	员工意识不到自己职位的重要性
可以雇用受教育水平较低和经验较少的人员	可能需要更多员工

直通职场

门店部分岗位的工作任务

四、连锁门店的人员配置标准

连锁企业一般由众多的门店组成，每个门店的营业面积、营业额、劳动量却不相同，因此，保持门店预期需求与人员供给之间的平衡就成为门店人员配置的一大难题。门店人员配置分为可量化人力编制和非量化人力编制。

（一）可量化人力编制

可量化人力编制衡量标准有 4 个，分别是店数、每人目标营业额或每人目标服务顾客数、各项作业工时和可用薪资费用额度。以下介绍两种常用的配置方法。

1. 从员工生产性指标来估算

以连锁超市为例，从员工生产性指标来估算人数的主要方法有两种：

（1）总员工数 = 总目标销售额 ÷ 每人销售额（1+ 工资提升率）。

（2）总员工数 = 目标销售总利益额 ÷ 每人目标销售总利益。

2. 从各部门各职务分析工作量来推算

（1）确立各单位内必要的工作；

（2）将这些必要的工作分配到组织内的成员；

（3）根据分工结果设定职务，并明确职务内容；

（4）通过工作量的测定、宽裕时间的算定来设定各职务员工的定额。

例如某门店一天的客流量为 1 000 人，购买商品的顾客为 30%，1 名收银员 1 天可以接待 100 名顾客，那么该门店需要设置 3 个收银员岗位。

（二）非量化人力编制

非量化人力编制适用于无法直接以营业额、店数等数量化标准衡量的人力编制，如后勤的企划人员等，只能以其职位说明书的工作内容进行工时分析或是参考相关同业的标准分析，具有较主观的判断且易受组织功能需求、作业流程及信息化程度等因素的影响，也是最不易管控的人力编制。

五、连锁门店的人员招聘和遴选

（一）人员招聘

如何为门店招聘到优秀而又合适的人才，不仅是令招聘人员感到棘手的问题，也是令门店管理者头痛的问题。门店的招聘计划的设定与实施，都会影响门店招聘的效率和招聘的质量。进行门店招聘一般包括以下步骤。

1. 获取人员需求信息

包括人员的职务名称、岗位名称、总人数、任职资格、部门的分别录用数及男女员工的比例等。

2. 选择招聘信息的发布时间和发布渠道

要确定何时招聘，采取网络招聘还是现场招聘，时间如何安排。如果是现场招聘，是到招聘会还是采用其他的方式。

对底层的销售职位，门店倾向于依靠教育机构、广告、上门求职者（或写求职信者）以及员工推荐。对中层管理职位，门店则利用职业中介机构、竞争者、广告及从现有员工中提拔。

3. 初步确定招聘小组

此项目包括小组人员分配及各自的职责等。有时，招聘会比较集中而且分配在不同的地区，这时就要确定好重点小组，以确保招聘任务的完成。

4. 录用条件的制定

有的职位要求员工具有一定的学历，有的职位要求员工具有一定年限的工作经验，有的职位专门要求男性，有的职位则要求女性，等等。这些录用条件事先都要制订好，以便提高招聘效率和质量。

5. 面试方案的制定

面试方案包括选拔实施的场所、用于考核的题目、具体实施的流程、参加面试考核的人员等。

6. 招聘成本的核算

招聘成本的高低是衡量招聘工作好坏的标准之一。如何既能降低成本，又能提高招聘效果，是进行招聘成本策略选择时需要权衡的问题。招聘成本主要包括招聘费用、选拔费用、录用费用、安置新员工费用和新员工培训成本等。

7. 录用决策

这是人员招聘的最后一个工作环节，包括 4 项工作，具体如表 1－4 所示。

表 1-4　录用决策工作内容

工作环节	具体内容	注意事项
确定录用名单	确定最适合职位要求的人员名单，发出录用通知书。	1. 录用通知书中明确报到的时间和地点； 2. 附上如何抵达报到地点的详细说明和其他应该说明的信息。
签订劳动合同	门店与员工签订劳动合同。	根据《中华人民共和国劳动合同法》，劳动合同中要明文规定员工的试用期限和用工期限以及相应的薪资待遇，明确双方的责任、权利和义务。
岗前培训	1. 让新员工接受企业的经营理念； 2. 熟悉各项管理制度，适应新的环境； 3. 掌握专业岗位技能。	明确时间、地点、培训期间的工作及薪资待遇等事项。
试用安置	新员工一般都有一定期限的试用期。	明确试用期时长、工作内容、薪酬待遇、考核方式、结果通报等事项。

（二）人员遴选

门店的人员遴选，可利用的工具有职位分析和说明书、申请表、面试、测试（视情况而定）、调查和体检，这些步骤应作为一个整体来执行。门店人员遴选所用工具如表 1-5 所示。

表 1-5　门店人员遴选所用工具

工具与环节	内　容	作　用
职位分析	收集与每种职位的职能和要求有关的信息，涉及任务、责任、才能、兴趣、受教育水平、经验及健康状况等方面。	选择人员，确定行为标准和薪酬水平。
说明书	职位的名称、隶属关系（上级和下级）、基本职责、各职位与总目标的关系、职位间的依存关系及信息流等。	招聘和求职双方目标性更强。
申请表	应聘者受教育水平、工作经验、健康状况、前一份工作的离职原因、家庭成员、业余爱好及联系方式等方面的资料。	甄选应聘者时使用的第一种工具，职位说明书结合起来使用。符合职位最低要求的应聘者进入下一道程序（面试），不符合的就立即回绝。这样，申请表便提供了一种快速而低成本的甄选手段。
面试	面试的正式程度、面试的次数与每次面试持续的时间、面试地点、面试参加者，以及面试结构。	获取那些只有通过面对面提问和观察才能收集到的信息。比如，应聘者的表达能力、外貌、职业目标等。
测试	主要包括 3 个层次： 一是收银员、理货员等操作层次的岗位，主要观察他们的仪容仪表，询问其工作动机； 二是技术性强的岗位，还要测试其操作技能； 三是管理岗位，还需要进行心理测试，包括人格、能力、兴趣爱好等。	能力测试获得的是关于特殊技能方面的信息，而且能直接显示出知识与能力的关系。

续表

工具与环节	内容	作用
调查	在面试之前或之后，零售商还需获得应聘者的推荐资料。	了解他人是否热心推荐申请者，验证申请人是否诚实，询问申请人离职的原因，了解申请人的担保人的情况等。
体检	针对那些属于体力劳动范围、工作时间长且比较紧张的零售职位，特别注意。	不同岗位对身体健康的需求，遵守相关法律法规。

单元三 3 连锁门店基础制度管理

案例导入

盒马让数据高效运转

“盒马鲜生安全管理平台”让门店的实时信息通过数据自动回流到管理部门，确保组织间的信息通畅，重要信息随时采集，实时分析。用线上化、标准化管理的方式，扛起盒马安全管理的重任。门店管理人员可以第一时间将门店的实时数据上报给总部，少了中间层层汇报的环节，让信息的上传下达更通畅，管理者也可以第一时间了解到各个门店的动态情况，对整个管理大盘做到心中有数。针对定期收集汇总的内容，则可以通过线上周报、月报的填写方式完成，一线门店信息直达总部，效率高并有效防止信息失真。

资料来源：阿里巴巴企业智能．盒马门店的数字化管理，让数据高效运转是关键．（2020-12-04）［2021-08-08］．https://www.sohu.com/a/436175363_612370.

思考：

1. 盒马门店数字化管理主要包括哪些内容？
2. 如何设计门店数字化管理的组织结构？

一、连锁门店与门店的关系

连锁门店与门店的关系可以从其联系和区别两个方面来看。

（一）连锁门店与门店的联系

连锁门店与门店在理解上有包含关系，在内容和形式上有较大差异。从两者的联系来看主要如下。

（1）都是对消费者进行商品（有形或无形）销售或经营的场所；是进行经营和服务的基本条件，是确定经营规模的依据之一。

（2）都是以降低成本、提高利润为目的。提高销售收入主要体现在价格和销售数量方面，降低成本主要从经营的固定成本和变动成本入手，尤其是人力成本。

（3）都可以适用于不同业态。业态是商业组织类型和经营方式的具体形态，针对不同的目标群体，设置不同的业态类型，如商品结构、经营规模和销售方式等不同的形态。

（4）都有传递商业信息的功能。商业信息指能够反映商业经济活动情况，是经营活动中各种消息、数据、情报和资料的统称，主要表现在市场供求变化的数据。

（5）都是商业价值的体现。商业价值指在经营过程中商品和服务的经济价值，主要以货币为单位来衡量和测量。

（6）都重视人、货和场景。人主要指目标客群，需以提高目标顾客的满意度和忠诚度为主；货主要指商品或服务，要提高商品的性价比和服务的认可度；场景体现的方面很多，比如视觉、听觉、嗅觉、触觉、味觉和感觉等方面。

（二）连锁门店与门店的区别

连锁门店与门店的区别主要从经营方针、购销模式、组成结构、管理原则、成立条件、存在形式等方面比较，如表 1－6 所示。

表 1－6　连锁门店与门店的区别

要素点	连锁门店	门店
经营方针	经营理念、企业识别系统及商标、商品服务和经营管理统一	没有固定要求
购销模式	集中（或分散）采购与分散销售	采销一体
组成结构	有总一分管理和上下结构	有上下管理结构
管理原则	3S 管理	随意性较强
成立条件	具有商标、商号和经营模式等资源	取得营业执照
存在形式	直营连锁门店、加盟连锁门店和自由连锁门店	自由店

二、连锁门店的基础制度内容

连锁门店基础管理内容非常繁杂，大部分是重复的例行性事务，归纳起来主要有连锁门店人员管理、物料管理、服务管理、品质管理、财务管理和环境管理等方面，在实际管理过程中，要根据连锁总部的基础制度，因地制宜地制订出门店管理手册，做到制度管人，流程管事。

（一）连锁门店人员管理

连锁门店的人员管理，主要根据连锁总部的人力资源管理制度，落实门店的人员招聘、人员培训、薪酬与考核、晋升等方面的工作内容。如图 1－9 所示。

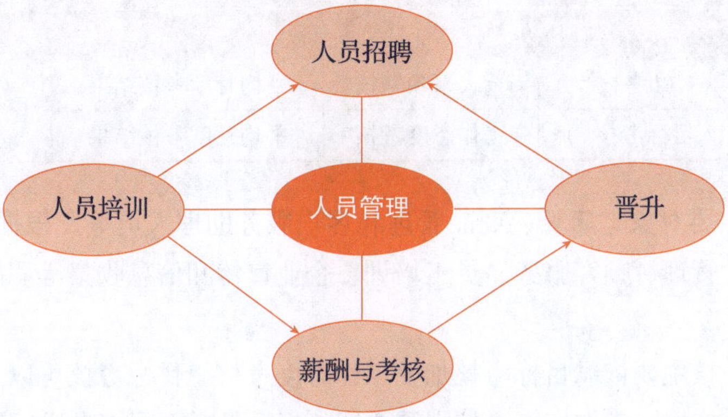

图 1－9 门店人员管理内容

1. 门店人员培训

培训能提高门店人员的技术能力和操作熟练度，是实现人才储配的重要手段。在连锁门店人员培训中，店员到店长都须参与培训，培训的内容因对象和要求的不同而不同；门店实施培训一般分为 3 个阶段，从培训需求分析阶段，到培训实施阶段，再到培训评价阶段。

培训内容：一般包括经营理念、营业技能、岗位技能、服务技能和管理相关知识。

培训方法：一般有一对一指导、现场说法式培训、交流学习、团建式、娱乐竞赛式、会议式（网络）、实例分析式。

培训层次：有职前培训、在职培训和脱产培训；职前培训主要包括制度规范培训和专业知识技能培训；在职培训偏向于操作实务性培训，主要按人员职位、工作时段、工作内容和发展规划来培训。

2. 门店人员薪酬与考核

（1）门店人员的薪酬。

好的薪酬管理能极大地调动门店员工的积极性、创造性，从而吸引人才，用好人才、留住人才，促进门店目标的实现。门店人员的薪酬主要体现在薪酬水平、薪酬结构、薪酬构成 3 个方面。门店人员薪酬管理的内容主要体现在日常薪酬管理上。

门店人员薪酬制度的主要形式：任务提成制、技术等级工资制、岗位或职务等级工资制、结构工资制、岗位技能工资、利润分红和员工持股计划。

（2）门店人员的考核。

门店人员的考核常见的方法一般有简单排序法、相对比较法、强制分布法、行为锚定法、目标管理法、关键绩效指标法、等级评估法、平衡计分卡、全视角考核法和关键事件法等。

门店的员工分为管理团队的考核和普通员工考核，不同对象的考核内容和方法有差异（如表 1－7 所示）。

表 1-7　门店考核内容

考核对象	考核要素			
	月　度		年　度	
管理团队	KPI 考核	重大事项考核	平均月度考核结果	能力素质考核
门店个人	目标考核	工作态度考核	平均月度考核结果	能力素质考核

管理团队主要对象是店长、商品管理和客户服务助理人员等。根据门店销售完成、利润实现、商品管理、顾客服务、员工培训、企业宣传和信息收集等职能来设计其考核指标（KPI）。

门店员工考核主要依靠目标考核加上工作态度考核。目标考核可以采用日均销售任务指标作为考核依据。工作态度考核则需要店长每个月对不同店员进行工作态度评分。

门店考核的实施主要从收集信息与资料累积到绩效沟通与管理，再到绩效考评数据处理。

收集信息与资料累积：所采集的材料尽可能以图文的形式说明所有行为；所采集的材料应当说明是考评者直接观察的结果；做好原始记录的保密工作。

绩效沟通与管理是在考核初期，必须经过沟通使人员明白绩效目标和要求。

绩效考评数据处理包括表格的设计与发放、收集考评数据记录、对考评数据的统计、计算机处理数据、考评数据的保存和文档的保管。

3. 门店人员晋升

晋升作为激励的手段，在门店的人员培养工作中尤为重要。完善内部人员的晋升通道，避免人才流失。门店人员晋升制度是为了提升个人素质和能力，充分调动人员的主动性和积极性，并在门店内部营造公平、公正、公开的竞争机制，规范门店的晋升、晋级工作流程而特制定的制度。

晋升的原则是德绩兼备、公平公正和“阶梯晋升”与“破格提拔”相结合。

晋升的模式为工作表现晋升模式、投入程度晋升模式和按年资晋升模式。

晋升的类型一般分为职位晋升、薪资晋升；职位晋升、薪资不变；职位不变、薪资晋升。

晋升的实施要严格按照门店晋升制度执行，在实施中要提前公布晋升计划和晋升资格，要对晋升条件制定具体的审查标准，确定晋升标准体系，明确晋升途径和晋升类型；要让门店人员非常清楚什么情况可获得晋升，在晋升基准公平公开的情况下，门店人员才能具体掌握努力的方向。在审查标准中一般分为业绩和考绩加上其他能力。例如麦当劳的门店人员晋升历程如图 1-10 所示。

（二）连锁门店物料管理

门店的物料管理是对其经营活动所需各种物料的采购、验收、销售、保管、发放、合理使用、节约和综合利用等一系列计划、组织、控制等管理活动的总称。物料是门店运营的物质基础，主要包括商品或服务、现金、信息数据和设施设备及其他辅助门店营运的能源和材料，其中核心物料是商品和服务，其次是现金和信息数据。

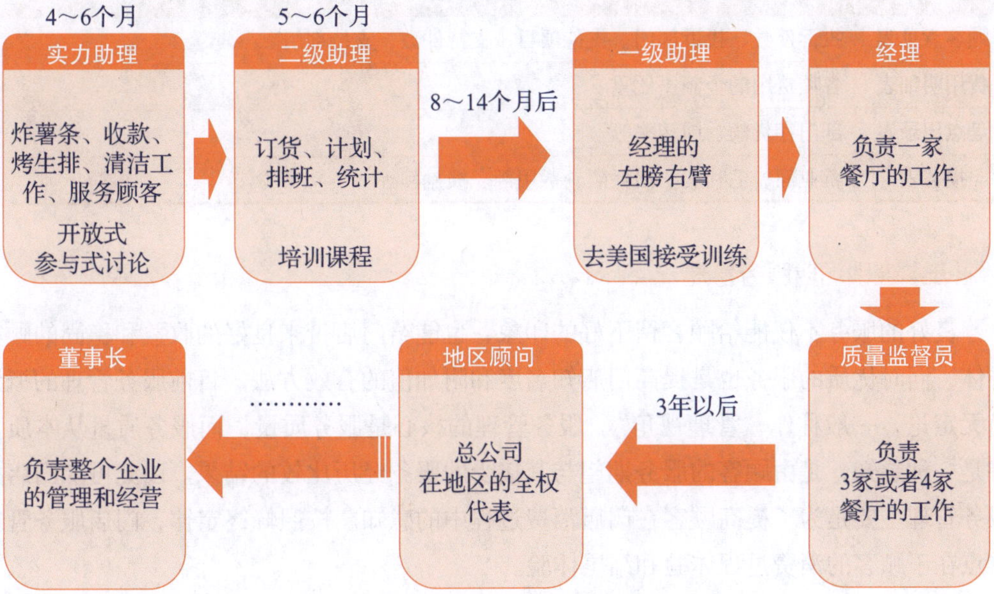

图 1-10 麦当劳的门店人员晋升历程

1. 现金管理

门店经营中的现金流水比较大，现金安全尤为重要。现金管理具体内容和描述如表 1-8 所示。

表 1-8 门店现金管理内容

内容要点	具体描述
每日营业收入	保证经营管理最后成果的安全性，做好报表和各种单据的管理
收银管理	控制收银差错率、规范收银员行为、大额现金管理
交班现金管理	规定备用金的额度和管理措施，清点自己的营业款，填写现金解款单
进货票据管理	保存规范，避免流失

2. 信息数据管理

做好信息数据管理是门店运营管理的基本要求之一。当前在数据为王的时代，谁能准确收集、分析和使用大数据，其经营管理效果会取得很大进步。具体内容如表 1-9 所示。

表 1-9 门店信息数据管理内容

内容要点	具体描述
营业日报表	营业日报表、时段营业日报表、销售比、营业额、来客数、客单价、商品实销单价
商品排行表	销售额排行表、销售量排行表、交叉比率排行表、周转率排行表、毛利率排行表等
促销效果表	营业额、来客数、客单价、促销品、毛利率等在促销前后的差异

续表

内容要点	具体描述
顾客意见表	投诉件数、投诉部门、支持项目、支持件数、支持部门
费用明细表	各项费用的金额、比重
盘点记录表	部门存货额、周转率等
损益表	营业额、毛利润、损耗额、费用额、损益额等

（三）连锁门店服务管理

良好的服务不仅能给顾客留下好的印象，也能给门店带来良好的收益和稳固的顾客群体，同时优质的服务也是提高门店知名度和附加值的有效方法。目前服务管理的概念尚无定论，一般称作“管理视角”。服务管理的核心是服务质量，而服务质量从本质上讲是一种感知，是由顾客的服务期望与其接受的服务经历比较的结果。以此可知门店的服务管理主要是为了提高顾客在门店消费过程中的感知。按照峰终定律，门店服务管理重点在于顾客的消费过程体验和结尾体验。

加强门店服务水准的管理和控制，提高顾客的消费感知。对顾客的消费感知影响有内、外部影响因素，从门店内部的影响因素来看，主要加强消费过程的售前、售中和售后 3 个方面的服务管理。具体如表 1－10 所示。

表 1－10　门店服务管理内容

消费过程	服务要素	服务要点	描　述
售前服务	顾客管理	顾客来源	周围户数、人数，顾客职业、家庭规模和结构、收入水平、性别、年龄和消费爱好等
		顾客需要	需求调查，虚心听取顾客对门店商品和服务的要求和意见
		顾客档案	姓名、地址、电话号码、惠购品、采购时间等
	环境管理	货位布局	货位调整与更新
		购物气氛	促销氛围、节日氛围营造等
		设施设备	设施设备齐整、干净、安全等
	商品管理	商品信息	商品目录、商品结构、商品名称和规格等
		商品配置	商品配置表的更新与修正，动线配置等
		商品理货	库存盘点、理货、标价、补货等具体内容
		商品陈列	陈列更新等
售中服务	营业管理	接待服务	接待礼仪、语言、服装等
		整理商品	商品归类、整理，齐整、丰满、美观大方、标签齐整、检查商品质量等
		商品介绍	职业道德规范、实事求是
	收银服务	收银过程	正确、礼貌和迅速
		商品入袋	按照货物特性入袋

续表

消费过程	服务要素	服务要点	描述
售中服务	总台服务	差错处理	礼貌耐心，合理规范
		接听电话	礼貌用语、做好记录
		存取物品	热情、礼貌、快速
		赠品服务	及时公布、程序清晰、合理规范
售后服务	退换货	退换流程	退换有实物，熟悉规定、标准和程序，及时回访
	顾客投诉	投诉意见	热情周到、认真倾听、有章可循、记录可追溯、及时处理

（四）连锁门店品质管理

门店的品质是顾客通过把门店经营的各个方面同他感受到的商品或服务所具有的品质联系起来后所得出的评价。门店的品质有一个产生、形成和实现的过程，这一过程是由一系列的彼此联系、相互制约的经营活动所构成的，这些活动的大部分是由连锁企业和门店承担的，但还有许多活动涉及外部的经营环境、供应商群体、顾客群体等。

门店的品质管理就是将门店经营过程中各个环节的活动有机结合起来，确保其品质目标的实现。目的是通过组织和流程，确保门店的商品和服务达到内外顾客期望值。要求人人参与，按标准执行。门店内部品质的管理要素如表 1－11 所示。门店品质管理的工具有分层法、柏拉图、因果分析图、对策表、箭线图、脑力激荡法和抽样检验技术。

表 1－11　门店内部品质的管理要素

门店内部品质要素	描述
功能性	是否实现门店的主要功能
安全性	商品和服务是否危险、伤害或有害性
可靠性	商品和服务的质量是否稳定
美学性	商品和服务的外观、感觉、嗅觉和味觉等
特殊性	商品和服务的额外附加值
一致性	商品和服务满足顾客的需求程度
会意质量	对商品和服务的间接评价
售后服务	对顾客的抱怨是否解决，是否使其达到满意

（五）连锁门店财务管理

门店财务管理的主要内容包含资产管理、资金管理、销售管理、成本管理、利润管理和税金管理。资产管理和资金管理事关门店财务的安全性和稳定性，销售管理、成本管理直接关系门店的盈利模式和盈利状况。

1. 资产管理

资产管理分为流动资产管理和固定资产管理。门店的流动资产主要指存货、低值易耗品和资金；主要遵循总部与门店分级负责的原则、合理设置库存的原则、分类指导的原则。固定资产由总部统一核算，折旧由总部统一提取，分店不分摊；分店设置固定资产实物卡，并承担固定资产的修理费用；固定资产的采购、添置、调拨、报废均由总部掌管，分店无权处置。

2. 资金管理

遵循“总部统一控制费用、总部统一与授权相结合、统一登记注册和统一缴纳税款、统一银行存款和贷款”的原则，其管理需提高资金的运营效率和效益，积极采取措施盘活资金存量，加快资金周转；要积极引进现代化的预算管理制度、成本核算制度和投入产出分析制度。另外，货币资金是资产管理的重要组成部分，从岗位分工控制、授权批准控制、现金控制、银行存款控制、票据控制、印章控制、监督检查等方面加强管理。

3. 销售管理

销售收入分散在各个门店，销售收入应通过结算系统进行监督管理，要对其销售收入情况和货币资金同时控制。按时编制“销售日报表”连同现金缴款单报总部，财务部监控销售收入情况及门店存款情况。

4. 成本管理

门店成本通常指的是门店为销售商品或提供服务等进行的日常经营活动所发生的经济利益的流出。按用途分为销售成本和期间费用。销售成本是销售商品的进货价格；期间费用指在一定会计期间发生的管理费用、营业费用和财务费用。门店的成本管理主要是通过商品毛利率、费用开支标准及范围、销售费用率三大指标进行控制，由总部统一进行成本核算、统一管理。

5. 利润管理

门店对外虽不是核算单位，但其内部核算制度却是健全的。门店实现销售，购进商品的成本都由核算机构按照核算程序进行核算。总部则统一规定门店的有关费用细目，每月按时由门店结算内部利润，及时将结算的利润上缴总部。

6. 税金管理

门店税金的核算及管理全部由总部统一核算、统一缴纳。

（六）连锁门店环境管理

门店的环境主要是指门店运营所需要的场所和空间，以及与其相配套的服务设备和附属场所。从整体上看，门店的环境分为内部环境和外部环境；外部环境包括商圈、店址选择、营业建筑及外观环境；内部环境主要包括门店的外观、橱窗设计以及门店内的经营环境等。经营环境是门店环境管理的重点。具体如表 1－12 所示。

表 1－12　门店内部经营环境管理内容

环境管理要素	环境管理要点	具体内容描述
卫生环境	内环境卫生	执行卫生标准，包括地面、空气、着装、设施设备等方面的卫生
	外环境卫生	执行卫生标准，如室外灯箱外墙等设施设备的卫生

续表

环境管理要素	环境管理要点	具体内容描述
安全环境	公共安全	陈设安全包括货品陈列、门店装潢、货架摆设、地面等安全管理 作业安全包括顾客安全和员工本身安全管理
	内部安全	门店开关门管理、保安报告管理、财务安全、偷窃及抢劫防范、停电应变处理、防盗系统安全
	消防安全	消防管理意识和责任划分，消防器材配置，消防报警系统、消防训练与演习
	商品安全	作业损耗有订货、收货、转移、存储、陈列、销售、退换货、盘点等损耗，偷盗盗耗、变质变价损耗
门店氛围	环境氛围	顾客购物的舒适性，如灯光、音乐、空气、休憩区等的设置
	促销氛围	价格氛围，购物氛围
	场景氛围	场景体验和场景营销
	门店布局	商品空间、顾客空间和导购空间的配置，货品配置、门店和品牌的设计风格，通道及其设施的布置

三、连锁门店品牌管理

（一）品牌

品牌是营销和战略方面的概念，关于品牌有品牌符号、品牌资产和品牌关系等学说，目前比较常用的是品牌符号。品牌是一个品称、术语、标记、符号、图案，或这些因素的组合。从品牌化的对象视角划分为产品品牌、服务品牌、组织品牌、个人品牌、事件品牌和地点品牌等 6 种类型。按照品牌的权属分为自主品牌、特许品牌和联合品牌等。

（二）连锁门店品牌

连锁门店品牌可以包括门店商品品牌、门店服务品牌和连锁企业品牌。门店商品品牌是指运用在有形商品上的用于消费者购买商品的品牌，是消费者在日常生活中最容易接触到的品牌。

门店服务品牌是以服务为主要特征，是通过传递连锁企业的质量、特色、理念和文化，让顾客感知无形的和抽象的服务产品品牌，其内容主要包括顾客服务氛围、顾客服务礼仪、顾客关系维护，如表 1－13 所示。

表 1－13 门店服务的组成要素

顾客服务氛围	顾客服务礼仪	顾客关系维护
门店视觉	店员仪容仪表	售后服务
门店嗅觉	店员行为规范	顾客回访
门店听觉	店员待客礼仪	冲突处理

知识拓展

产品与品牌的区别及表现形态

连锁企业品牌是运用在企业整体层面上的品牌，是为了在公众心目中树立专业的、有实力的、可信赖的企业形象。

（三）连锁门店品牌管理

品牌管理是企业为了创建、培育品牌并不断维护、提升品牌价值、积累品牌资产而开展的管理活动，主要包括品牌的创建、品牌的运营以及品牌的维护。结合连锁门店的实际，可知连锁门店的品牌管理主要为门店商品、门店服务及连锁企业的品牌运营与维护。

1. 连锁门店的品牌运营

一般来讲，品牌运营的内容有品牌延伸、品牌组合和品牌更新。从连锁门店的品牌运营来看，主要包含门店商品的品牌更新、门店服务的品牌组合和连锁企业的品牌延伸。

门店商品的品牌在运营中代表着门店商品的品质、特色和承诺，是连锁门店乃至连锁企业的经营特色、质量要求和形象。随着市场的变化，在门店运作过程中需要让其经营的品牌充满活力以维持市场份额，这就需要对门店商品的品牌进行更新。门店商品的品牌更新需要注意宏观经济环境、门店目标、同行竞争者、商品周期及其相关性变化。

门店服务的品牌运营须以服务产品为主要特征，合理组合门店服务的构成要素，在服务场景方面突出特色和时代感。

连锁企业的品牌主要包括连锁企业自身品牌和自有品牌。门店在运营连锁企业自身品牌的基础上，利用连锁企业在市场上已经确立的知名度和美誉度不断推广和陈列新品，使得其品牌价值得到充分利用；同时也给连锁企业品牌注入更丰富、更具活力的元素，提升其品牌价值。例如：海底捞火锅店是顾客非常熟悉的餐饮品牌，该企业也有“海底捞”火锅底料的零售产品。

2. 连锁门店的品牌维护

连锁门店的品牌维护主要包括对门店商品、门店服务及连锁企业的品牌资产管理和品牌权益保护。品牌资产管理主要是为了提升连锁门店的品牌资产价值。品牌权益保护主要涉及：一是连锁门店的品牌受到侵害时，连锁门店必须采取有效措施维护其权益；二是当连锁门店的品牌遭遇危机时，连锁门店必须采取危机管理手段，确保化险为夷。连锁门店的品牌维护包含门店商品、门店服务及连锁企业的品牌资产管理、品牌防御管理和品牌危机管理。

四、连锁门店顾客管理

顾客是连锁门店乃至连锁企业的利润源泉，门店顾客管理是通过有效地了解、分析顾客和及时处理好顾客关系，提高顾客的忠诚度和满意度，从而提升门店的经营效益。其中处理好顾客投诉及意见是门店经营管理过程中的重要一环，是顾客管理的重要内容。顾客投诉的合理处理，企业、门店信誉和顾客利益才能得到维护。

（一）顾客投诉意见的主要类型

顾客抱怨既是门店经营不良的直接反映，又是提升门店经营管理水平的信息来源之一。事实上，并非所有的顾客抱怨都会直接向门店反映，而是以“拒绝再次光临”的方式来表达其不满的情绪，甚至会影响其周围的亲朋好友并一致对抗。如果顾客以投诉来表达其不满，这是经营管理提高的机会。顾客的投诉及意见主要包括对商品、服务、安全与环境等方面，具体如图 1－11 所示。

对商品的投诉	对服务的投诉	对安全和环境投诉
（1）价格； （2）商品质量； （3）商品缺货。	（1）工作人员态度不佳； （2）收银作业不当； （3）服务项目不足； （4）现有服务作业不当； （5）原有服务项目取消。	（1）意外事件的发生； （2）环境的影响。

图 1－11　顾客投诉意见类型

（二）顾客投诉的处理

顾客投诉处理的满意程度是企业优质服务的重要组成指标，同时也是顾客忠诚的重要催化剂。一般连锁门店处理顾客投诉的步骤有 6 步，具体如图 1－12 所示。

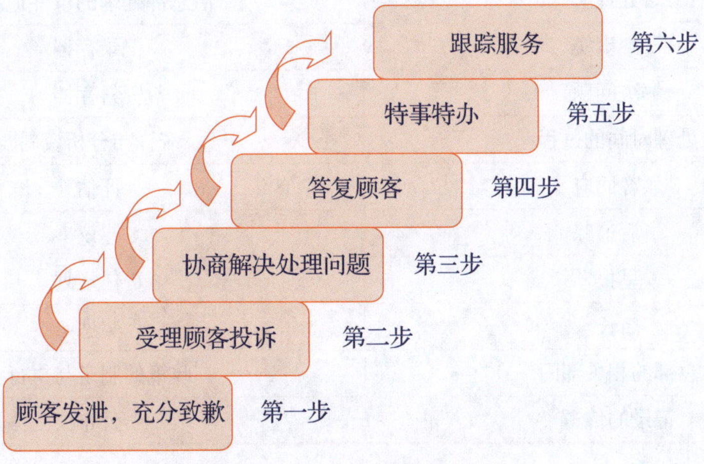

图 1－12　处理顾客投诉步骤

连锁门店由于其经营的特殊关系，可以设立统一的顾客投诉意见处理程序，以提高管理效率，提升企业形象。如图 1－13 所示。

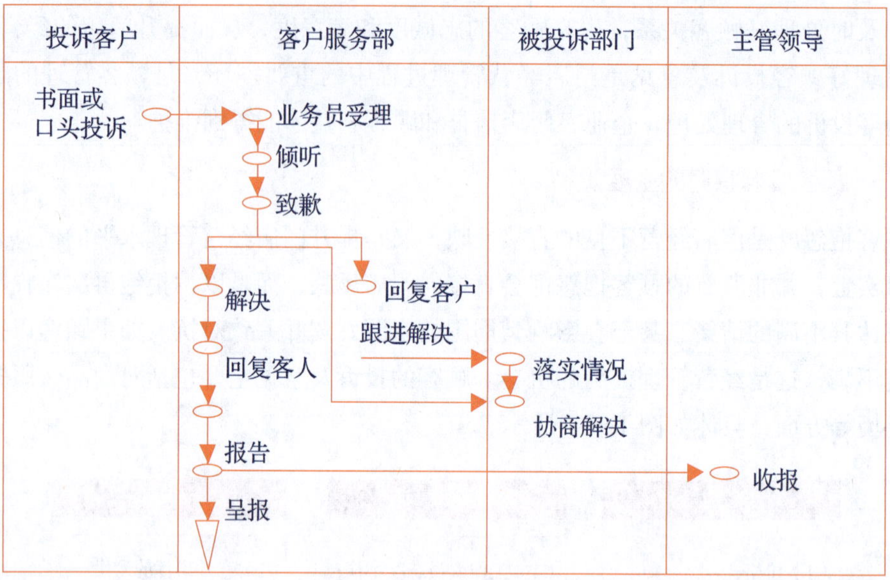

图 1－13　连锁门店顾客投诉意见处理程序

连锁门店总部建立统一的顾客投诉意见处理系统，可以提高门店的投诉处理效率，降低顾客投诉处理成本，完善连锁门店管理。该系统具有两大功能，一是投诉意见的执行功能；二是投诉意见的管理功能。顾客投诉意见处理系统功能如表 1－14 所示。

表 1－14　顾客投诉意见处理系统功能

执行功能	管理功能
受理顾客的投诉意见	流程控制
时间的记录与分类	门店立即处理的事件
处理	由总部处理的事件追踪
了解事实	记录存档
解决问题	资料存档
处理时间的过程	统计与分析资料
顾客回应	评估
事后追踪	建议
呈报	责任规划
店长	奖惩
总部的相关部门	政策的制定与执行
记录的传送	公布

实例分享

美珍香如何实现数字化门店管理

亚洲数一数二的食品集团美珍香是个典型的多门店、多仓库、多分支机构的食品连锁企业，如何实现高效管理是个大难题：每天销售数据汇总难度较大，月末统计各个门店的销售额、利润情况等，任务重。另外，商品种类繁多、库存管理难度大，每样商品库存是多少？哪些属于热销商品和滞销商品？这些都需要系统规范的统计。热销商品不能出现缺货、断货的情况，滞销商品则影响到门店存货周转率。

根据业务需求，美珍香打造数字化门店管理方式，极大地降低了整体运营成本。商品进销存方面，开单后系统可以直接抓取进销存业务单据，一键生成相关会计凭证，大大减轻会计人员重复录入凭证的工作量，提高会计核算的工作效率，改变了“重核算、轻管理”的局面。日常经营方面，收入、成本、费用、利润一目了然，随时快速准确生成内部管理分析报表；通过商品销售排行，可以及时了解库存和产品的受欢迎程度；对热销商品的及时配货，时刻调整滞销商品的促销力度，极大提升了门店销售业绩。

知识拓展

“肯德基”店长的 1 天

思政园地

大国工匠是如何炼成的

中国第一汽车集团有限公司（原中国第一汽车制造厂）是新中国汽车工业奠基的地方，1956 年第一辆解放牌汽车在这里驶下生产线。60 余载春秋，伴随着中国社会经济的发展，解放牌卡车成为人们心中重要的时代印记。

刘建新工作在这个承载着中国汽车人梦想的地方，他是一汽解放车桥厂一名车床操作工人。入职 24 年来，刘建新以匠人之心对待工作、产品和生产技术难题，勤于钻研、精益求精，从一名普通工人成长为一名技能大师，成立了以自己名字命名的创新工作室，获得了“全国五一劳动奖章”等多项荣誉。

刘建新平时话不多，但谈及车工技术时却滔滔不绝。职业生涯中，他带领团队完成了技术革新数十项，长期致力于先进设备高精密零部件制造研究。在平凡的岗位上，他从一件件细小精密的零部件着手，不断追求着技能强国梦。

刘建新在指导徒弟操作中的注意事项

“如果每一个平凡的人都能在各自的岗位上发光发热，就注定会成就一番不平凡的事业。”他说。

资料来源：新华通讯社 .

通关练习

知识素养

1. 什么是连锁门店？
2. 连锁门店有哪些特征？
3. 简述 3S 管理原则的具体内容。
4. 制定连锁企业组织架构的原则有哪些？
5. 连锁企业组织架构的类型有哪些？分别列图表示。
6. 简述人员招募的步骤。
7. 连锁门店与门店的区别有哪些？
8. 门店现金管理的要点有哪些？
9. 门店服务有哪些组成要素？
10. 简述处理顾客投诉的步骤。

模块二

门店全渠道数据分析与立体渠道推广分析

学习目标

知识目标

- 了解线下提升收银效率的方法；
- 了解与顾客有效沟通的方式；
- 熟悉会员营销的基本方法；
- 熟悉推广营销渠道的运作流程；
- 掌握分析门店营收趋势的技能；
- 掌握线上渠道推广的方案制定方法。

能力目标

- 能够整理线上顾客门店信息并做出有效回复；
- 能够制定提升平台曝光率的方案；
- 能够熟练掌握门店库存和周转率分析技能；
- 能够熟练运用沟通技能和分析技能，对顾客进行有效唤醒。

思政目标

- 认识到零售门店数字化变革中法律的规范作用，以更好地服务于经济社会发展；
- 重视数字化时代保障顾客隐私权的重要性，避免算法歧视等侵害消费者权益的问题。

知识导图

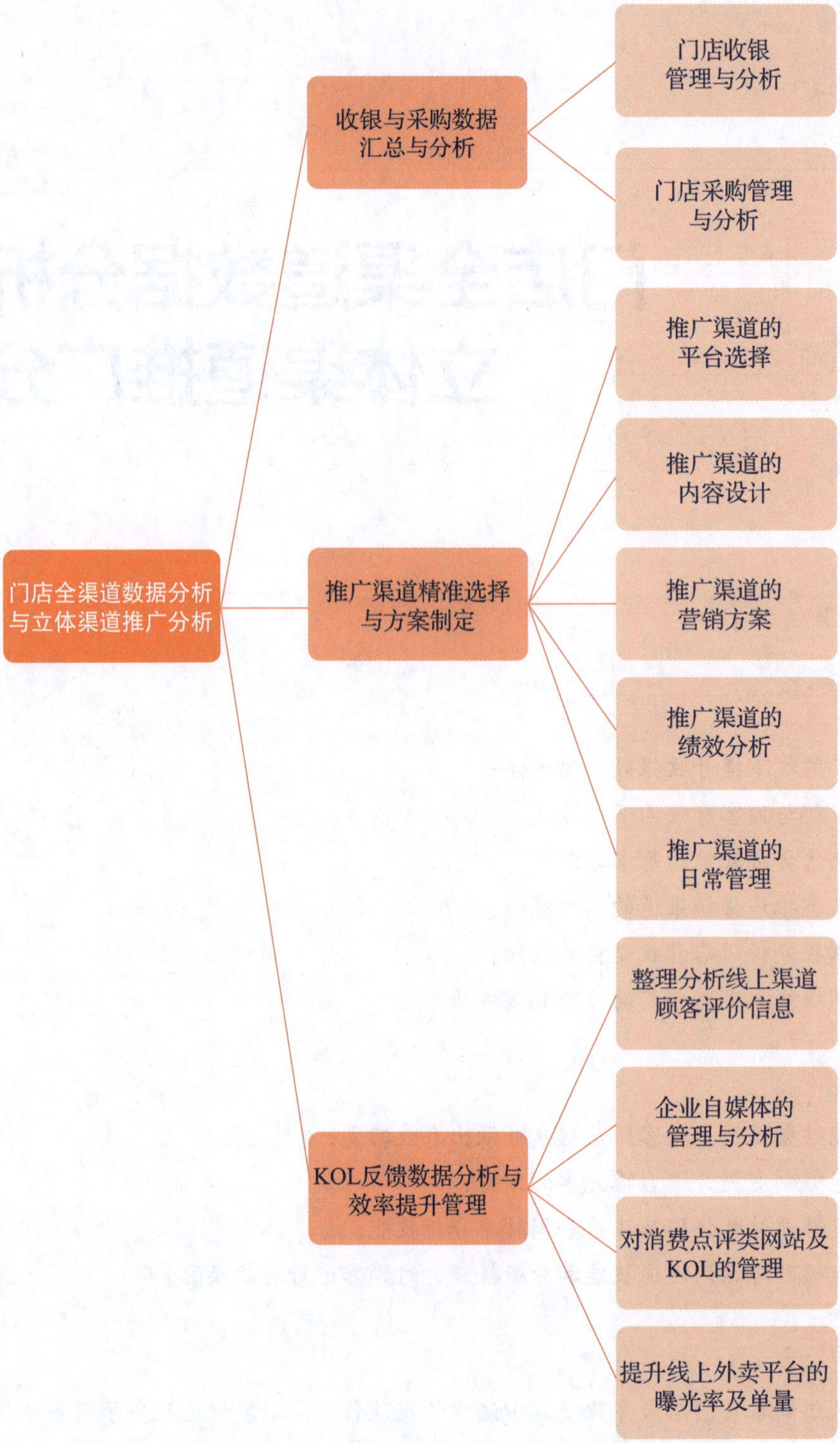
门店全渠道数据分析与立体渠道推广分析
收银与采购数据汇总与分析
门店收银管理与分析
门店采购管理与分析
推广渠道精准选择与方案制定
推广渠道的平台选择
推广渠道的内容设计
推广渠道的营销方案
推广渠道的绩效分析
推广渠道的日常管理
KOL反馈数据分析与效率提升管理
整理分析线上渠道顾客评价信息
企业自媒体的管理与分析
对消费点评类网站及KOL的管理
提升线上外卖平台的曝光率及单量

单元一

1 收银与采购数据汇总与分析

案例导入

华为展示智慧零售新成果：门店更智能、水果更好吃、个性定制只需数分钟

受新冠疫情影响，数字化已成为零售企业应对变化和挑战的重要手段。3 月 14 日，在深圳举行的“2021 深圳国际智能零售数字化博览会”（以下简称“博览会”）上，华为与合作伙伴展示了智慧门店、智能制造等方面的最新成果。

广东省连锁经营协会商业技术委员会联席主席、百果园 CMO 沈欣在展会上举行的“第四届（2021）中国智能零售数字化高峰论坛暨未来商业发展高峰论坛峰会”上称，消费市场复苏，优胜劣汰快速洗牌，数字化转型与升级成为主要发展动力。

华为广东云与计算深圳业务部总经理冯文斌认为，新零售趋势下，消费者体验成为中心，如何满足未来市场需求，提升运营效率，为客户带来最佳体验，数据的驱动力不可或缺。据介绍，华为智慧零售解决方案是通过 Wi-Fi 和云技术实现交易场景的网络全覆盖和数据获取，提升购物体验、增强顾客黏性；通过云服务和大数据实现各个业务环节的数据整合和分析，提升运营效率。

智慧门店是通过店内智能“端”建立与消费者之间的联系，在客户引流、进店、浏览、导购、取货、买单、离店的不同环节为客户提供个性化的服务及体验。在智慧门店方面，华为联合汉朔科技股份有限公司打造数字货架解决方案，基于高品质无线网络，将 Wi-Fi 与数字货架网络进行融合部署，实现互动营销牌感应取物、动态海报自动播放、电子价签批量管理等功能。记者在展会上看到，当你从数字货架上拿起一罐汽水，货架的屏幕上立即呈现出跟商品相关的视频。智能手推车上装有平板显示器，将商品二维码置于平板的下方，马上就能扫描，让消费者“边买边付”，如果忘记扫描，手推车还能“提醒”消费者有未支付的产品。

在智能制造方面，华为联合深圳市蓝海黄金材料科技股份有限公司推出一键定制解

决方案。记者试用发现，在手机端扫码进入定制页面，选择商品，上传图案或文字，华为云平台收到数据后，向工厂制造设备下达制造指令，“最快 3～5 分钟就能完成定制和生产”，联合蓝海相关负责人称。

华为和百果园合作的“云上果园”项目则展现了数字化手段为水果全生命周期提供保护的样例。在草莓大棚生产阶段，利用小型气象站以及华为云训练的农作物病虫害 AI 模型，通过土壤传感器、摄像头等一系列物联网设备，为草莓营造良好的生长环境。在包装运输阶段，每颗草莓的个头大小、甜度、硬度等检测数据直接录入上云，做到果品可溯源。在营销阶段，应用大数据综合分析历史销量、天气等因素以及店员经验，精准预测需求量。

冯文斌表示，面向零售行业，华为将以数字化底座为支点，携手生态合作伙伴，共创未来智慧零售新时代。

资料来源：陈姝. 华为展示智慧零售新成果：门店更智能、水果更好吃、个性定制只需数分钟.（2021-03-14）[2021-08-01]. https://new.qq.com/rain/a/20210314A08RKU00.

思考：

1. 华为智慧零售系统有哪些特点？对零售业的发展有哪些促进作用？

2. 数字化智慧零售系统如何解决当前零售业正面临库存高、成本高、效率低和品牌识别度低的挑战，驱动人、货、场重构？

一、门店收银管理与分析

线下收银是商业服务机构中最重要、最关键、最基础的工作之一，是体现商业门店服务质量的重要窗口，是与顾客沟通推荐产品的重要环节，是完成门店销售的最后标志。

线下收银有以下重要作用：

第一，收银不仅是顾客对于购买行为的最后确认，也是收银人员对顾客沟通推荐的重要时机。

第二，收银不仅是商业交易完成的最后标志，也是商家门店采集顾客信息的重要工作。

第三，收银不仅是商家传递诚信的平台，也是顾客感受服务和文化的窗口。

（一）线下收银作业标准及技能要求

根据中华人民共和国商务部制定并发布的《零售业基层岗位技能要求——收银员》行业标准，将线下收银作业标准分为初级、中级和高级 3 个层次（如表 2－1、表 2－2 和表 2－3 所示），明确列出收银岗位工作的项目、内容、技能、业务知识以及操作标准，对可以量化的岗位技能进行了量化。

1. 初级作业标准

表 2-1　初级收银作业标准及技能要求

职业功能	工作内容	技能要求	相关知识
一、收取银钱	(一)收银前准备	1. 能够按规定接通收款机、POS 机电源； 2. 能够按规定的程序打开或关闭收款机、POS 机； 3. 能够安装收款机打印纸和 POS 机签购单； 4. 能够检查扫码器、解码器状态是否正常； 5. 能暂停和恢复收款机、POS 机运行； 6. 能按要求准备足够的钱币并放入收款机内。	1. 收款机、POS 机的使用方法及注意事项； 2. 收款机、POS 机的安全常识； 3. 常用收款机、POS 机的特点。
	(二)现金收银	1. 能清点、收取顾客交付的现钞（要求具备 200 张 / 分钟的速度)； 2. 能够使用验钞机鉴别现钞真伪； 3. 能够输入交易明细； 4. 能够合理搭配找零币值； 5. 能使用打印机打小票并交付顾客； 6. 能将现钞按面额分类放入钱箱； 7. 能进行条码、现金数额的键盘录入（要求达到 120 个数字 / 分钟的速度)。	1. 人民币现钞及防伪知识和技巧； 2. 现钞鉴别设备使用常识； 3. 现钞防伪知识和技巧。
	(三)银行卡收银	1. 能识别国内各类银行卡； 2. 能使用 POS 机消费功能完成银行卡收银操作； 3. 能打印签购单并进行持卡人签名核对工作； 4. 能够使用 POS 机打印签购单； 5. 能够进行 POS 机结算、签退操作。	1. 银行卡的定义； 2. 银行卡的分类和识别； 3. 银行卡防伪知识和技巧； 4. 银行卡的受理要求； 5. 银行卡风险防范常识。
二、商品清点与清付	(一)商品包装检查	1. 能够检查商品包装有无破损； 2. 能发现可能造成损坏商品、伤害顾客的不当包装。	商品包装防损常识
	(二)商品扫描	1. 能操作条码扫描设备，逐一将商品扫入收款机（要求 1 件 /3 秒钟)； 2. 能核实收款机显示的商品名称、数量及价格与实物是否一致； 3. 能对商品防盗签解码； 4. 能对商品进行消磁操作（包括消磁器消磁和人工消磁)。	1. 商品扫描的原则和方法； 2. 商品消磁的原则和方法； 3. 商品条形码应用的特点； 4. 消磁板使用常识； 5. 商品的编码和识别方法。
	(三)商品装袋与交付	1. 能够对商品进行分类、装袋； 2. 能清点并交付给顾客其商品。	商品分类装袋规定
三、现金及票据后台管理	(一)备用金准备	1. 能按照程序领取备用金； 2. 能根据营业情况合理搭配现金面额、兑换零钱。	营业中兑换零钱的规定
	(二)清点、上缴营业款	1. 能在每日结款时，清点现金及相关票据； 2. 能够按照销售款送存程序安全上缴现金及票据。	1. 商业票据知识； 2. 现金、票据使用常识； 3. 营业现金及票据上缴一般程序。

2. 中级作业标准

表 2-2　中级收银作业标准及技能要求

职业功能	工作内容	技能要求	相关知识
一、收取银钱	（一）现金收银	1. 能检测收款机是否正常运行； 2. 能诊断收款机黑屏故障产生的原因并报修； 3. 能感观鉴别现钞真伪； 4. 能够清点、收取顾客交付的现钞（要求具备 210 张 / 分钟的速度），并能使用加法器或计算器进行计算，找零钱（要求具备 210 张 / 分钟的速度）； 5. 能确认残币； 6. 能进行条码、现金数额的键盘录入（要求达到 130 个数字 / 分钟的速度）。	企业内部信息系统网络常识
	（二）银行卡收银	1. 能使用手输卡号进行预授权类交易； 2. 能使用离线方式进行预授权类交易； 3. 能使用手工方式进行预授权类自动交易； 4. 能在系统出现故障时完成结账操作。	1. 金融 POS 机的物理结构； 2. 金融 POS 机常见故障； 3. 预授权类交易的适用范围、处理流程和操作要点； 4. 交易的账务结算信息核对知识及相关业务资料保管要求； 5. 银行卡受理流程中的风险处理原则。
	（三）支票结算	1. 能鉴别支票真伪； 2. 能识别支票是否在有效期内； 3. 能填写支票的数额。	1. 支票使用常识； 2. 支票打印机使用常识； 3. 支票防伪知识和技巧。
二、商品清点与清付	（一）商品扫描	1. 能识别商品条码的类型； 2. 能手工输入商品条码（要求 1 件 /10 秒钟）； 3. 能操作条码扫描设备并逐一将商品扫入收款机（要求 1 件 /2 秒钟）。	1. 商品条码的分类； 2. 扫描设备使用常识。
	（二）商品服务	1. 能逐项核对收银小票与所售商品数量是否一致； 2. 能对顾客遗忘的商品进行分类并上报。	商品价格知识。
	（三）退货处理	1. 能查验退货手续是否齐全； 2. 能按照操作程序办理退货。	1. 商品退货管理的有关规定； 2. 银行卡的退货操作程序。
	（四）收银过程服务纠纷处理	1. 能对收银过程中出现的退换货问题进行处理； 2. 能对收银过程中出现的重复扫描问题进行处理。	处理顾客投诉的技巧
三、现金及票据后台管理	（一）现金及相关票据保管	1. 能填写现金存款凭证； 2. 能根据要求保管各种票据。	商业零售业营业现金及相关票据管理常识
	（二）清点及上缴营业款	1. 能按照现钞面额清点并分类整理； 2. 能清点、归类各种票据并上缴。	签购单、结算单的使用常识

3. 高级作业标准

表 2－3 高级收银作业标准及技能要求

职业功能	工作内容	技能要求	相关知识
一、收取银钱	（一）现金收银	1. 能检查验钞机是否处于正常状态； 2. 能定期维护收款机并保证其正常运行； 3. 能处理收款机显示混乱、收银箱卡住故障； 4. 能快速确认顾客支付的金额（要求具备 220 张 / 分钟的速度）； 5. 能防范兑换现金抽张或调换假币； 6. 能进行条形码、现金数额的键盘录入（要求达到 140 个数字 / 分钟的速度）。	1. 金融机常用软件使用常识； 2. 登录金融机的安全常识； 3. 人民币支票现钞防伪技巧。
	（二）银行卡收银	1. 能受理境外发行的各类银行卡； 2. 能按银行卡的规定进行账务核对； 3. 能根据交易应答处理故障； 4. 能确认单边账、重复扣款等差错并按规定进行账务调整； 5. 能按照操作程序对伪卡进行处理。	1. 银行卡分类的具体区别和受理要求； 2. 外卡受理相关知识； 3. 银行卡账务处理相关业务规定； 4. 银行卡安全受理要求； 5. 银行卡交易环节及流程； 6. 交易应答码知识。
二、对客服务	（一）商品扫描	1. 能操作条码扫描设备并逐一将商品扫入收款机（要求 1 件 /1 秒钟）； 2. 能手工输入商品条形码（要求 1 件 /8 秒钟）； 3. 能判断条码扫描设备的故障类型并报修。	条形码的管理办法
	（二）商品服务	1. 能处理商品价格与系统价格不符的问题； 2. 能对商品进行防损处理； 3. 能给顾客开具发票并按要求保管发票。	1. 商品退货管理的有关规定； 2. 商品分类标准； 3. 发票开具要求。
三、收银管理	（一）商品结算	1. 能填写日报表及缴款单等单据并上缴； 2. 能进行库存商品盘点及账实核对。	1. 商品价格管理知识； 2. 促销业务知识。
	（二）商品管理	1. 能进行促销业务的结算； 2. 能提出收银区域商品布局的调整建议； 3. 能进行收银情况复核和查对。	1. 消费需求知识； 2. 收银管理制度。
四、培训管理	（一）管理	1. 能对收银岗位职责提出修订建议； 2. 能提出收银人员班次计划方案； 3. 能对商品销售结构进行分析； 4. 能提出商品需求方案。	1. 岗位设置与人员配备知识； 2. 商品销售分析知识。
	（二）培训	1. 能编写收银员培训计划和培训大纲； 2. 能对初级、中级收银员进行现场指导操作； 3. 能撰写技术总结。	1. 收银员工作标准； 2. 应用文写作知识； 3. 工作流程知识。

（二）线下收银数据分析与沟通技巧

1. 收银数据分析的理念和作用

对实体商家来说，每天到店的顾客不计其数，但对往来顾客却形同陌路，知之甚少。虽然每天的营业数据不断变化，却从没有从中寻觅潜藏的顾客的消费行为信息。在信息时代，通过对营业数据的持续分析，能够使门店变成更懂消费者的零售商，不仅能精准营销，更能预判消费需求。

过去商业门店之间的竞争更多的是空间的竞争，地理位置的优劣决定了门店销售状况的优劣，因此地段好的商业用房价格就贵，反之就便宜；随着互联网、移动终端、大数据、人工智能等信息技术的推广和应用，地段的重要性在不断地下降，商业门店之间的竞争转化为数据化的竞争、信息化的竞争、智能化的竞争。

这种新式竞争的关键理念是：能够为消费者提供精准的服务，能够为精准的消费者提供服务。

（1）为消费者提供精准的服务。就是利用互联网和人工智能，通过大数据的分析，精准地把握消费者的需求，精准地了解消费者的特征，精准地推荐合适的商品组合或服务组合，从而增强顾客的黏度和提高顾客的满意度。

（2）为精准的消费者提供服务。利用互联网和人工智能，通过对大数据的分析，精准地确定消费者的类型，精准地锁定消费者的细分市场，精准地定位消费者的身份和层次，精准地对细分市场消费者开展营销活动，从而提高销售活动的有效性和增强顾客的体验感。

2. 收银数据分析的应用

在今天的大数据中，商业门店的收银系统的应用不仅局限于完成收银工作任务，还可以分析大量有价值的收银数据，深入挖掘和管理数据资源，帮助门店做出更合理的决策。

（1）数据采集。收银数据采集是指利用收银系统采集顾客消费及相关信息。狭义上是指利用门店的收银系统进行客户数据的采集工作，广义上则包括连锁门店的收银数据信息共享以及线上销售的收银数据采集。

（2）数据整理。首先，原始数据需要经过适当整理才适合进行数据分析，主要因为原始数据往往都是不规则、非结构化的数据，而且数据大量存在重复、缺失、错误等问题。所以需要进行数据整理，并将整理过的数据传输到分析系统中以供使用。其次，原始数据中可能携带一些与顾客隐私相关的数据资料，在数据整理时，需要通过标签化、分类化等方式对这些数据进行处理。另外，对于非结构化的数据，整理的方法是采用数据建模及数据整理等方法将非结构化的原始数据转化为结构化数据。结构化数据有利于快速和规范化地进行数据分析。

（3）数据分析。数据分析最基本的统计分析方法是：定性描述和定量统计。

定性描述主要是从数据及其表达的特征关系的层面进行统计描述。该分析方法主要应用于两个方面：

第一，将定性特征转换为数据形式。计算机不能直接处理现实世界的内容，需要将现实世界的信息转化为计算机能够读懂的数据化语言。现实中，我们需要将很多顾客的画像特征转换为数据化语言，才能输入计算机系统进行分析。

第二，将数据信息描述为定性语言。数据中所体现出来的部分特征是无法用数据直接表达的，因此需要对其进行定性描述，以便人们能够容易理解，比如数据来源、顾客兴趣等。

（4）数据应用。收银数据分析也是重要的营销手段，通过线下数据和线上收银数据的分析，精准把握顾客特征，更加了解顾客的喜好、浏览习惯、是否拥有消费能力，等等，根据这些还可以制定出符合精准顾客特点的营销方案，力求营销最大化。

第一，清楚了解需求，在实际操作中，能深度经营顾客关系，甚至找到扩散口碑的机会。例如，营销人员会把特定产品的相关信息精准推送给特定消费者。

第二，通过数据分析，观察不同时间阶段的销售成长率和营销成功率，前后期对照，确认整体经营策略与方向是否正确。若效果不佳，及时调整策略应对，反复试错并调整模型，做到闭环循环优化。

第三，提高顾客的重复购买率与关联购买率。顾客购物的需求有显性需求和潜在需求之分，顾客的需求往往都是呈现多样性的。根据收银消费数据进行分析，能够掌握顾客需求的偏好，从而有针对性地推送相关联产品的优惠信息和产品信息，进而刺激产生重复购买行为和关联购买行为。

3. 收银的沟通技巧

（1）迎客技巧。收银员对顾客进店要讲究迎客技巧，收银员首先要大概、迅速地判断顾客的类型，顾客通常分为两大类，第一类是有主见、购物行为偏好独立、购物目标明确的顾客，这类顾客的特点是购买时间快，收银员不需要过多推介。第二类是犹豫、迷茫型顾客，这类顾客需要收银员主动介入，简短介绍产品种类及产品的卖点，把顾客留下来。

（2）挖掘顾客心理。要注意观察顾客行为，挖掘顾客心理，尽量主动缩小顾客购买范围，帮助自己把销售行为集中，避免推介的盲目性。可以询问顾客是否为会员，以利用系统会员数据分析来判断顾客的特征。

（3）主动出击引导。帮助顾客做好购买决策，主动出击将顾客带到有销售价值的产品面前，许多顾客在选择产品时，并没有多少主见，就看如何引导他们了。

（4）善于倾听顾客意见。当顾客表达意见时，收银员应当注意倾听顾客表达中所发出的信号，发现顾客的关注点和痛点，更有针对性地进行分析和引导。

实例分享

五芳斋——无人智慧餐厅技术

五芳斋无人智慧餐厅依靠“三无”——没有服务员，没有菜单，没有送餐，开业一个月，就收获了一份营业额增长40%、人效翻3倍的漂亮成绩单。

扫码点餐

五芳斋无人智慧餐厅的入口有多个：餐桌上的口碑码；餐厅线上的口碑店铺。到店消费的顾客，进入无人智慧餐厅后，先落座，然后打开手机扫桌上的口碑码自助点单。想吃什么慢慢点，不用担心后面排队的人着急。外带或外卖的顾客，进入餐厅线上的口碑店铺点餐时，支持手机勾选线上预订到取、线下堂食就餐、打包外带任一种就餐方式。

五芳斋无人智慧餐厅给每一位顾客展示的菜单都不尽相同。在顾客点餐的瞬间，商家后台基于数据算法的智慧餐饮系统，能够自动识别顾客的口味喜好、客单价等用户画像，然后形成“千人千面”的菜品推荐。此外，商家还可以根据用户以往消费的历史记录，配置随机的用餐满减券、满返券等。

智能取餐柜

五芳斋无人智慧餐厅内有40个智能取餐柜。后厨人员接到系统订单后，就会准备餐食。当准备完毕的餐食被热腾腾地放入餐柜，顾客手机上会接收到一条取餐码，对照确认就可以开柜取餐。24小时零售柜像一个“无人值守柜台”，使得五芳斋从原来的10点半至22点的营业时间延长为24小时全时段经营。零售柜里售卖的粽子、酸奶、水果，分别来自五芳斋自己的产品和五芳斋集团旗下的生鲜品牌。顾客用口碑App扫码开柜，取货后便自动扣款。

改变传统供应链：商品—餐厅—消费者的单向信息通路和流转，把消费、菜品、消费场景拆分成3个相互联系却又保持独立的个体，通过全链路数据化提升各环节的效率。首先，通过口碑码打通数据全链路，实现线下经营数据化。排队、点餐、付款等多个环节全部用扫码实现。其次，数据帮助门店的运营管理实现会员的触达、营销和SKU数据化营销。再次，智能硬件取代人工流程，综合成本下降。这一自始至终由数据驱动的过程，最终使得消费者可识别、菜品搭配更科学、后厨备货更精细、消费场景多样化。从本质上来说，无人智慧餐厅代表了以人为核心、线上线下一体化的未来新餐饮业态。

资料来源：五芳斋——口碑无人智慧餐厅技术.（2020-05-24）［2021-08-08］. https://www.163.com/dy/article/DIIR6JQC0511DC0N.html.

二、门店采购管理与分析

（一）门店采购基本概念

1. 采购的概念

采购对于商业零售企业来说至关重要，其重要性甚至与销售活动是同等的，采购是商业零售企业的活力源泉，是商业零售活动的利润源泉，就像生产活动对于生产性企业那样重要。零售企业要想获得市场和消费者的青睐，就必须采购适合消费者的、令消费者满意的、价格合适的商品，同时获得相应的利润。

零售采购是零售企业在对市场进行调查研究的基础上，为满足消费者需求，选择商品和办理商品购买手续，取得商品所有权的一种经营活动。它是零售企业开展经营活动的开始和夺取经营主动权的第一步，也是企业降低成本的重要手段。

商品采购是零售经营的起点，采购工作的好坏直接关系零售商是否拥有可靠稳定的货源，关系后续商品经营的开展。

2. 采购的分类（如表 2-4 所示）

表 2-4　商业零售企业采购分类

分类方式	采购类别	采购分类定义
按采购地区分类	国内采购	指向国内厂商进行采购行为，国内采购较为方便与经济
	国外采购	指向国外的供货商或外国供货商在本国境内的代理商进行采购的行为
按采购进行的方式分类	直接采购	指直接向物料供应厂商从事采购的行为
	委托采购	指通过中间商实施采购行为的方式，也称中介采购
	调拨采购	企业只是提出采购计划，实施采购计划和评估采购绩效则由国家或者企业的上级（例如集团公司）来完成
按采购时间分类	长期固定性采购	指采购行为为长期而固定性的
	非固定性采购	指采购行为为非固定性的，需要时就采购
	计划性采购	指根据材料计划或采购计划进行采购的采购行为
	紧急采购	指物料急用时毫无计划性的紧急采购行为

（二）门店商品采购管理

1. 制订采购计划

采购计划在 4 个层次上逐步展开：总部、分店、部门、商品组。采购计划可以自上而下制订，也可以自下而上来制订。

（1）自上而下的计划。商品采购计划可以在总部层次上开始制订。这就是商品的目标、销售和费用最初在总部层次确定，计划总额将被分配给分店、部门和商品组。

（2）自下而上的计划。与从上面开始相反，商品采购计划可以从最低一级的每一部门内的商品组开始制订。信息由上级部门和分店收集。这些信息被汇总，汇总的结果就是整个总部的计划数字。采用这种方法，最熟悉商品和消费者喜好的门店员工将为计划提供基本的数字信息。

（3）综合利用两种方法。自上而下和自下而上的商品采购计划可能会产生不同的结果。综合利用这两种方法会给企业带来最大的成功机会，从不同的管理层次切入可以提供最准确的信息。

2. 采购预算的确定

采购预算一般以销售预算为基础予以制订。计算公式为：

采购预算 = 销售总额 ×（2 – 平均利润率）

例如某连锁超市年销售总额是 1 000 万元，年平均利润率为 10%，那么该超市的年度采购目标应当是：

1 000 ×（2 – 10%）= 900（万元）

但是，以上公式仅仅是销售成本计算公式，并没有估计到库存量的实际变化。采购预算还要加上或减去库存期初和期末变动的因素，其计算公式应为：

采购预算 = 销售成本预算 + 期末库存计划额 – 期初库存额

例如，某连锁超市年销售总额是 1 000 万元，年平均利润率为 10%，期末库存计划额为 200 万元，期初库存额为 100 万元，求其全年的采购预算：

1 000 ×（2 – 10%）+ 200 – 100 = 1 000（万元）

即一年的采购预算为 1 000 万元。再将其分配到每个月，就是每月的采购预算。

采购预算在执行过程中，有时会出现情况的变化，所以有必要进行适当的修订。如门店实行减价或折价后，就需要增加销售额的部分；门店库存临时新增加促销商品，就需要从预算中减少新增商品的金额。

3. 采购数量的确定

（1）定量采购。

定量采购指当商品库存量下降到预定的最低库存数量（订购点）时，按规定数量（一般以经济订货批量 EOQ 为标准）进行采购补充的一种采购方法。

定量采购方法要考虑订购点和备运时间两个因素。订购点：提出订购时的库存量。备运时间：指自提出订购到商品进货，到能上架销售所需的时间（如图 2 – 1 所示）。

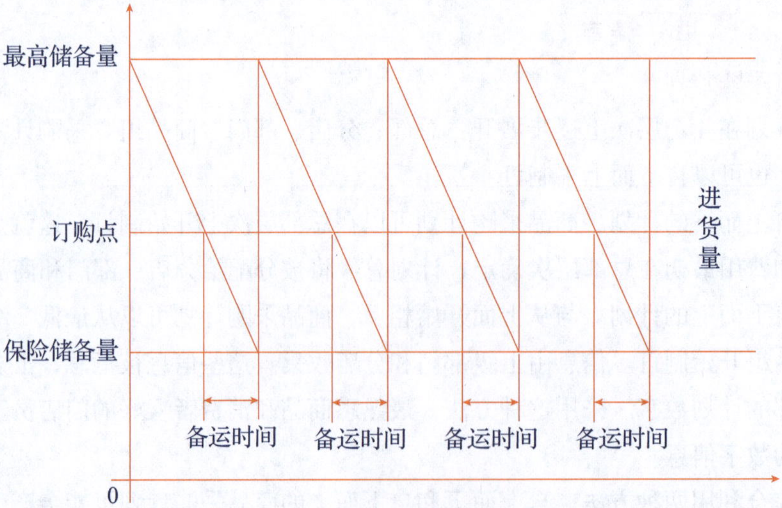

图 2 – 1　定量采购模型

经济订货批量 EOQ：订购费用与储存费用之和最低所对应的商品订货量。

$$EOQ=\sqrt{2RG/h}$$
$$=\sqrt{2RG/CH}$$

其中，

R：某商品年采购总量；

G：每次订购费用；

h：单位商品年平均储存费用；

C：商品单价；

H：商品年储存费率。

（2）定期采购。

定期采购是指按规定的时间提出订购，有一定订购周期，而没有固定的订购批量。定期采购方法的订购周期和全年订购次数是固定的，但是订购批量和订购点是可变的。定期采购的订购批量计算公式如下：

订购批量

= 订购周期销售量 + 备运时间销售量 + 保险储备量 – 现有库存量 – 已订未交量

= （订购周期天数 + 平均备运天数）× 日平均销量 + 保险储备量 – 现有库存量 – 已订未交量

（三）门店存货管理

1. 门店库存管理 ABC 分类法

库存管理 ABC 分类法指的是将库存物品按品种和占用资金的多少，分为特别重要的库存（A 类）、一般重要的库存（B 类）和不重要的库存（C 类）3 个等级，然后针对不同等级分别进行管理与控制，这样的分类管理法可以实现的作用有：压缩库存总量，释放占压资金，库存合理化与节约管理投入等。

门店库存管理 ABC 分类法的具体分析过程如下：

（1）将商品按其库存额从大到小进行排序，并算出总库存额。

（2）细分累计库存额，并计算其占总库存额的百分比。

（3）按累计库存百分比划分 A、B、C 类。

划分原则：占库存总额比重 70% ～ 80%，品种数占全部库存品种数的 10% 左右的商品作为 A 类商品。占库存总额比重 10% 之内，品种数占全部库存品种数的 70% 以上的商品作为 C 类商品。除 A、C 类外的商品作为 B 类商品。

对于重要程度不同的库存商品分别采取不同的管理办法和采购、存储策略，尤其是对重点物品施行 ABC 分析的重点管理的原则。A 类品占金额高，重点管理；B 类品占金额中等，次重点管理；C 类品占金额最低，一般管理。具体存货的管理控制要求如表 2 – 5 所示。

表 2-5 具体存货的管理控制要求

管理工作	A 类存货	B 类存货	C 类存货
控制程度	严格控制	一般控制	简单控制
库存量计算	详细计算	一般计算	简单计算
进出记录	详细记录	一般记录	简单记录
存货检查频度	密集	一般	很低
安全库存量	低	较大	大量

2. 门店存货管理内容

门店存货管理主要包括：存货数量管理、存货结构管理和存货时间管理。

（1）存货数量管理。

商品库存数量是影响门店效益最重要的库存因素，也是占用门店运营资金的主要来源之一。门店商品库存数量的多少没有绝对的衡量标准，商品的库存量与该商品的周转速度密切相关，商品周转速度快，库存量可以大些，反之亦然。

商品库存量过大会造成如下不利影响：第一，商品积压，占用运营资金；第二，库存商品损耗以及库存费用上升；第三，影响新商品的采购和入库，造成销售上的损失。反之，库存量过小，也会造成脱销，影响销售和顾客满意度，产生销售损失。

商品库存数量管理一般采用两种方法：第一，保险储备量，这是商品库存的下限，库存下降到保险储备量之下，会造成脱销；第二，最高储备量，这是商品库存的上限，库存上升到最高储备量，会造成积压。

（2）存货结构管理。

对于企业运营来说，特别是对于零售企业门店来说，降低成本通常是利润的最大来源。在企业的资金成本和仓储成本较高的情况下，如何更高效地利用有限的现有资源，换取最大的经营效率，最有效的方法就是改善库存存货的结构，将资金资源和库存资源向最重要的商品倾斜，以获取更大的利润空间。

（3）存货时间管理。

加快商品周转速度等于加快资金周转速度，提高门店销售利润，这是门店能否获得利润的关键，所以应加强存货的时间管理。

实例分享

物美超市将扩增 200 家门店以数字化方式减少叶菜损耗

3 月 9 日，物美集团新闻发言人许丽娜表示，物美 2021 年将在全国扩增 200 家门店，包含物美超市和社区生鲜业态“品超市”，同时会加强“每日鲜”业务，并扩展“拼购”业务。

“每日鲜”是物美在 2018 年推出的自有品牌。该品牌目前共覆盖 130 个蔬菜品类，除菠菜、韭菜、空心菜等常见的叶菜品类外，还涵盖蘑菇、秋葵、西蓝花等非叶菜品。

这些蔬菜80%由物美从产地直采直供，在北京包装菜处理中心进行快速包装，经冷链运输至各个门店。消费者可根据包装袋上的颜色辨别商品的上架时间，赤、橙、黄、绿、青、蓝、紫7种颜色对应从周一到周日的7天。这种以色彩区分时间的方式，也有利于管理者进行内部检核。此外，这些包装蔬菜无须提前称重，在出厂时就已将价格标签贴在包装上，更方便消费者选购。

记者在“每日鲜”系列的包装菜加工厂看到，上百名蔬菜处理工配合机器对当日送达的新鲜蔬菜进行处理。物美集团生鲜营运负责人孙月军介绍，物美包装菜处理中心总面积约7 000平方米，主要负责加工缤纷田园包装菜。“该处理中心日均供应量超200吨，涉及130余种品类的蔬菜，这些蔬菜在当日从全国各地的产地直接配送至此，再由员工和机器共同加工处理，当日配送到物美的各大物流中心，最终送达北京、天津、河北的各个门店。”

据介绍，该加工厂负责华北地区所有门店缤纷田园每日鲜包装菜的供应，日供应量超200吨。

由于上架的蔬菜只在当天售卖，为应对叶菜损耗，许丽娜介绍，门店会根据库存数量从下午开始启动提醒机制，通过大数据等技术手段提前预知进货量和地区的销售量，保证门店每日蔬菜的进货量与销售量持平。若门店出现剩余库存，会在当日晚8点开启5折秒杀等促销活动，并依据门店的数字化手段判断存货情况，从而做出实时调整。

许丽娜表示，数字化带来的便捷不仅可以实现资源的优化配置，同时满足消费升级需求，未来，物美仍将持续发力数字化建设，将智能购物车、自由购、自助购等智能化过程全面渗透到购物流程中。

资料来源：郑渲心．经济观察网．（2020-03-10）［2021-08-08］．https://baijiahao.baidu.com/s?id=1693846795639410848&wfr=spider&for=pc.

单元二 2 推广渠道精准选择与方案制定

案例导入

两个场景

场景一：A女士在上班途中看到她人穿着一件非常漂亮的连衣裙，获得该人同意后，用谷歌眼镜对连衣裙进行扫描，通过谷歌眼镜应用查询到这款连衣裙的详细信息，包括品牌、价格、型号、评价等。之后，A女士利用手机找到销售这款连衣裙的距离自己最近的商店，获取该商店的库存信息与配送信息。最后，A女士选择通过手机下单购买，并在社交媒体发布商品评论。

场景二：L女士走进一家商店，通过刷会员卡、脸部识别等方式，商店获得了L女士以往的购物信息，这些信息自动传送到店员X的平板电脑上，同时，电脑发出迎接顾客的提醒。在L女士选购商品的过程中，X根据获得的L女士以往的购物信息、购物篮中未结算的商品信息为其推荐符合其需求的商品，并发出现在购物可享受何种优惠的提示。L女士通过触摸、试穿选择好商品后不想排队结账，选择用手机结算。最后，L女士在这家实体店采用线上支付的方式购买商品，并在社交媒体发布商品评论。本次购买信息也自动存入卖家信息系统。

资料来源：王先庆，彭雷清，曹富生．全渠道零售：新零售时代的渠道跨界与融合［M］．北京：中国经济出版社，2018.

思考：

1. 上述两个场景中，消费者应用了哪些渠道完成购物？
2. 在推广渠道方面，零售商家可以进行哪些改进？

在交易主导权回归顾客的新零售时代，数字化使得物理渠道和虚拟渠道之间的界限消失。消费者具有全新的特征：需求越发个性化，更加注重服务体验，充分利用各个渠道获取产品相关信息，在碎片化场景中多渠道购物等。零售企业仅凭单一渠道已经很难充分满足全新消费者的购物需求，全渠道推广与整合成为发展趋势与关键。

来自德勤2020年“全球营销趋势消费者调查”发现：超过70%的受访者认同其重视深化与他人连接的数字化解决方案，且63%的受访者认为，即使在疫情消退之后，仍将比疫情之前更加依赖数字化技术。为此，零售企业需要以更积极的态度拥抱数字化，拥抱数字化渠道与内容。

一、推广渠道的平台选择

互联网、大数据、云计算、物联网的相继出现与发展，人与人、人与物的联系愈加紧密，“万物互联”成为共识与常态。消费者与零售业的接触点变得无处不在，区别只在路径的长短。这一方面使零售企业更便捷地触达消费者，不受时间与空间的限制，拥有更多的推广渠道；另一方面也使零售企业对于推广渠道的选择更为困难。

（一）推广渠道

推广渠道，在本质上是消费者与零售企业的接触点。在数字时代，推广渠道发生了以消费者为中心的转移，消费者粉末化的触媒习惯加剧了销售终端的变革，从传统的人找货变成了货找人。数字时代的多样化的消费者接触点，无论是对传统零售企业还是对电商企业，都带来了拓展更广阔空间的机会。

1. 零售渠道发展路径

从零售业的发展历程来看，零售渠道的发展经历 4 个阶段：一是单渠道购物阶段；二是多渠道购物阶段；三是跨渠道购物阶段；四是全渠道购物阶段。如图 2－2 所示。

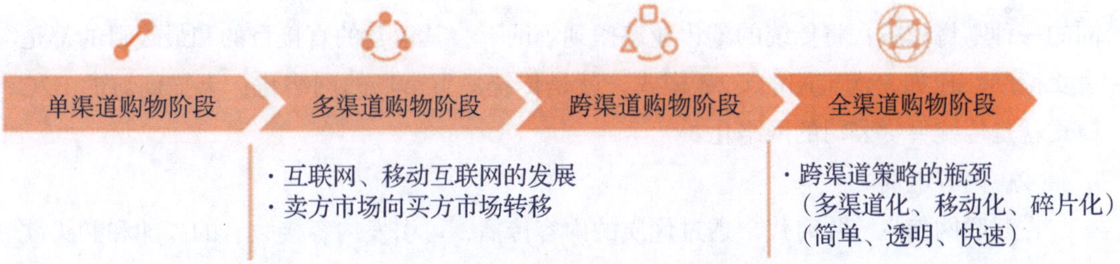

图 2－2　零售渠道的发展路径

从线下实体零售的单渠道购物，到线上线下融合的全渠道购物，网络技术及数字化技术的发展对零售业影响深远：打破了零售的时空界限，引发了销售方式的变化，催生了新型零售业态崛起……消费者从“进店购物”演变为“在家购物”再到“随时随地购物”，可以轻松、便捷地通过线上线下渠道完成过去要花费大量时间和精力的购物过程。

2. 零售推广渠道

以前，线下实体门店是零售商最便宜也是最好的推广渠道：在这里，消费者可以触摸、体验商品。现在，随着零售渠道向线上拓展，零售企业推广渠道也延伸到了线上，更加丰富、多样、立体，如表 2－6 所示。这些渠道有的是零售企业自有，如线下门店、自建 B2C 网上商城、App 应用程序等，有的非零售企业自有，如淘宝、天猫、京东、微信、抖音等。

表 2－6　推广渠道

线　下	线　上
实体门店：直营、加盟、代理、联营	电子商务 移动购物
传统媒体 户外广告 活动、传单、巡展等	微博、微信 搜索引擎 小红书、抖音等网络平台

（二）推广渠道平台的分类与特征

淘宝、天猫、微信、京东、美团、小红书、拼多多……随着一个个全新的数字渠道平台为大家所耳熟能详，零售商家与一大批消费者被卷入其中，在一个全新的平台上沟通、接触，并销售、购买商品。零售企业的推广渠道由此表现为一个又一个的线上平台。

1. 主要平台分类

推广渠道线上平台大致可以分为 3 类：传统交易型电商、内容电商和融合电商。

（1）传统交易型电商。

传统交易型电商是指以亚马逊、淘宝、天猫、京东为典型代表的电子商务、虚拟网络门店等线上运营模式。这些虚拟门店利用互联网技术创造了与线下实体店运营完全不同的一种零售模式：将传统的零售业态搬到了网上，其运营的直接目的和最终目的都是售卖商品。比如，淘宝网的 C2C 模式，就是传统集贸市场的网络化；天猫商城的 B2C 模式就是传统百货公司的网络化。

（2）内容电商。

在互联网信息碎片时代，透过优质的内容传播，可引发内容接收者的兴趣和购买欲望，内容电商应运而生。内容电商的直接目的在于传播内容，最终目的才是售卖商品。当下，越来越多的消费者在刷朋友圈、看直播、看自媒体文章、看视频的过程中完成购物。典型的内容电商平台有：微博、微信、小红书、抖音等。

（3）融合电商。

当前，我国已经进入个性化、多样化消费新时代。尤其是随着移动互联网的迅猛发展，以消费全数字、线上线下全融合为特征的新型消费快速崛起。为了适应新数字消费多元化、个性化的需求，发挥各平台的优势，弥补劣势，出现了集交易型电商优势与内容电商优势于一体的融合电商。

2016 年以来，很多传统电商平台开始聚焦于内容生产与传播，京东、阿里开始注重内容布局，通过输出优质内容来提高顾客的忠诚度，并将顾客转为自己的消费者。抖音推出抖音小店的传统电商功能。“内容电商化，电商内容化”成为平台新的发展趋势。

2. 推广平台特征分析

线上推广平台主要具有以下特征。

（1）视觉体验为先。与传统渠道中顾客可以真实的触摸、感受到商品不同，在线上渠道，消费者对商品的感知来自图片、文字、视频和直播等方式。很多消费者在浏览了商品详情页后自行下单或者在没有与客服沟通的情况下离开。这就意味着，视觉是顾客对商品感知的最主要也是最重要的方式。没有导购、没有对商品的触摸与体验，消费者通过图片、文字、视频等眼睛看到的事物完成“体验”与购物：相当于消费者面对一个无人货架，这个货架陈列、展示商品，而且只能看不能摸。这就要求这个无人货架能够让顾客“以眼定情”，让消费者一眼看清产品的卖点和价值。

（2）数字化运营。互联网与移动互联网通过数字化把各种行为和场景搬到了线上，然后实现线上线下融合。通过数字化运营，零售企业可实现对目标顾客的全面、精准、立体化寻找与定位，挖掘顾客潜在需求，在恰当的时间、地点和渠道，以恰当的方式将最合适的信息、产品或服务推送给目标顾客，充分满足顾客的多元化、多层次消费诉求，实现价值创造与收益。

（3）个性化服务与营销。依托线上渠道的营销是一种低成本与人性化的营销方式。借助大数据，零售企业可以对消费者进行千人千面的个性化营销。按照顾客的需要提供个性化的产品，跟踪每个顾客的消费行为、消费习惯和爱好，推荐相关产品。

（三）推广渠道平台的运作模式

推广渠道平台的主要运作模式有 8 种。

1. 平台型

平台型运作模式是指平台只提供给个人或者企业进行开店交易的平台，就像线下的集市与百货商场。平台型运作模式通过佣金、服务费、广告费、增值服务等盈利。淘宝及其生态系统下繁衍着各种各样的电商公司，这些都是典型的平台型运作模式。

2. 垂直型

垂直型运作模式主要是经营单一类目，商品为自营。垂直型运作模式主要是通过获取某些品牌的代理权或者经销权来销售商品以赚取差价，类似线下专业店。以经营优质、名品鞋类为主的优购、销售酒类商品的酒仙网是垂直型运作模式的典型代表。早期的当当、京东、亚马逊也采用的是垂直型电商的运作模式。

3. 混合型

采用垂直型运作模式的电商发展到一定程度必然会遇到瓶颈，突破瓶颈的最有效方式就是类目扩张，从而发展为混合型电商，比如一开始做 3C 数码的京东，主做化妆品的聚美、乐蜂，主做图书的亚马逊、当当，现在都是典型的混合型运作模式。

混合型运作模式的特点是自营＋门店，自营原来的优势类目，通过扩大市场份额，争取更多的议价能力，赚取供应商销售差价；引入更多类目的品牌商入驻开店，通过佣金、服务费、广告费等获取盈利。

4. 闪购型

闪购型运作模式的平台没有门店，以品牌为单位做限时抢购。盈利模式为销售收入及广告。比如唯品会、聚划算，这类平台主要核心竞争力就是限时、限量、低价。

5. 导购型

导购型运作模式的平台主要做流量分发，盈利模式主要是赚取交易佣金及广告费。像一些 9 块 9 包邮、白菜价、返利网一类的导购网站，主要是靠淘宝客佣金获取盈利，也有按照展现或者点击收费的广告位来获取盈利。

6. 买手型

买手指的是掌握潮流信息、时尚流行趋势，能够帮助消费者购买到全球各地的商品，或者是拥有一批拥趸者，能够掌握一定的订单的卖家。盈利模式为赚取差价。美丽说 HiGo、氧气都是这种模式，通过全球各地的时尚买手，搜罗时尚单品提供给消费者。

7. 内容型

内容型运作模式就是平台通过编发大量原创、独家内容，以内容为纽带触达人群，在向用户传递消费知识的同时，引导或者估计消费行为。平台向优质内容作者提供一定的费用以支持他们的生产行为。内容型的垂直电商主要靠价格差获取盈利，纯内容的主要是通过销售佣金、交易分成、与品牌方合作、辅助交易佣金、广告等方式获利，很多写软文的是按篇收钱或按文字效果收钱。

小红书是内容型运作模式的典型例子，小红书的用户在 App 上晒海淘购物清单，小红书通过数据分析挖掘爆款，自己采购进行关联销售。为了迎合用户逛的需求，也为了把用户留在淘宝的生态系统中，淘宝近两年在大力扶持淘宝达人即 PGC 的形式做导购，通过淘宝的“有好货”“购物清单”等功能为用户做优质的推荐，引导购物决策。

8. 服务型

主要指的是在电商平台上提供电商配套服务的公司，比如代运营，通过帮助品牌商运营线上门店收取服务费从而获取盈利，代运营一般会提供门店装修、设计、摄影、客服、仓储、培训等系列服务。面对消费者各式各样的需求，从生产者到消费者，每一环都存在着各种各样的角色，在这个市场里也有多种多样的盈利模式。

（四）渠道平台的匹配分析

在数字化时代，对零售商来说，“酒好不怕巷子深”的时代已经不再。如何将流量吸引到门店？仅仅依靠自有渠道已经远远不够，零售商还需要选择非自有的平台进行推广。

1. 传统销售漏斗模型

（1）消费者决策及购买行为。

在传统消费模式下，消费者的一次完整购物行为包括需求、搜寻、筛选、行动与分享 5 个阶段，表现为从产生产品需求和购物欲，到前往商店，再到完成购物分享共 11 个外在行为。如图 2－3 所示。

这 5 个阶段、11 个行为是一个完整的购物闭环，存在先后顺序，任一个环节断掉，则购物不成功。

（2）卖家行为。

与 5 个阶段对应，在每一个阶段，商家都需要相应作为：分析 / 刺激需求、占领渠道、特色推荐、抓潜成交、引导分享。如图 2－4 所示。

（3）销售漏斗模型。

尽管零售商在每个阶段都会响应消费者，但每经过一个阶段，顾客数量都会减少，形如漏斗，因此被称为销售漏斗模型。

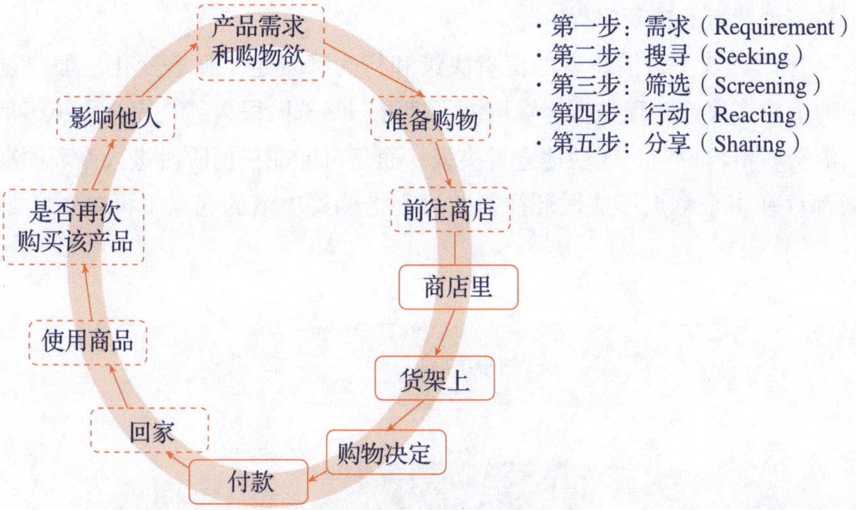

图 2－3 传统顾客购物行为

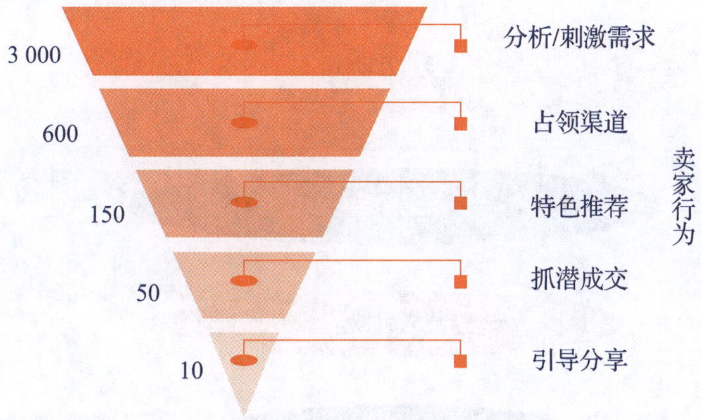

图 2－4 传统销售漏斗模型

这是一个单线向下、线性和固定的顾客发展路径，顾客行为通常始于需求，终于购买，与之相应的卖家系统行为关键在于争取更多顾客进入销售漏斗及提升阶段转化率。

2. 数字时代消费者决策模型

（1）数字消费者。

在数字时代，消费者已经发生了本质的变化，消费者已经成长为数字消费者。

数字消费者就是在进行购买决策时，会首先考虑使用数字媒体来获得所需信息的消费者。据统计，90% 的人在屏幕前进行消费，90% 的人会连续使用多个屏幕，65% 的人的首次购物经历始于网购，61% 的人在智能手机上使用社交媒体，59% 的人在智能手机上进行他们的首次理财，58% 的人在开始进行个人理财决策时会使用搜索引擎。

（2）数字消费者的决策旅程。

在数字化的影响下，消费者的消费决策和行为都发生了显著变化，加快且简化了此前复杂的消费者决策旅程与行为：压缩了搜寻与筛选阶段，甚至完全去掉了消费者评估阶段。消费者不再单向、线性地进行决策，而是可能在任何阶段进入循环周期，购买行为前后都存在多个触点形成循环往复的过程，购买决策的起点不再单一。如图 2－5 所示。

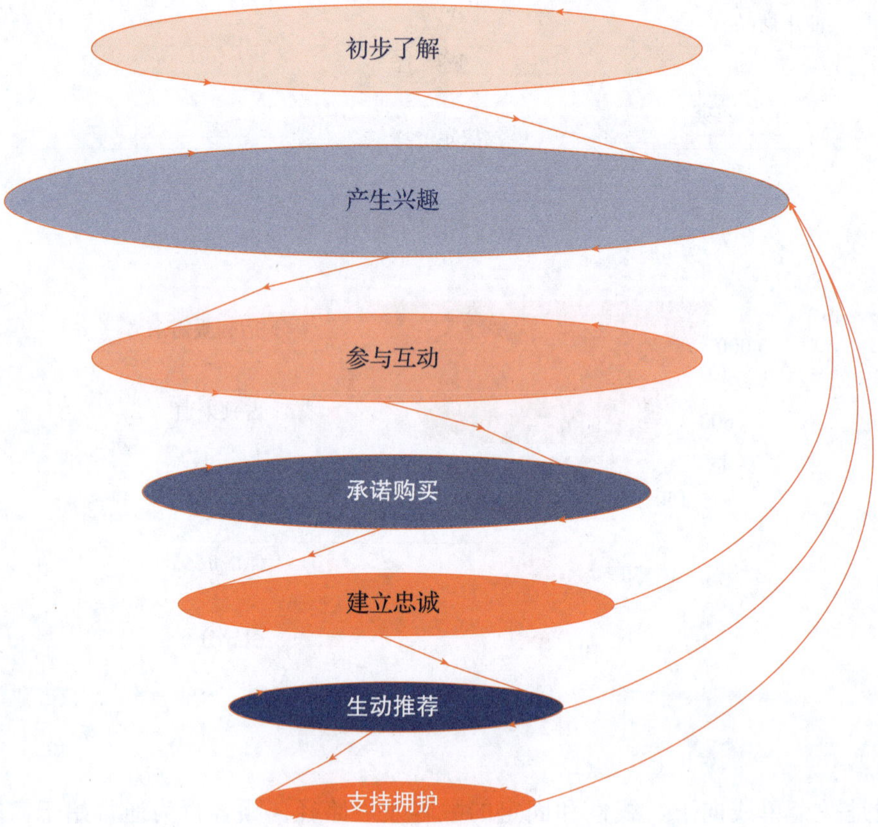

图 2－5　数字消费者决策行为

与之相应，卖家系统不再被动地响应消费者的决策行为，而是能够充分利用各种数字化渠道主动塑造消费者的决策旅程和行为，压缩消费者考虑以及评估阶段的时间，让消费者基于对商品或品牌的喜爱程度决定购买与再次购买；关注消费者循环周期的每个阶段，通过推广内容接触、吸引潜在顾客，提供价值并建立忠诚。

3. 推广渠道平台匹配

推广内容不会单独存在，最终都会在平台传播。不同平台的消费者，其特征不一样，看到不同的内容反应与决策也不一样。零售商的推广内容需要同时结合自身潜在顾客特征与平台消费者特征进行匹配。

（1）渠道平台匹配目标：服务零售本质。

从传统的销售漏斗决策模型，到现在的数字消费者决策旅程，尽管消费者的行为与决策逻辑都发生了变化，但零售售卖、娱乐与社交的本质始终不变。因此，推广渠道平台的匹配和选择目标是为不变的零售本质服务的。

（2）渠道平台匹配模式：“线下 + 交易型电商 + 内容”。

消费者既喜欢线下的体验与温度，又喜欢线上的效率，如大约 80% 的消费者体验过线上获取商品信息、线下进行交易，或线下了解商品、线上购买的经历。为了满足数字消费者的多样化需求与特有的决策旅程，零售企业需要全渠道布局，用更为丰富多元的产品及服务来满足其个性化需求。

然而，全渠道并不等于所有渠道，布局所有渠道并不等于一定盈利。全渠道是“线下 + 交易型电商 + 内容”的全类型渠道，满足消费者线上线下无缝衔接与切换的消费决策需求。

“线下 + 交易型电商 + 内容”的模式，有助于零售企业全方位触达消费者，达到：线下为线上提供商品供应服务与顾客体验，交易型电商为消费者提供便捷购买，内容为零售企业引流，进而实现线上线下相互引流，线上线下流量共享。如消费者线下交易后可以享受线上渠道提供的退换货服务；线上平台下单后，可以到线下取货；等等，一切按照消费者的需求和偏好来，一切服务于企业的整体发展，在为消费者提供便利的同时，也能促进企业发展的良性循环，如图 2－6 所示。

图 2－6 “线下 + 交易型电商 + 内容”模式的优势

实例分享

“智能魔镜”是什么？——服装店的智能试衣镜

虚拟与现实交融，试衣魔镜让童话变为真实体感。

在杭州龙湖金沙天街商业中心内，AlinedeRose（三彩）的门店与其他女装店相比，除服装品类比较丰富外，在装修风格与陈列上并没有什么不同。但与传统服装店不同的是，这家店在中央的墙上嵌入了智能导购屏。“魔镜魔镜，谁是最漂亮的人？”童话里的魔镜在这里成了最受女性消费者欢迎的智能导购屏，这就是试衣魔镜。

试衣魔镜隐藏在墙内，消费者拿起店内任意一件衣服往镜前一站，服装就会被自动识别，顾客可以看到该产品的库存信息、上身效果及其在天猫店的所有评价。

走进试衣间，内部的试衣侦测系统会为你显示与正在试装产品相似的风格服装，如果尺码不合适，你还可以点击屏幕上的呼叫导购为你换上合适的尺码。如果合适，直接扫一扫二维码进入天猫下单购买，不用烦琐地掏出钱包，不用扯着嗓子喊服务员，一条龙买单走人，岂不爽哉？！

“现在的年轻人变换角色很快，今天穿得很休闲，明天可能穿得很淑女，后天又喜欢混搭风。”AlinedeRose 的总经理孙天航坦言，将消费者的这种百变造型的需求应用到新品牌的定位上，需要借助数据的力量。

AlinedeRose 引进阿里商家事业部研发的新零售落地产品——“魔镜”智能导购设备，通过数字化用户体验，最大化地挖掘消费者的购买力，也是线下数据的入口，品牌营销的主阵地。

如果智能大屏显示该产品门店无货，消费者还可以通过随身购物袋直接在线上购买。随身购物袋是阿里商家事业部研发的另一款炫酷黑科技，顾客只需要用手淘 / 天猫 App 扫描商品条码，到达 AlinedeRose 天猫旗舰店品牌专属页，在查看该商品详情和搭配的同时，通过天猫大数据的智能推荐，第一时间获悉平台和品牌商派发的优惠券，以及发现更多相关商品推荐。

支持扫吊牌上的条码实现消费者在门店随时随心商品加购和购买，猫客、手淘真正变成消费者线上和线下的随身购物袋，同时也解决了商家线下门店业绩追溯和业绩归属的问题，为解决线上线下利益分配提供了一种新方式。

事实上，这些都只是天猫新零售落地的其中一步。天猫一直在探索线上线下融合的新零售体验，如打通品牌线上线下的会员体系；与 SK-2 等美妆品牌合作 BA 在线；与卡西欧等品牌合作智慧门店；与美的、奥利奥等品牌探索 C2B 定制；推出 Buy+VR 购物；等等。

资料来源：中国连锁经营协会校企合作委员会组织编写．数字化营销［M］．北京：高等教育出版社，2018.

（3）基于消费者进行渠道平台匹配。

渠道因消费者而存在，渠道要为消费者服务。

不同渠道平台聚集不同的消费者。在电商平台发展之初，大家倾向于入驻所有的电商平台，实行广撒网、全面开花收割流量的策略。但是随着电商平台格局的发展与变动，大多数平台的风口期已过，平台需要做各种主动的营销和运营去吸引流量。消费群体在很大程度上决定着市场的走向，零售商需要基于自己的消费者特征与画像进行平台选择与匹配。

（4）量力而行。

每种渠道都有自身的优势与不足，也有自己的生存空间。从理论上来说，线上可以展示的商品是无限的，关键在于有多少机会借助流量和平台把产品推广到消费者面前。来自消费者主动选择的自主流量，靠的是企业的品牌运营能力；来自平台的促销流量，靠的是企业的营销能力和预算实力。由于资源的有限性，大多数企业与品牌不能做到品牌力、营销能力和预算实力全面开花。所以，如果选择过多的渠道进行全面运营，对于团队的精力和资源都是一种分散。零售商需要根据自己的产品和不同特性，选择和自己产品受众相匹配的平台，集中发力。

二、推广渠道的内容设计

推广渠道的内容是企业在数字时代进行顾客获取、争夺和维护的重要手段。在产品进入顾客的脑海之前，优质的内容已经渗入顾客所在的各种关系圈中，已经在各种数字化平台和媒体上进行了具有趣味性和个性化的展示。市场上有一种说法："一个好的内容编辑等于1 000个销售人"。优质的内容是品牌社群建立的重要推动力之一。在数字时代，企业的内容生产力将是建立企业竞争力的基本要求。

（一）推广内容的表现形式

随着中国互联网的飞速发展与数字技术的普及，形式多样、种类繁多的内容被源源不断地产出，触手可及。这些内容可以是社交媒体的软文、新闻稿、音频、视频，也可以是严谨的在线教学、电视广播、幻灯片、研讨会、App、游戏等。零售业内推广内容表现为：图文、视频与直播。

1. 图文

图文因其传播和创作的便利性，是目前大部分内容平台的主流内容。无论是在淘宝、京东等传统电商平台，还是在微信、微博、抖音、小红书等内容平台，图文内容随处可见。

与单纯地直接展示商品信息相比，通过图文内容创作并在其中穿插推荐商品及购买链接的方式，让消费者更容易接受所推广的信息。作为最热门的内容表现形式，与纯文字相比，有图有文并且视觉表现形式更丰富；与纯视频相比，具有产出门槛较低、更有层次和深度的优点。

实例分享

王老吉与加多宝："对不起"与"没关系"

2013年1月31日，广州市中级人民法院裁定，加多宝应立即停止使用"王老吉改名加多宝""全国领先的红罐凉茶改名为加多宝"或与之意思相同、相近的广告宣传行为。随后，加多宝官方微博连发4条主题为"对不起"自嘲系列文案，并配以幼儿哭泣的图片，引发上万网友转发。而在同一天傍晚，微博上马上出现了王老吉版的"没关系"文案，配以幼儿微笑的图片，回应加多宝的"对不起"。两条微博共引来十几万网友的转发和评论，下图为当时加多宝与王老吉在微博推出的图文形式的内容。

加多宝“对不起”与“没关系”图文

这场图文形式的内容大战由加多宝发起，通过4组“对不起”图文内容首先引发了网友的热烈讨论，其巧妙用语与微妙的表情图直观地表明了加多宝品牌的态度，激起了网友的同理心，在博得网友一笑的同时又激发了他们转发、讨论的热情。加多宝虽然输了官司，但仍然在网友心中树立起了加多宝正宗凉茶的品牌形象；而接下来王老吉的“没关系”图文内容则从正面回复，巧妙地将对自己不利的负面消息转化为正面效应，在官司胜诉的基础上进一步扩大了品牌的理念、形象，建立起了消费者对品牌的深度认知与认同。

资料来源：廖敏慧，吴敏，李乐．电子商务文案策划与写作：软文营销内容营销创意文案（第二版）[M]．北京：人民邮电出版社，2019.

2. 视频

网络视频的出现被称为移动互联网时代的分水岭。视频不再仅仅存在于PC端上，而是无时无处不在。随着快手、抖音、西瓜视频、火山、微视等短视频应用的兴起，短视频渐渐成为人们视听消费的主流选择。据《2018年中国网络视听发展研究报告》显示，近年来短视频应用迅速崛起，热门短视频应用用户规模达到5.94亿，短视频用户占整体网民规模的74.1%，30岁以下的网民使用率达到80%。

视频内容丰富，从商品的功能、属性、场景、品牌效应等多个方面突出商品的卖点，通过特效包装、渲染，提升自身价值，让买家充分了解商品；更加直观地展示商品，消除消费者对商品认知上的疑虑；激发买家浏览、下单的兴趣，提升商品的成交转化。

实例分享

腾讯微视

腾讯微视是腾讯旗下短视频创作平台与分享社区，用户不仅可以在微视上浏览各种短视频，同时还可以通过创作短视频来分享自己的所见所闻。此外，微视还结合了微信和QQ等社交平台，用户可以将微视上的视频分享给好友和社交平台。

事实上，腾讯微视于2013年就进入短视频领域。2014年首次举办的微视跨年晚会，使动态视频、全民参与玩创意并进行互动的新方式，打破了以往线下晚会的时空限制，带来了全新的交互体验，真正实现了一场移动互联网时代的跨年狂欢，让很多网友感到新意十足。但在2015年3月，腾讯宣布放弃微视。

随着快手和抖音的爆红，2017年8月，腾讯重组微视项目组，由SNG接手进行运营，slogen为“记录欢乐每一刻”。新微视定位为好玩有趣的短视频平台，引入视频特效、视频挂件、贴纸字幕、AR等功能，如此看来，微视就是腾讯用来对标今日头条与抖音的产品。

2018年春节，腾讯微视通过QQ走运红包合作发放微视礼包，新增数百万用户。2018年4月2日，腾讯微视发布首次重大更新，推出三大首创功能：视频跟拍、歌词字幕、一键美型。2021年4月15日，腾讯平台与内容事业群宣布进行新一轮组织架构和人事调整。在腾讯平台与内容事业群（PCG）下，成立“在线视频BU”，由腾讯视频、微视、应用宝整合而成，继续深耕视频赛道。

2020年7月22日，由腾讯体育出品的纪录片《不止冠军》在腾讯微视正式首播。2020年年底，由腾讯微视与腾讯动漫联合出品、改编自同名动漫、单集时长约一分钟的某竖屏剧在微视开播，“空降”B站的热门榜、电视剧榜、搞笑榜第一，一周全网播放量破亿，两周达到了2亿。该剧颠覆了人们追剧的固有习惯，将本应40分钟的时长浓缩在1分钟左右，剧情高度浓缩、梗点高度密集，用户们高呼时长不够，纷纷要求“加更”，有些网友发弹幕表示“强烈要求开放单集循环模式”“建议大家0.5倍速观看”“这不是泡面番，这简直是干脆面番”。

目前，腾讯微视具有互动视频、30秒朋友圈视频、卡点模板、首创跟拍视频、首个歌词字幕玩法、AI滤镜创新、精选集、冲榜答题、视频编辑、评论翻牌等功能。重新起航的微视，在短视频领域动作不断。但在短视频领域格局大定的情况下，如何利用自身资源优势，赶超头部平台，微视还有很长的路要走。

资料来源：改编自网络资料.

3. 直播

越来越多的消费者对线上商品拥有更成熟的认识，对传统线上模式缺陷的担忧一直存在：所有的商品只能通过商家拍摄的图片、文字或者视频展示来了解。比如一件衣服的色差、尺码是否合适，厚度如何等一些图文、视频很难表述的实际问题导致消费者很多时候购买不到如意的商品。直播可以在一定程度上弥补图文与视频内容的不足。

在直播中，消费者可以提出自己的疑问和要求，博主可以现场解答疑问，信息的展示更加直观、真实，互动更加紧密。通过主播真实展示、与主播互动，对商品的展现从 2D 发展到 3D，与精修、打光与滤镜下拍摄的静态图片相比更能让消费者感受到实拍、没修图的效果。

实例分享

“永辉狂欢 live”

2020 年母亲节前一天，重庆永辉超市举行了一场以母亲节为主题的直播大咖秀。此次直播由重庆永辉总经理直播出镜，并携手重庆登康口腔护理全国销售部长、杭州大希地科技全国运营总经理、成都中顺纸业全国销售总经理、重庆天友销售分公司总经理、重庆阿兴家快餐董事长等 12 家企业的 12 位企业大佬，共同直播，隔空带货。

重庆永辉公众号与朋友圈“大咖直播秀”推广内容

此次直播直击母亲节场景，商品包括吃、喝、玩、用多个方面，作为传统线下零售的直播首秀，获得了理想的直播效果。

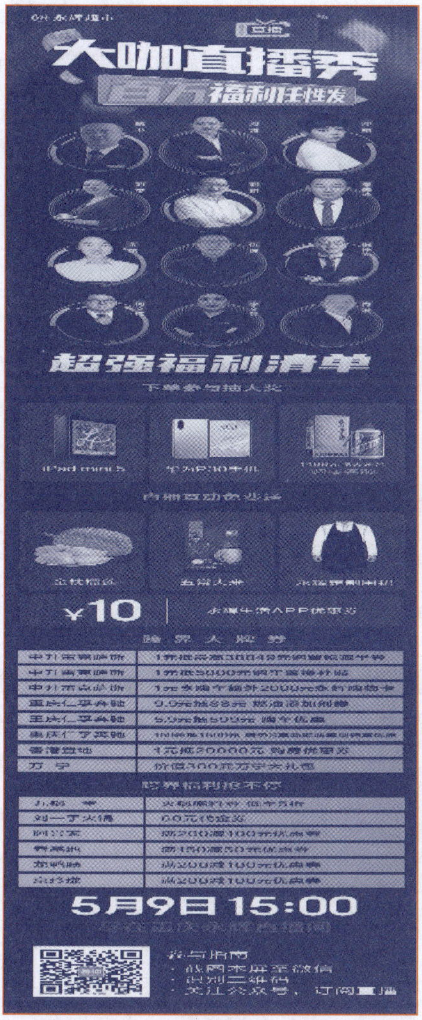

重庆永辉大咖秀直播海报

重庆永辉大咖直播秀战果

资料来源：永辉内部资料 .

（二）推广内容的作用

推广内容的作用很多，主要包括：连接顾客与产品、零售商，提升产品知名度，提高流量池，以及提升销售业绩。

1. 连接顾客与产品、零售商

产品在这一头，顾客在另一头，是推广内容将二者连接在一起。传统的推广包括门店、广播、电视、报纸、杂志等。数字化时代，除了传统的方式与渠道外，抖音、微信、微博、小红书等更多元的推广渠道、更丰富的推广内容，更好地将产品和顾客联系在一起。

2. 提升产品知名度

对企业来说，商品本身不会说话，需要内容进行表达。顾客在选择零售商、使用产品前，只能通过企业官网、微信公众号等渠道浏览产品介绍、品牌新闻、顾客反馈等内容。优质的内容、精准的推送、多平台的内容宣传，可以让顾客多接触产品信息，从而提升产品知名度。

实例分享

“故宫淘宝”内容推广

“故宫淘宝”是故宫博物院运营的一家以故宫为主题的文创类网店，其微信公众号“故宫淘宝”从2013年9月上线以来，先尝试了传统的运营方式，发布与故宫相关的《故宫饮食》《清宫御药房》等介绍性文章，文章阅读量不足1 000次，“故宫淘宝”的知名度并不高。

2014年8月1日，“故宫淘宝”微信公众号推出了《雍正：感觉自己萌萌哒》，将运营初期的传统内容风格改为夸张、搞怪、幽默的年轻化内容风格。该文成为“故宫淘宝”微信公众号第一篇阅读量超过“10万+”的文章。

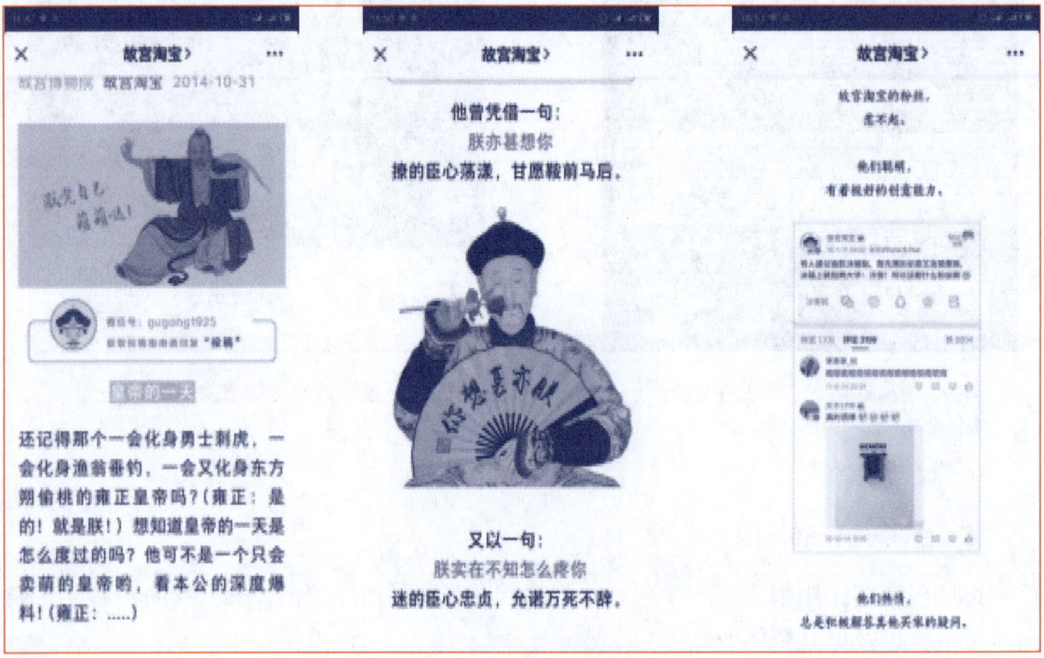

“故宫淘宝”推广内容

随后，“故宫淘宝”微信公众号开始延续其年轻化内容风格，创作出《朕有个好爸爸》《朕生平不负人》等“10万+”的文章，“故宫淘宝”被越来越多的人熟悉。颠覆性的内容选题、年轻化的内容风格、精准的内容渠道、多平台的内容宣传，是“故宫淘宝”知名度稳步提升的关键。

资料来源：勾俊伟. 新媒体运营：产品运营+内容运营+用户运营+活动运营［M］. 北京：人民邮电出版社，2018.

3. 提高流量池

传统门店运营最重要的是“位置、位置，还是位置”，而现在，门店运营最重要的是“流量、流量，还是流量”。产品能够吸引顾客，进而转化成为自己的“粉丝”，是实属不易的一件事情。但优质的内容、精准多样的推广渠道与方式则可以满足顾客追求趣味性、个性化和真实感的需求，提升顾客的参与感与认同感，从而为企业与品牌积蓄流量，提高流量池。如小红书、抖音的官方运营号，通过持续的内容输出而积蓄大量“粉丝”。

4. 提升销售业绩

数字环境对消费的影响，可能比大多数零售人想象中的更加深刻。数字化赋能内容推广，让品牌可以更精准、有效地获取新顾客，赚取利润。

淘宝于 2018 年 10 月进行了一次以“秋冬大赏”为主题的双十一预演直播。这场活动有 300 多名淘宝主播一起亮相，而“带货力”最终定格在 4.95 亿元这个数字。其中，排名最高主播单场直播成交金额达到惊人的 1.5 亿元。

（三）推广内容的设计

1. 内容与潜在顾客匹配

（1）顾客画像：全面了解你的潜在顾客。

作为一种勾画目标顾客、联系顾客诉求与设计方向的有效工具，顾客画像在零售行业得到广泛应用。零售企业充分利用移动互联网时代“连接一切”的优势，打破数据孤岛，基于大数据技术对全触点数据进行深度整合分析，构建准确、全面、立体化的顾客画像，实现对每一位消费者线上线下习惯、行为偏好等的全面认知。

从线上线下了解顾客在零售网站留下的信息，包括浏览器保存的顾客行为、系统后台存储的网站交易行为，等等，线下掌握顾客的购物信息，线上掌握顾客的购买渠道、购买周期，所购买的商品之间有何关联，对某个品牌的忠诚度如何，等等。具体来说，零售商可以通过多触点获取顾客信息：通过实体店了解顾客咨询了哪些内容；通过网店知道顾客搜索了什么，购物车中放置了哪些商品；通过微信公众号了解顾客需求和反馈信息；通过 App 应用即时定位顾客位置，了解他们是否就在门店附近；通过快递人员获取顾客家庭基本情况，如有几口人，是否有小孩等。据此掌握消费者的喜好、偏好、兴趣点，找到并了解自己的潜在顾客。

实例分享

客户画像——京东 1 小时达

京东移动商店依托于海量交易数据，对不同社区的消费能力和消费习惯进行分析，描绘出不同小区的具体画像，然后通过小区画像实现未买先送的精准营销。该模式将库存前置到终端的移动商店，缩短商品与客户的距离，从而实现京东 1 小时达。

小区画像实现精准营销

在京东的大数据平台上，通过生产数据（包括主数据与交易数据）可以产生 4 种派生数据：客户画像、小区画像、商品画像和商家画像，通过分析行为预测销售、运营等业务提供服务。“小区画像”是京东派生数据的一种，提供大数据平台对不同小区客户数量、活跃阶段、促销敏感度、信用水平、消费能力、商品偏好、品牌偏好、忠诚度等维度进行分析，挖掘出居民小区的基本属性和购买属性，可以按人群、品类预测复购率，筛选出以小区为单位的消费族群青睐的商品。

小区雷达实现精准定位

京东配送系统（青龙系统）的核心子系统——预分拣系统，采用蛇毒神经网络、机器学习、搜索引擎技术、地图区域划分、信息抽取与知识挖掘，并利用大数据对地址库、关键字库、特殊配置库、GIS 地图库等数据进行分析并利用，使订单能够快速处理，自动分拣，满足各类订单的接入。移动商店利用青龙系统的预分拣技术，可根据每个移动商店的配送能力，在地图中规划出 1 小时达配送的覆盖范围，基于位置服务（LBS），快速定位覆盖范围内距离客户最近的移动商店。

资料来源：中国连锁经营协会校企合作委员会组织编写．数字化营销［M］．北京：高等教育出版社，2018.

（2）行为追踪：精准预测潜在顾客平台偏好。

顾客散落在互联网环境中的各个角落，他们根据行为在各个平台之间移动。咨询、娱乐、购物、社交是顾客最常见的 4 大互联网媒介作用行为。一个顾客在一天之内可能会打开十几个不同的数字平台。在粉末化的数字环境中，找到潜在顾客很难。难道我们要在十几个平台都投放内容？答案当然是否定的。

顾客虽然游走在不同的平台，但不同内容平台聚焦不同的消费者。比如，哔哩哔哩弹幕视频网（Bilibili）的受众较为年轻。小红书的核心用户是具有中高消费能力、追求小资生活的女性，尤其是都市白领女性。京东消费者以男性为主，占比约为 60%。天猫消费者中家庭消费、白领、学生、公务员占比高于淘宝网。淘宝与拼多多聚焦的用户及满足的用户需求基本相同：在用户构成上，拼多多用户的女性比例明显多于淘宝用户的女性比例，且拼多多用户中高年龄段用户和月收入水平较低的用户比例也会略高于淘宝用户。同时，在城市层级分布上，拼多多用户在三、四线城市所占的比例也会略高于淘宝用户……

在同一个生态系统内，无论用户跳转多少次，都可以用同一个 ID 进行连贯监测，在他出现的每一个触点同时定向投放品牌信息。围绕潜在用户的主要行为轨迹，精准预测其平台偏好，进而策划推广内容。

（3）内容拥抱变化，与消费者需求匹配。

如前所述，这是一个数字化的时代，消费者成为数字消费者，消费行为变得越来越成熟且理性：消费者不仅追求好物，更追求好玩；不仅为商品价值买单，还能接受花更多的钱去购买商品附加值（品牌、体验、便利性、美观度）；消费者碎片化、移动化消费方式，追求小而美的消费价值观。推广内容应与数字消费者的这些需求特征相匹配。

2. 内容与企业品牌战略匹配

企业所有的营销推广活动都会直接或间接地影响公司品牌形象。公司品牌战略确定了公司品牌的定位与核心价值、公司品牌发展愿景，通过推广内容的设计、创作与传播活动进行全面和个性化的解释。

3. 推广内容围绕目的设计

内容推广的目的很多，主要包括：为核心产品与品牌创造吸引力；拦截潜在顾客的搜索；留住现有顾客；增加或保持对现有顾客的销售；通过数字化媒体与平台将内容转化为销售。

如此众多的内容推广目标，显然不是一次推广内容就能实现所有，也不是所有的内容都针对同一目标。企业的内容营销可能包含以上一种或多种目的，目的的选择因企业营销阶段的不同而不同。推广内容的设计应在推广目标的指导下进行。

例如，企业针对顾客购买旅程中的需求提供可分享的内容或答案。以空气净化器为例，企业前期可能只是发布知识贴，讲解空气污染及防范的常识以满足顾客对这类知识的了解需求；待到顾客对空气净化器产生了解愿望时，企业能提供空气净化器的类型和原理对比，进而推出本企业的空气净化器的详细内容与优势对比。这时，顾客可能产生购买愿望，但想参考一下使用者的使用意见，企业便可推送其他顾客的实用实例、口碑、售后服务的优势等内容，产生“临门一脚”的作用，促进顾客购买。由于不同类型顾客的购买旅程不同，关注的重点也不同，针对不同类型顾客设计的内容系列也可能不同。

（四）推广内容选择

不同消费者喜欢的内容不一样，渠道终端使用习惯和偏好也有所不同。零售企业推广内容应通过终端前台界面的无缝整合（如二维码），满足顾客在不同渠道间自由切换及不同渠道的诉求。推广内容的选择包括主题、形式、结构、风格及来源。

1. 内容主题选择

数字消费者在购买决策过程中，会经历初步了解、产生兴趣、参与互动、承诺购买、建立忠诚、主动推荐、支持拥护等旅程。这个旅程可以简单地分为购买早期、购买中期和购买后期3个阶段。在每一个阶段，消费者具有不同的内容需求，如表2-7所示。零售企业需要匹配消费者的购买过程，利用线上线下各种平台，在合适的时间以合适的方式把合适的内容传递给消费者。

表2-7 消费者在不同阶段中对内容的需求

顾客购买阶段	内容主题需求
早期（产生问题但不清晰）	产品类型的信息，如产品的大致分类以及各自的优势
中期（比较，从社群中寻求并获得建议，建立倾向）	各品牌产品或各产品系列的特点的详细比较，与购买相关的信息，比如如何购买产品，如何获得优惠
后期（购买结束，使用开始，分享使用体验，显示品牌忠诚度和使用情况）	产品的使用场景故事分享，其他系列产品的使用场景和分享，产品的使用、保养小贴士

实例分享

优衣库推广内容的主题规划

优衣库在推广与爱马仕前设计师勒梅尔（Lemaire）的合作限量系列时成功地运用了内容营销。优衣库在这次市场活动中体现出对内容营销主题设计的务实与全面理解，如下表所示。内容主题从顾客的购买旅程角度出发，将顾客购买旅程的不同阶段分解成一系列问题，再将问题分解为明确的主题，最终有效地聚集了线上与线下的销售客群。

优衣库合作款系列内容营销主题策划

顾客购买阶段	主题内容规划	效果
早期	介绍设计师勒梅尔及优衣库为什么与之合作	提升认知度，对合作系列产生兴趣与憧憬
中期	介绍合作系列的产品本身以及购买信息	了解产品细节，产生购买意向
后期	能直接产生信息，或对企业原创信息进行二次开发	媒体内容的生产者、二次开发者
VIP 预售体验及社交媒体话题分享	积攒了大量线上、线下消费者在发售当天积极采购	

资料来源：曹虎等. 数字时代的营销战略［M］. 北京：机械工业出版社，2017.

2. 内容形式选择

好的内容会让顾客从接触账号时的“看一看内容”到“很期待、等着看内容”，完成活跃度的初始积累。

内容的形式有图文、视频与直播。在实际的内容设计中，并不局限于应用某一种形式，而是对各种形式进行整合，优势互补，共同服务于企业的宣传或产品销售，打造一致印象，追求同一个效果。主要的整合形式有：图文＋视频、图文＋直播。

（1）图文＋视频。

品牌宣传、爆款促销常常采用视频与图文相结合的方式，对产品或品牌进行多方面展现、趣味性挖掘。有趣的视频与实在的图文是一组最佳搭档：视频可以更多地谋划、重点刻画某些想要宣传的点，可以更注重特色化、戏剧化、趣味性。图文可以呈现专业性的内容，更有权威性，在提升信任度上有更大的优势。

（2）图文＋直播。

即时性是直播的优点，同时也是它的缺点：“粉丝”不知道直播、“粉丝”错过直播、“粉丝”在直播中没有听清楚……怎么办？这个时候，发布图文形式的内容就能给予有效的配合。阿布女装就是在直播前优先使用微淘图文（如图 2－7 所示）曝光产品的优点和细节的，巧妙地强调产品的品质，通知顾客上新时间及优惠措施，从而达到与直播两相呼应的效果。

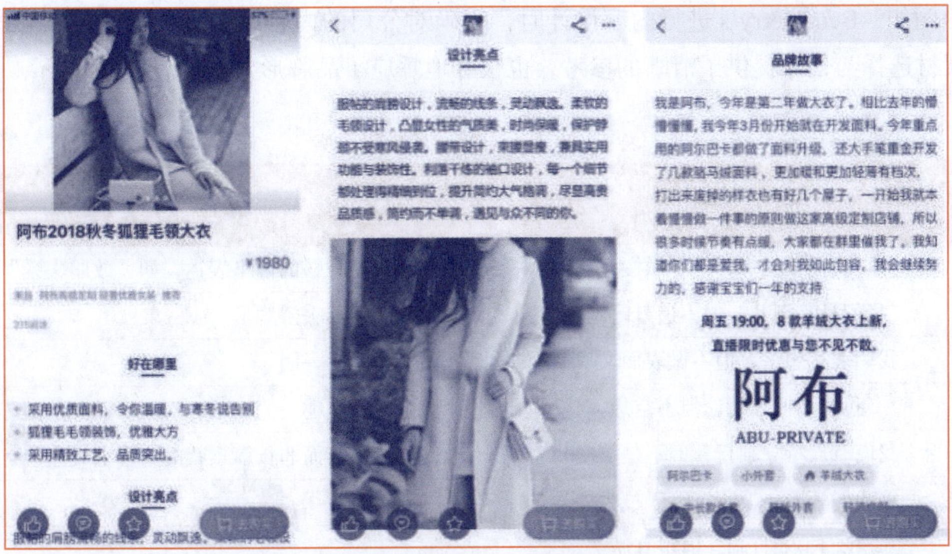

图 2－7 阿布女装图文预告直播

3. 内容结构选择

内容结构选择就是将内容主题进行拆解，选择受众更容易理解和接受的内容结构呈现。比如，通过“高品质”的主题规划呈现品牌核心价值，可以先将“高品质”拆分为：产品高品质、服务高品质、体验高品质、管理高品质，再将产品高品质拆分为原材料、设计与制作工艺高品质，如此对每一个细分主题逐级分解（如图 2－8 所示），再按细分主题搭建内容，使顾客能够直接地了解到企业“高品质”的理念到底代表了什么。

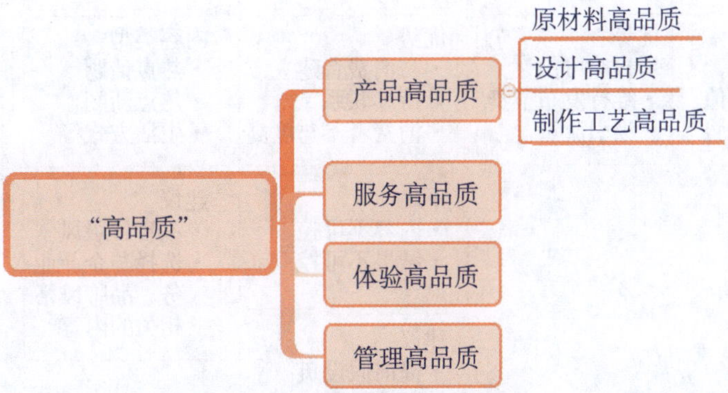

图 2－8 “高品质”主题拆分

4. 内容风格选择

在确定内容主题与结构后，需要确定内容创作的风格。创作风格的设计需要兼顾公司品牌的拟人化、品牌调性以及潜在顾客群体的语言风格偏好，使用和创造最适合表达自身价值、主题的内容风格。

例如，Ben&Jerry's 进行内容设计时，明确对公司的内容风格进行了设定，为内容的素材选择与创作提供了清晰的参考，也很好地呼应了品牌形象，如表 2－8 所示。

表 2－8　Ben&Jerry's 内容风格

我们是全球最可爱的活跃分子，明确我们是什么以及我们不是什么	价值观再现如何谈论敏感话题
我们很先锋，但不傲慢	用一句言简意赅的话来表达，如“放胆去爱”
我们是弄潮儿，但不追赶时髦	表明立场但不去辩解
我们表达想法，但不做表面文章	强调事物好的一面
我们满怀才情，但不空想	让讨论变得有趣
我们有点特立独行，但不是嬉皮	通过视觉内容而非长篇累牍的文字来表达观点
我们怀旧，但不沉迷于过去	
我们嬉戏打闹，但很真诚	
我们很随意，但很专业	

5. 内容来源选择

内容的来源很多，主要包括企业原创、第三方授权、消费者创作、社会化内容及行业内容，不同来源的内容与特点如图 2－9 所示。

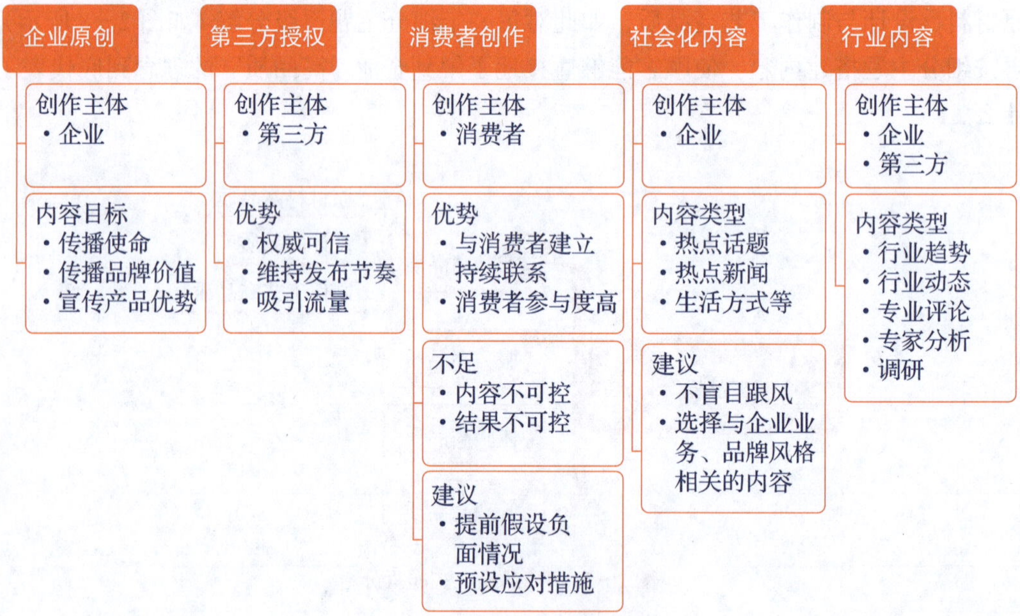

图 2－9　不同来源的内容与特点

不论哪种内容来源，企业都需要在整个过程中承担主导作用，体现在其作为内容共创者、价值观的实践模范和活动的协办者所发挥的作用，推崇那些热爱企业品牌、认同企业价值观的人，让他们成为内容创作的重要来源。

知识拓展

推小游戏、发小样，科颜氏说自己擅长社交裂变

三、推广渠道的营销方案

（一）线上渠道营销的特征

实例分享

小米线上营销推广

小米手机是利用线上渠道营销推广的典型。在产品研发阶段，小米通过社交媒体平台与“粉丝”进行持续沟通交流，根据“粉丝”的反馈和想法创意不断优化自身技术与产品研发方向，使产品最大程度地契合用户诉求。产品正式推出后，小米也没有花费大量资金在传统媒体中投放广告，而是利用“粉丝”群体的强大传播能力，在各个社交媒体平台中进行更高效的品牌推广和产品销售，实现了品牌形象塑造和知名度、影响力的快速提升。

产品销售方面，小米完全摒弃了线下渠道，通过预售、饥饿营销等多种创新属性的营销策略，获得了令业界瞩目的销售业绩，迅速在竞争激烈的智能手机市场中建立优势。

小米的巨大成功离不开其对移动互联网时代线上营销和渠道规则的深刻把握。对小米来说，快速发展普及的社交媒体不只是简单的品牌传播渠道，更是与消费者交流沟通的主场领域。为此，小米逐步构建出一个包含小米网络论坛、微博、微信、QQ空间四大社交媒体平台的线上渠道运维体系。其中，小米网络论坛主要吸引聚合更多目标消费者，获取用户创意和反馈；微博与QQ空间起着传播吸引“粉丝”的作用；微信平台负责与“粉丝”的实时深度沟通，并提供相关服务。借助这四大线上渠道平台，小米通过CRM系统实现了与“粉丝”的深度、持续、高效沟通，获取了巨大的“粉丝”经济价值。

案例来源：王先庆，彭雷清，曹富生．全渠道零售：新零售时代的渠道跨界与融合［M］．北京：中国经济出版社，2018.

大多数传统企业认为，在App中投放开屏广告、在朋友圈中发布广告就是在做线上渠道营销推广，而这也是大多数企业的现状。然而，这并不是线上渠道营销，这只是通过线上渠道投放了传统广告。事实上，线上渠道营销与线上渠道投放传统广告营销存在着本质的区别，具有体验提升、数据驱动、连接一切及多向互动等特征。小米正是通过线上渠道营销，实现了与消费者的深度互动，不仅按照消费者需求优化了产品，而且实现了产品的热销。

1. 体验提升

以消费者为中心的体验经济时代，消费者不仅注重线下体验，更强调线上体验。线上购物呈现明显的移动化特征：购物信息获取、商品浏览、下单、交易支付及物流信息查询等都是通过智能手机等移动终端完成。顾客体验关注点从以前的仅仅单纯地关注产品体验，到现在的还关注售前、售中及售后的购物全流程服务。线上渠道营销借助互联网与移动互联网，以多种渠道准确、高效地触达数字消费者的各个行为阶段，从而提升顾客体验。

2. 数据驱动

数字已经融入不同行业、不同层级的消费者。数据、移动互联网已经从一种商业工具、一种渠道革命变成商业的“水与电”，如果企业拒绝谈它、拥抱它，那么就会远离消费者，远离未来。

传统营销从产品出发，零售商根据自身经验预测目标顾客会出现在哪里，然后将产品投放到该处等待顾客的到来。数字化时代，零售企业基于大数据技术构建顾客画像，实现了对目标顾客的全面、精准、立体化定位，甚至能够挖掘出顾客自身尚未意识到的潜在需求，从而在恰当的时间、地点和渠道，以恰当的方式将最合适的信息、产品和服务推送给目标顾客，充分满足顾客的多元化、多层次消费诉求，实现了价值创造与收益获取目标。数据，让零售变得更智能。

3. 连接一切

互联网、移动互联网最大的特质是实现了“人与物”“人与信息”“人与人”之间的连接。以互联网和移动互联网为基础的线上渠道营销，也实现了“人与物”“人与信息”“人与人”的瞬连与续连：连接线上与线下、连接消费者与商品、连接消费者与零售企业。这种高度连接产生了可以追踪的数据轨迹，使得消费者数字化：营销的每个环节可以用数据来说话，并在连接中实现消费者的参与，实现企业的动态改进。

4. 多向互动

越来越多的消费者习惯在各种社交媒体中获取生活、购物、新闻等信息，并借助这些平台参与到包括品牌消费和体验在内的各种咨询内容的创作、传播和分享过程中。零售企业借助这些社交媒体不仅可以使相关信息更精准、快速地触达目标消费者，还能与目标受众进行直接、深度交互，从而更精准地进行消费者画像。

（二）线上渠道营销方案的设计

线上渠道不同，营销方案也不同。

1. App 营销

（1）App 简介。

App 是英文 application（应用）的简称，是安装在智能手机、平板电脑等移动设备上的第三方应用程序。据 CNNIC 的调查统计，截至 2020 年 12 月，我国手机网民规模达到 9.86 亿人，网民中使用手机上网人群的占比达 99.7%，手机上网网民比例不断攀升。截止到 2021 年 7 月底，我国国内市场上监测到的 App 数量为 291 万款。其中，本土第三方应用商店 App 数量为 155 万款，占比为 53.3%。这些 App 的类别包括游戏、日常工具、电子商务、生活服务类等，各类别占比如图 2－10 所示。

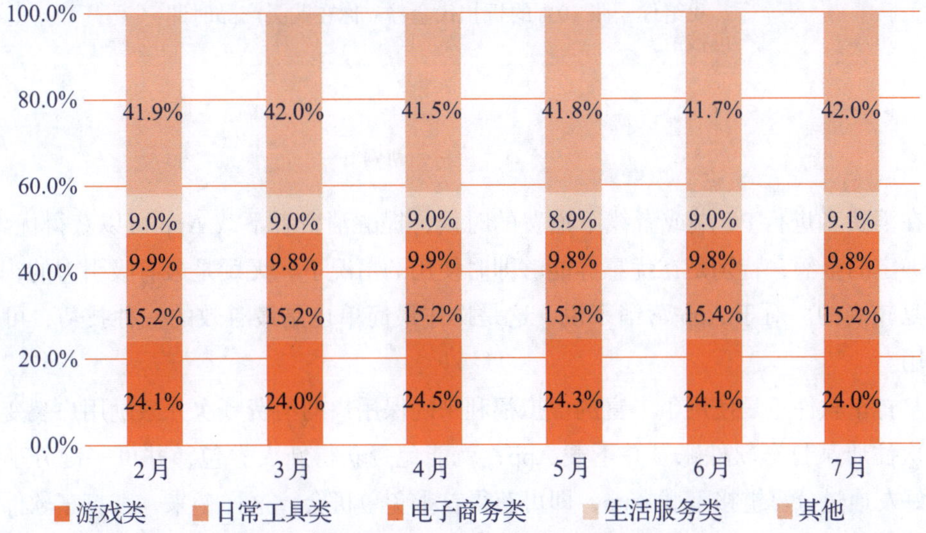

图 2－10　2021 年 2-7 月 App 分类占比

（2）App 营销特点。

App 营销是指商家通过智能手机等移动平台上运行的第三方应用程序进行产品的推广、传播与销售，提升企业价值的活动，具有使用方便便捷、内容丰富全面、营销精准度高、顾客忠诚度高、促进品牌建设、开发维护成本低等特点。

（3）App 营销技巧。

1）用户参与。让用户参与到 App 的创作与设计中，从而吸引并黏住用户。抖音、快手、西瓜、火山等小视频 App 都是通过用户制作、上传分享自创的视频从而获取他人喜爱和关注的。

2）内容为王。为 App 用户提供优质的内容，从而吸引顾客下载使用。发布和展示内容信息是 App 的直接功能，也是最重要的功能之一。App 的特点之一就是能通过文字、图片、视频等形式 24 小时不间断地传递信息、展示内容，从而增加用户对产品的了解与信任，提高品牌声誉。

3）通过即时兑现优惠活动诱使消费者下载使用。App 的一大痛点就是需要下载才能使用。为此，大部分的做法是给予下载福利。在某超市会员发放的杂志上，就有明显的官方 App 的二维码，而且强调使用该超市会员 App 的三大优点：省钱、省时、省心。如用户在 PC 端进入网易严选官网，首页就会出现二维码及提示“扫码领取 App 新人立减红包”字样。

但如果在图 2－11 的福利中二选一，大部分用户会选择第二种。无论哪类用户，对于福利的需求都是马上能够兑现的。

两种福利

1. 你购买产品，我给你积累 10 个积分。累积够 100 个积分，你就能兑换一瓶饮料。
2. 我给你一张 10% 的折扣代金券，你在购买产品时即可核销。

图 2－11　用户福利偏好

在消费者进行 PC 端或者线下消费的时候，提醒消费者下载 App 可以获得优惠券、减免一定的金额，特别是在优惠券能够即时使用的情况下，无疑是最有吸引力的，成功率也是较高的。对于 App 营销来说，这是操作最简单也是最有效的一种技巧，可以广泛适用。

某打车软件正是使用了丰富的虚拟福利来确保用户的消费频次并激励用户裂变。用户首次注册某打车软件账号并下载 App，就能免费获得新人券包，并可一键分享给好友；好友通过分享链接下载 App，即可获得首乘免单机会。这样一来，某打车软件就实现了用户裂变。将“送免费”作为吸引点，诱使用户主动分享给好友，而好友只需下载 App 就能获得首乘免单的机会，门槛很低。这样既为某打车软件增加了用户，又让用户得到了即时的实惠。

拼多多在社交电商中异军突起，将虚拟福利与社交属性进行紧密结合，成功实现了用户裂变。拼多多成功利用用户不用支付实际支出就可以“赚到额外福利”的心理动机，结合其平台低客单、低决策门槛、高频需求的产品特性，成功制造了社交群体“薅羊毛”的围观感，并通过社交分享，给予分享者和新用户双方都满意的福利，从而成功实现了用户裂变。

4）提高用户体验，利用消费者口碑传播。把握用户心理，将消费者口碑融入用户生活，切实满足消费者的需要，就能抓住消费者的心。如淘宝能给用户提供丰富的商品，不管多小众、在现实生活中多难找到的商品，在淘宝中都可以轻松买到，使之成为用户最多的零售业巨头，被消费者称为“万能的淘宝”。

2. 微信营销

（1）微信简介。

微信是腾讯公司 2011 年推出的一款即时通信软件。微信一经推出便受到了用户的喜爱，用户逐年增长：2015 年发展到 200 多个国家和地区，2017 年 12 月注册用户达 9.36 亿，2018 年 3 月，月活跃用户突破 10 亿大关，截至 2020 年年底，微信月活跃户数为 12.25 亿。

微信的出现，不仅仅改变了人们的沟通方式，更是改变了人们的社交方式、传递与获取信息的方式以及消费方式。首先，微信完全实现了随时随地的即时互动式社交，极大地增强了社交的便利性和经济性。其次，微信的出现，为人与人之间的信息交换提供了一个更加开放和自由的平台，改变了人们传递和获取信息的方式；最后，微信生态系统的构建与完善，人们通过微信即可完成对商品信息的搜寻与关注、买卖双方的互动与沟通、购买与支付以及进行商品评价与分享，改变了人们的消费方式。

（2）微信营销方式。

1）小程序。小程序是运行于微信之上的一种移动端应用，与 App 相比具有无须安装、触手可及、用完即走、无须卸载的优势。

2）公众号。公众号分为订阅号和服务号：订阅号主要适用于信息的发布，服务号除信息发布外还可以提供各类简便的服务。对于零售企业来说，公众号具有信息形式多样、便于阅读和分享、营销成本低、用户精准度高、方便与用户互动、积累用户数据等特点。

3）朋友圈。“微信朋友圈的性质是基于社会网络的虚拟社区”“为人们建立和维持社会关系提供了一个虚拟场所”。微信朋友圈是现实中的社会关系在网络虚拟环境下的延续和体现。

朋友圈推广具有信息的沟通与交换较为及时、传播的速度与曝光率较高、信息传达的精准度较高、信息传播呈现半封闭性及信息传播成本极低等优势和特点。

（3）微信营销技巧。

1）朋友圈定位清晰明确。作为推广号的微信号朋友圈，每一个推广号都应该有清晰、明确的定位，而且最好是只有一个定位，方便朋友圈好友识别与记忆。这个定位只围绕一个品牌或一个产品。如火锅等餐饮类的微信推广号可以定位为“美食达人”，彩妆类微信推广号可以定位为“美妆达人”等。

2）发朋友圈的时间与内容选择。微信推广号朋友圈发布时间，应该结合“粉丝”的日常作息，根据发布内容进行选择。如“粉丝”的作息时间不清楚，或者想要将发布内容传递给普通“粉丝”，则可以根据一般人正常的作息时间进行发布，时间选择可以参考图 2 - 12 所示。

图 2 - 12 朋友圈发布时间的选择

3）微信好友分层管理。经过一段时间的运营，微信推广号积累了一定的好友数量。这时需要对好友进行分类并进行管理，可参考图 2 - 13 进行。

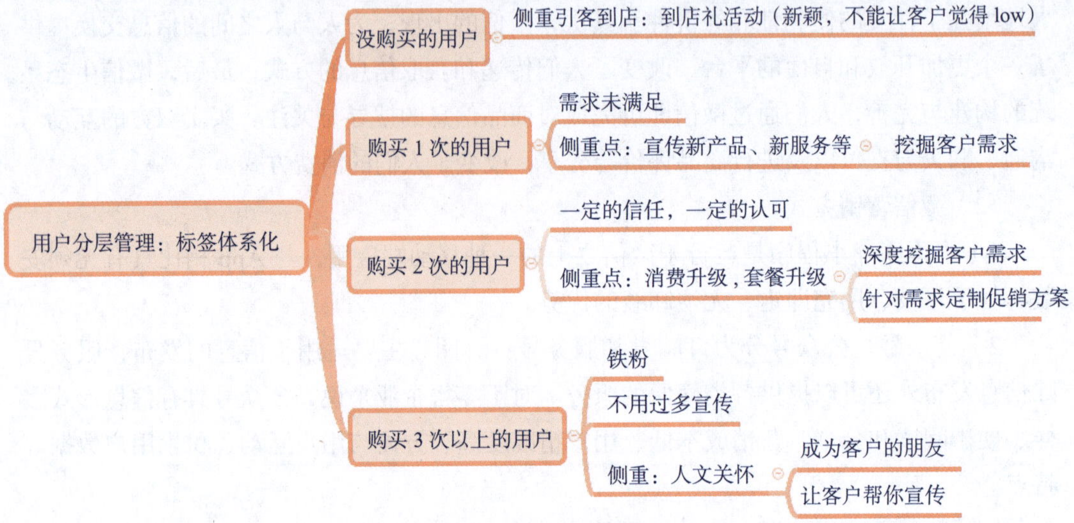

图 2－13　微信好友分层管理

4）朋友圈十大误区。朋友圈发布常见误区如图 2－14 所示。

图 2－14　朋友圈发布常见误区

5）高黏性朋友圈特征。高黏性朋友圈常常具有如图 2－15 所示特征。

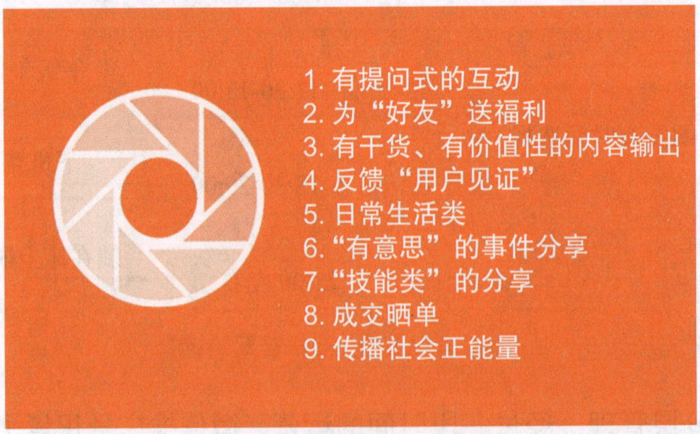

图 2－15　高黏性朋友圈特征

3. 搜索引擎营销

（1）搜索引擎一直是用户获取网络信息的重要工具，知名的搜索引擎有谷歌、微软bing、百度、搜狗、360、搜搜等。CNNIC的调查显示，截至2020年6月，我国综合搜索引擎用户规模达7.66亿人，较2020年3月增长1 539万，占网民整体的81.5%；手机搜索引擎用户规模达7.61亿人，较2020年3月增长1 542万，占手机网民的81.6%。

（2）搜索引擎营销模式。目前，百度是国内最大的搜索引擎，百度流量90%以上集中在移动端，所以对百度移动端的搜索引擎推广成为主战场。

1）百度品牌专区。百度品牌专区可以很好地展示品牌形象及关键信息，统一搜索环境中的品牌品相呈现，并可以将主动搜索带来的流量按照品牌的意愿分配至微博、微信等内容电商平台或者天猫、京东等交易型电商平台。但投入成本较高，起投门槛高，不太适合预算少的品牌。

2）百度关键词购买。百度关键词购买目前是百度搜索引擎营销的主流产品，品牌可以选择购买产品相关品类词、竞品词、通用词等，最大范围地覆盖与品牌相关的主动搜索人群，实现品牌广告的展现。但是百度关键词购买的展现方式比较单一，一般是文字链接和小图展示，不利于品牌展示，更适合效果转化。

3）垂直搜索平台的搜索引擎营销。虽然目前搜索引擎营销的主战场在百度，但是随着社交媒体的发展，大量的原生内容日益在各个社交媒体被生产出来，尤其是以微博、微信、知乎、小红书、大众点评等内容平台为主。其中，微博因具备搜索及互动方便的特征，成为目前对搜索有对口需求的品牌的主战场。如某燕窝品牌专门为微博培养了一批团队，这些团队每天在微博站内搜索“美容养颜”“保养品”等相关的关键词，然后到有相关困扰和需求的用户微博下评论、留言。美容美发行业等品牌也常采用这种方式。

此种营销方式是主动搜索到的用户需求，然后自我推销。利用这种方式找到的用户可以说是搜索中最为精准的一批人，而且投入基本没有任何门槛，但是一旦收获用户，获客成本几乎为0。

（3）搜索引擎优化。做好搜索引擎推广可从筛选最佳关键词着手：最佳关键词能够快速地吸引用户，这是搜索引擎推广最关键的工作和核心的内容。最佳关键词的寻找，不是一个简单的选择步骤，而是需要不断地搜寻、优化与反馈、再优化的过程，如图2－16所示。

图2－16 最佳关键词筛选

1）关键词分类优化。据用户搜索行为与习惯，结合自身品牌与产品特点，选出符合用户搜索习惯的关键词，并对关键词进行分类：核心关键词、相关关键词及长尾关键词。核心关键词是能够体现网站主题的最简单的词语且搜索量高；相关关键词是对核心关键词的扩展，体现主题的词语更全面，但搜索量少；长尾关键词搜索量少且不稳定。

2）关键词投入使用。将分类优化后的关键词投入使用。

3）搜索结果反馈。根据一段时间的搜索数据分析用户的搜索行为与习惯，对关键词进行再次分类优化，再投入使用。如此往复，直到筛选出竞争对手少且搜索量高的网站关键词。

4. 视频营销

视频推广是指各大企业或者机构利用网络视频传播企业信息、产品信息，树立企业或者机构的形象，从而达到宣传和营销的效果。不同于以往传统的视频广告，视频推广是以互联网为载体的，通过互联网来进行扩散和传播。因此，视频营销在即时性、互动性、传播速度上具有明显的优势。

（1）视频营销模式。

按照运营方式可将视频营销分为用户生成内容、企业自建账号自己制作及与网红、名人或视频达人合作，进行品牌或产品植入 3 类。如抖音平台的营销是以和 KOL 合作定制内容为主。

（2）打造热门视频。

1）热门视频三要素。

热门视频的特点之一就是热门。什么样的视频是热门视频？这需要看发布的平台的特点。如快手的热门视频，会有同城发现页涨粉、播放量成倍增长等特点。总的来说，热门视频应具有以下特点：较高的点赞数、较多的评论数及较高的完播率。

2）内容为王。

①输出优质内容。

视频推广号需要根据视频发布平台、“粉丝”的属性等输出优质内容：传递正确的价值观，传递真善美。只有用优质、鲜活的内容去承载正确的价值观，才能赢得更长远的未来。

②输出原创内容。

视频内容要是原创，不能有抄袭。可结合当下热点，结合自身品牌与产品进行。为了增加“粉丝”互动与评论，可增加话题性。

③细节打磨。

好的创意不一定能够成就好的内容。视频推广号需要对每个细节进行深思熟虑的磨合，在构图、光线、后期制作等细节上用心打磨。为了提高完播率，可以先拍后剪辑，力求做到短而精；视频推出后，一旦数据表现好，立即加推。

3）打造热门视频——其他要素。

除内容外，视频的发布时间、数量、标题、配乐、时长等都会影响其点赞数、评论数和完播率。具体如图 2 - 17 所示。

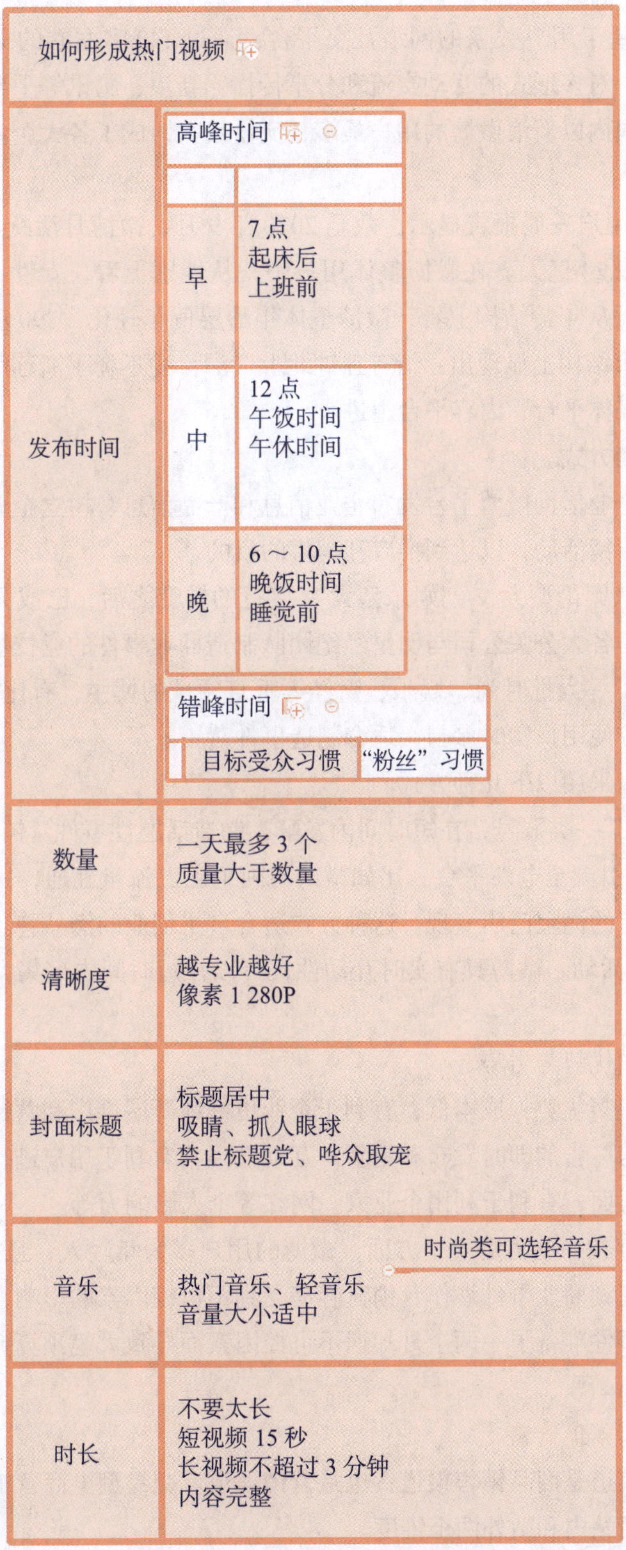

图 2 - 17　热门视频要素

5. 微博营销

（1）微博用户特征。

微博是一个基于用户关系的网络社交平台，通过 140 字左右的文字，可以配以图片和视频，进行一对多形式的互动交流和分享传播。新浪、腾讯等平台都推出了自己的微博模块，目前国内以新浪微博的用户最多、流量最大，成了各大企业微博营销的主要阵地。

2020 年微博用户发展报告显示：截至 2020 年 9 月，微博月活跃用户共 5.11 亿人，日活跃用户达到 2.24 亿人。在微博整体用户中，从性别上看，女性占比 54.6%，用户规模略高于男性。从年龄结构上看，微博整体年龄层偏年轻化，“90 后”“00 后”总占比近 80%。在城市结构上显现出：情有独钟北上广深，爱不释手浙苏闽粤。微博不断朝着全民性的社交媒体平台、内容平台迈进。

（2）微博营销方式。

微博营销是企业借助微博平台发布企业信息和产品信息、树立企业形象、吸引“粉丝”互动交流的营销活动，以达到推广和销售的目的。

微博经历了从舆论型大 V 到娱乐型大 V 盛行的转变之后，已成为中国公众事件发酵的平台，也成为各大公关公司与明星经纪团队制造商业事件的竞技场。微博相对公开的传播环境孕育了一大批时尚、娱乐、财经等垂直领域的博主，有比较强的围观效应。互动体验良好，方便用户实时参与，适合制造事件营销。

微博营销可以采用以下几种方式。

1）大量投放某一类账号，在短时间内发酵，制造话题性事件营销。

2）生产内容引流至电商平台。比如微博与阿里巴巴流量互通，一大批时尚类博主将流量导入其自有的淘宝门店变现。这种方式适合自主创业的淘品牌。

3）开展线上活动。微博具有实时互动性，可以在短时间内聚集大量流量，适合开展线上活动。

（3）微博营销优势与劣势。

微博营销有很多优势：成本低，有利于企业更好地开展推广和营销活动；传播速度快，有利于信息与广告的即时发布和更新；互动性强，有利于用户进行良好的沟通与反馈；可与名人面对面，有利于利用企业家、网红等个人影响力等。

微博营销也存在一些劣势。一方面，微博的用户多为年轻人，且娱乐性事件偏多。另一方面，人为规划商业事件炒作营销，容易受到不可控因素的影响，如重大社会事件等，企业为某一事件准备了一两个月却遇不可控因素而导致大笔预算打水漂的情况时有发生。

6. 交易型电商渠道营销

交易型电商渠道是商品销售渠道，也是营销渠道。交易型电商营销模式主要是指平台广告营销，包括站内和站外两个维度。

（1）站内购买。

阿里与京东购买的形式大同小异，阿里系的产品更加复杂、多元。除了大家熟知的直通车和钻展外，还有品牌专区、霸屏风暴模式投放、内容 SEO 模式等方式。

1）直通与钻展。

主要承接品类搜索词的搜索结果展现，品牌可以购买与自身产品品类相关的品类词，但是属于竞价投放，大部分通用词汇已经被竞价到一个较高的价格，大规模地购买品类词并将其转化为品牌词的流量红利时代已过。

2）品牌专区。

品牌专区有效承接所有站内对品牌的主动搜索流量。类似百度的品牌专区，品牌一旦购买了自己的产品的品牌词，在用户搜索时就会立刻出现门店的全方位展示，搜索结果首页可以呈现门店的主打产品、品牌形象、最近促销政策等。

3）霸屏风暴模式。

霸屏风暴模式是指在短时间内拿下阿里站内大部分优质资源并进行集中站内曝光。由于购买的单价较高，仅适合大、中型品牌配合营销活动来使用，尤其适合在新品上市时期制造广泛声量和集中曝光。

4）内容 SEO 模式。

内容 SEO 模式是指通过淘宝系平台内大量内容给产品信息以展示机会，如有好货、淘宝直播、淘宝达人推荐等。这种模式不像广告可以在短时间内转换，适合做长线投资，作为内容营销，然后在一年一度大促的时候实现统一变现。

（2）站外购买。

站外购买的方式多样，部分平台跟阿里与京东属于同一集团体系，能够对双方的数据实现更好地对接与分析。主要的站外购买方式有如下几类。

1）微博——阿里系平台。

在微博上进行内容营销，然后在阿里系平台进行销售转化。某些网红电商采用这种方式，即用网红的内容生产稳固自己的流量池，将流量自主地带到阿里系平台，实现销售转化。

2）京腾计划。

2015 年京东与腾讯推出京腾计划，打通京东与腾讯两个平台用户数据，综合二者的网购数据交叉分析顾客。

3）天合计划与京联计划。

天合计划与京联计划是天猫和京东两个平台分别推出的针对企业自投的站外资源的站内置换计划：只要企业在自己外投的广告中加入天猫或京东的 Logo，即可在站内按照比例换取一定的权益。适用于计划在全国性媒体上投放广告的品牌，参与这两个计划可以增加自己的站内媒介权益。

4）阿里数据银行。

阿里数据银行提供了一个比较完善的帮助品牌去追踪站内和站外所有数据并且沉淀数据的工具。这解决了原来存在的不同渠道数据割裂的问题，打通站内站外营销数据，实现对数据资产的沉淀和持续追踪，可以很好地帮助品牌持续积累用户资产，催化和培育品牌与用户之关系。

（三）线上线下的全渠道立体营销

1. 线上线下全渠道立体营销时代来临

（1）全渠道消费者崛起。

现在市场上最具活力、最具购买力、最具影响力的是全渠道顾客群。他们不仅全渠道购买，全渠道参与设计、生产，全渠道收货，全渠道消费，还进行全渠道评价、反馈、传播。全渠道顾客已经渗透到业务活动的每一个环节，如果企业只进行单一渠道运营那绝对是“out”了。

（2）传统营销专注线下，不能满足全渠道消费者需求。

传统营销专注线下，传统 CMO 的三大招数：定主 K（创意广告画面）、投广告、做地推，曾被公认是有效的营销技能，不再适应全渠道时代的营销需求。

传统营销天然的劣势：决策凭经验、执行凭习惯、效果凭估算，导致营销活动无法形成完整的闭环。广告行业有一句名言：我知道有一半广告费浪费了，但是我不知道浪费在哪里了。比如，某手机企业在城市最贵的核心地段租下一个广告屏，宣传自己的最新手机。一个月后广告投放效果如何进行评估呢？企业很难拿到数据，也许可以通过人工的方法计算出这个广告牌覆盖区域有多少流量，如果再多花一些时间，还可以计算出看到广告的人的性别比。但是，这些人中有多少人真正关注了广告，真正产生了兴趣，又有多少人真正产生了购买行为，是完全无法了解到的。由于技术能力有限，企业难以采集数据，难以评估广告效果。

然而，传统渠道并不会消亡，相反，在互联网时代或者移动互联网时代，传统的渠道显得更加珍贵，因为运营传统渠道相对于线上渠道要复杂得多；传统渠道基本属于不可再生资源，具有核心竞争力。

（3）零售全渠道时代。

互联网、移动互联网、大数据、云计算等技术的发展与普及，消费者购物从定期购物变为全天候购物，从定点购物转变为全空间（任何地点）购物，从被动购物变为主动购物，从大众化购物变为个性化购物，从被动接受商家单维度信息变为主动搜寻商家多维度立体信息。消费者不再忠诚于单一渠道，而是交替出现在实体店、PC 网店、社交商店、移动商店等渠道；不再单向、线性地进行决策，而是可能在任何阶段、任何时候、任何地点进入循环周期，购买行为前后都存在多个触点并形成循环往复的过程，购买决策的起点不再单一。

应对消费者的这一系列变化，零售商销售渠道向线上发展，也就是实体、电子商务和移动商务渠道线上线下的融合：跟踪分析消费者的购物数据，与消费者进行适当互动，了解消费者决策变化，为消费者提供个性化建议，并在此基础上提升购物体验。零售业自此步入全渠道时代。

（4）全渠道营销趋势。

线上渠道营销将曾经在传统营销环境中被分离的营销推广与销售促进放在同一个空间进行，将曾经耗时更长的用户“从触达到购买”的链路进行了缩短和加速，使得营销活动能取得立竿见影的效果。线上渠道营销以数据为驱动，全程、全面、全线触达用户、可量化数据等特征弥补了传统营销的不足。为了满足消费者在任何时候、任何地点、以任何方式购买的需求，采取实体门店渠道、电商渠道和移动应用渠道等整合方式销售商品或服务，并在所有销售渠道向消费者提供无差别的购物体验的线上线下融合的一体化全渠道营销，已成为数字化时代营销的主流与趋势。

2. 全渠道营销关键要素

全渠道营销包括以下三个关键要素。

（1）双向销售，线上线下同款同价。

零售商为了应对渠道分散、成本上升、利润空间压缩等困境，从单纯的单向线上销售或线下销售转向双向销售：线上线下整合互通，并实行同款线上线下同价的营销策略。

（2）消费体验、订制服务、聚会交流成为门店的主要功能。

全渠道营销从传统的规模化和标准化转变为个性化的精准营销与定制。无论是线上购物还是线下消费，消费者都希望快速地买到优质的商品，获得愉悦的购物体验。

（3）全渠道数据打通，实现渠道融合。

实体门店、电商、社交平台、CRM 会员系统打通，线上线下整合，实现数据的共融互通，向消费者提供跨渠道的无缝化购物体验。

3. 全渠道立体营销的优势

（1）全渠道满足顾客需求。

数字化时代，全渠道消费者崛起。过去，顾客的所有购买过程常常在一种渠道完成；今天，顾客通过多种渠道完成一次购买过程。全渠道营销正是充分利用各种数字化渠道主动塑造消费者的购买旅程和行为，满足消费者在各个渠道的需求，包括显性的需求，也包括隐性的需求，尤其是隐性的需求。比如下雨天、上下班高峰时，站在路边很难打到车。某打车软件利用移动互联网技术把司机和用户在线上连接起来，并相互可“见”：司机知道哪里有乘客，用户知道司机还有多长时间可以到达。所以某打车软件这款应用通过线上线下融合，并不只是解决了打车的显性需求，更是满足了用户更好、更便宜打车的隐性需求。

（2）$1+1>2$ 的购物体验。

商品是有形的，服务是无形的，而创造出的体验是令人难忘的，这是产品与消费者心理相统一的结果。在体验经济下，用户感受有时比产品本身更重要。当顾客触达任何渠道时，和他们顺畅沟通，并在各个渠道保持沟通的一致性和连续性，可创造良好的顾客体验。

（3）加强品牌辨识度和一致性。

企业在多个渠道宣传推广，触达消费者，相当于在多个渠道传递一致的品牌信息，品牌同步发声。既能巩固品牌的价值，使品牌更加值得信赖，建立更好的品牌辨识度，又能反复传达一致性信息，还可以提升销售转化率。

全渠道营销使得营销可以追踪，可以形成闭环。以前罕有人提出效果广告、效果营销，如今品效合一已经成为大数据营销机构的卖点，投资回报率已经成为营销人无法回避的问题。这一切都是因为，在互联网环境中，每次交互行为都可以被记录、被分析、被追踪，营销可复盘性越来越大。

在以前，经历漫长的商务过程才能投放的广告，如今在各大平台几分钟就可以实现；以前要数月时间才能估算出效果，而且还是粗略的，现在 48 小时之内就能做完一套 A/BTest；一个不完美的广告在过去可能是致命的，但是，在全渠道营销环境下，这只是一个“划算的沉没成本”。

（4）根据用户行为实时调整你的营销策略。

全渠道营销可以让你真正了解顾客的需求痛点，更可以通过他们的用户画像以及跟踪他们在不同渠道的动作，判断出他们的消费行为和偏好，这意味着企业可以动态调整投放的关键词、图文视频等素材，以便满足他们不断变化的消费行为，或者改变投放人群，实时获取改进后的效果数据。

（5）改进数据收集和提高对用户洞察的能力。

全渠道营销可以有效地收集和统一管理不同渠道的顾客数据。分析这些数据有助于了解顾客，为顾客量身打造内容，从而提升销售转化率和 ROAS（投入产出比）。

4. 全渠道立体营销的难点

企业实行全渠道营销，会促使企业在供应链方面进行改革，需要打通线上线下各个渠道，这对很多企业来说有一定的难度。

（1）缺乏足够资金的支持。

尽管企业拓展线上渠道能够减少实体店开设的成本消耗，节省成本，但在开展全渠道营销的过程中，企业需要为线上渠道业务发展给予足够的资金支持，京东在 2014—2016 年的亏损就是因为资金缺乏、投入不足造成的。

（2）线上线下各自独立，未实现渠道融合。

有些零售企业并未打通各个渠道的运营，线上线下的业务开展不但不能相互配合和补充，还在内部开展激烈的较量，增加了企业实施全渠道运营模式的难度。

（3）人才方面存在短板。

相较于传统的市场拓展及运营，全渠道营销已经发生了很大变化，无论是网络营销、信息化设备的应用，还是顾客关系的管理，都对运营者提出了较高的要求。但很多企业在专业人才配备方面存在缺口。

（4）数据孤岛现象严重。

很多企业线上线下数据孤立，即使在企业内部也未能打通。缺乏统一的数据规范和标准，数据整合困难。会员数据散落在互联网、各个渠道，数据散乱难以变现。数据是企业的重要资产，数据的收集、存储与处理都需要成本，但是数据本身并不能产生价值，如果不能将数据有效利用，数据反而会成为负资产。

（四）全渠道立体渠道营销设计

1. 树立全渠道营销思维

零售企业要想成功转型全渠道营销，首先要从传统营销思维方式转变为全渠道思维方式，如图 2－18 所示。

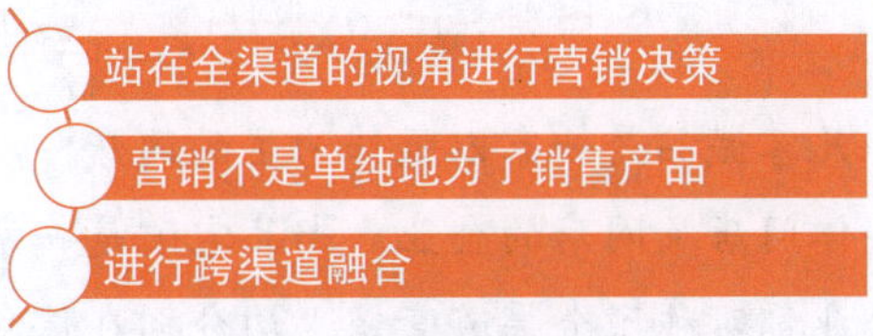

图 2－18 企业全渠道营销思维

（1）站在全渠道的视角进行营销决策。在制定营销策略时，企业需要充分考虑各个渠道的目标群体的差异化需求，并设计出有针对性的营销方案，这样才能充分利用营销资源，实现营销效果最大化。

（2）营销不是单纯地为了销售产品。全渠道并非简单地销售商品的所有渠道。全渠道营销涉及企业所有的生产及销售活动。为了迎合消费者购物消费的全渠道特征，企业需要在渠道布局时相应地做出如图 2－19 所示的调整。

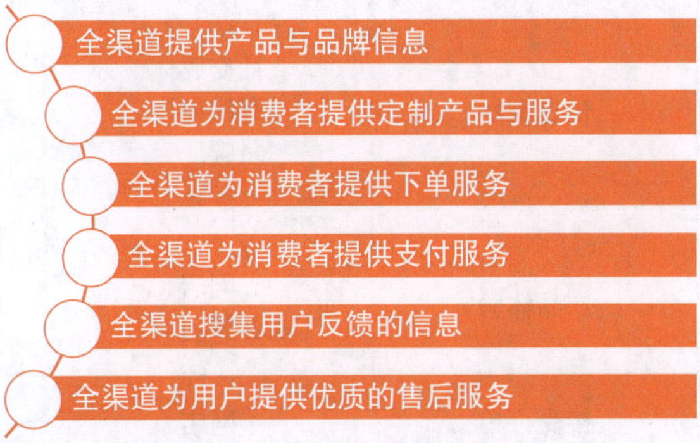

图 2－19 企业全渠道营销活动

（3）进行跨渠道融合。在全渠道营销过程中，跨渠道融合显得尤为关键。电商企业并不局限于线上营销，实体企业也不局限于线下推广，将线上线下进行融合，才能接触到更多的目标群体，实现效果最大化。而消费者的购物过程可能同时涉及多个渠道，如果其中的某个渠道缺失或者体验不佳，不但会影响交易金额，而且会导致企业在消费者心中留下负面印象。

2. 设计全渠道营销模式

对于特定的企业而言，并非要对所有产品开展全渠道营销，有些产品由于本身的特性，并不适合在某些渠道进行营销。比如单价在 30 万元以上的高端手表品牌，大量在低收入群体聚集渠道营销就不是一个理智的做法。更合适的渠道应该是利用现有用户人群做社交投射、人群投射，进行精准触达。

在设计全渠道营销模式时，企业需要根据不同渠道目标群体的个性化需求，结合自身掌握的资源、竞争对手采用的营销策略、产品本身的特性等对渠道进行整合。全渠道营销模式并不是固定的，通常包括如图 2－20 所示的 7 个方面。

图 2－20 企业全渠道营销模式

实例分享

凡客诚品、苏宁云商与尚品宅配的全渠道营销模式

凡客诚品是一家以服饰为主的网店，没有实体店。苏宁云商则是一家拥有大量的线下实体门店及网店的企业。尚品宅配是一家家居品牌店，既有网站，也有实体店。这三家企业都实施了全渠道营销，均分别在信息展示、产品体验、接受订单、交易支付、物流配送、售后服务及反馈意见收集 7 个方面布局渠道，如下表所示。

凡客诚品、苏宁云商、尚品宅配的全渠道营销布局

步骤	凡客诚品	苏宁云商	尚品宅配
信息展示	社交媒体 有线电视 路牌广告	官方网站 电商平台 社交媒体 楼宇广告 地铁及公交站牌 实体店	网站 实体店
产品体验	网店 顾客参与设计	实体店 网店	网店 实体店 定制
接受订单	网店	实体店 网店	网店 实体店
交易支付	线上支付	线上支付 线下支付	线上支付 线下支付
物流配送	送货上门	送货上门 实体店自提	送货上门 实体店自提
售后服务	线上售后	官网 实体店 网店	线上售后 线下售后
反馈意见收集	电话访问 线上评述数据 线下调查	线上 线下	线上 线下

案例来源：王先庆，彭雷清，曹富生. 全渠道零售：新零售时代的渠道跨界与融合［M］. 北京：中国经济出版社，2018.

四、推广渠道的绩效分析

（一）渠道营销的主要绩效指标

传统渠道营销因为难以实现数字化，业绩衡量是一个难题。以数字化营销为主的线上渠道营销闭环的最后一个环节，是利用营销技术或者顾客行为和营销各节点的过程量来衡量营销的投入产出，以及优化营销和业务流程。数字营销绩效指标可以分为以业绩为导向的指标和以顾客为导向的指标。

1. 业绩导向的数字化营销指标

业绩导向的数字化营销已经构成相对完整的营销测评方式，不但明确表示公司业绩

的变化，而且覆盖了数字渠道的投资回报。业绩导向指标比较适合处于由传统向互联网转型阶段的公司。

业绩导向的数字化营销指标主要包括：发帖数量、“粉丝”数量、KOL数量、传播热度（访问/浏览/转发/评论/下载/点赞数量）。

2. 顾客导向的数字化营销指标

顾客导向的数字化营销是成功案例相对集中的营销模式，关注更精细的有益指标。对顾客需求快速反应、迅速迭代，大数据帮助提高营销效率，推送接近于完全满意的产品与服务。数字化思想、顾客导向在营销过程中无处不在。

顾客导向的数字化营销指标主要包括如下方面。

（1）社交媒体连接指标。

社交媒体的连接所产生的群体效应对消费者的成长路径产生了巨大影响，可以总结为5A原则：认知（aware）、吸引（appeal）、询问（ask）、购买（act）、拥护（advocate）如图2－21所示。

图2－21 消费者成长路径

由5A原则衍生社交媒体连接指标有：

$$购买行动比=\frac{购买人数}{认知人数}$$

$$品牌拥护比=\frac{拥护人数}{认知人数}$$

$$吸引指数=\frac{吸引人数}{认知人数}$$

$$好奇指数=\frac{访问人数}{吸引人数}$$

$$认同指数=\frac{购买人数}{询问人数}$$

$$亲密指数=\frac{拥护人数}{购买人数}$$

（2）顾客搜索指标。

不同的搜索行为背后代表着不同的搜索流量，不同的流量背后是不同的搜索人群，不同的人群特征包括性别、年龄、地域、喜好、消费能力等。商家通过数据分析可以更好地进行商品布局和营销规划。

顾客搜索的主要指标有：细分类目关键词搜索排行、类目关键词趋势、类目搜索词分布、关键词性别、关键词喜好等。

（3）网站分析指标。

网站分析主要回答以下问题：

网站的流量从哪里来？不同渠道的投入产出比是多少？

不同流量来源的真实可靠性，是否有假的流量存在？

顾客在网站的体验，顾客是否会因为不好的网站设计而不再进行浏览？

流量来源的最终转化率及带来的直接收益率是多少？

顾客对官网和 App 的留存和忠诚度如何？

因此网站分析类指标包括：

1）流量类指标。包括浏览量、访客数跳失率、跳变率、商品收藏访客数、回头客数量、回访客比例等指标。

2）转化率类指标。包括成交转化率、静默转化率、访客—咨询转化率、咨询—成交转化率、新顾客成交转化率、老顾客成交转化率等指标。

3）成交率类指标。包括总成交数、平均访客价值、客单价、人均成交件数、成交均价、重复购买率、流失订单量、退款订单量、平均支付周期等指标。

（二）渠道营销数据分析的基本方法

渠道营销数据分析的方法有很多，主要方法如下。

1. 网站分析

通过网站分析，零售企业可以看到不同第三方推广平台的流量数量和质量：当企业在不同渠道投放了广告时（如门户网站的图片广告），在图片背后的 URL 中埋入个性化代码，当顾客打开投放广告页面时，就被记录“浏览”一次；当顾客点击图片跳转到企业网站对应的落地页时，就被记录“点击”一次。以上被称为点击前的顾客追踪。网站分析可以通过追踪顾客历程来优化网站设计，提升顾客体验，也可以通过纵向顾客转换、Cookie 分析等手段，分析顾客角度转换过程。

实例分享

订餐类 App 客户路径分析

访客由广告点击进入某 O2O 订餐类 App，在主页、餐厅选择页、预订页、支付页等页面的流量情况如下图所示。选用访客数和跳出率两个指标进行分析，各指标值如图所示。从图中可以看出，App 的主要流量来源是社交媒体（7 万人次），口碑传播是主要的客户来源，App 给客户提供了两条订餐途径：第一条是先选餐厅后选菜品，客户的跳出率只有 20%；第二条是先选菜品后选餐厅，客户跳出率达到惊人的 90%。当客户到了支付页面，跳出率达到 80%，说明大部分客户在最后一刻放弃了支付。最终，对这个 App 来说，转换率是 6%（0.6 万个订单 /10 万人次访客）。以上数据分析对 App 运营团队带来了如下启示：

从不同渠道的投入产出比总量来看，社交媒体是最有效的路径；

检查“菜品选择”页面设计，是否由于菜品分类不合理或页面设计技术问题而造成客户不愿意继续浏览；

检查支付页面设计，是否因为支付方式单一或页面设计技术问题而造成客户不愿支付。

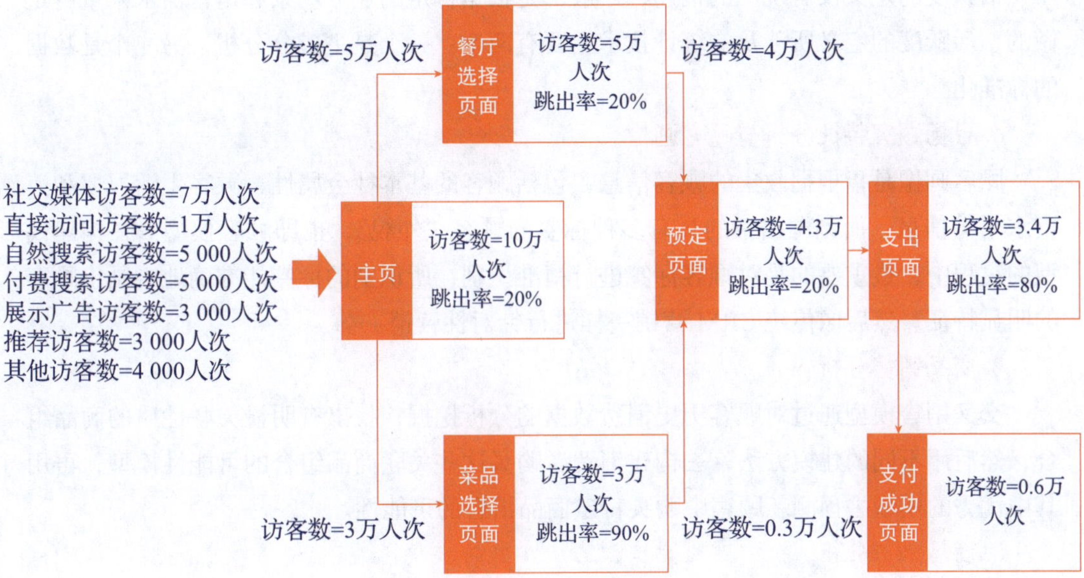

O2O 送餐网站 App 客户路径分析

2. 搜索数据分析

通过对类目关键词搜索的排行分析、趋势分析、属性分析、搜索人群分析，可以优化搜索引擎营销关键词，指导门店运营。比如对搜索排行数据分析，可以确定商品细分品类关键词的营销方向。

图 2－22 为某男装品牌类目搜索词趋势。由该图可知，该男装品牌卫衣的搜索趋势比较平稳，在 9 月 15 日略有上升，能否形成上升趋势还需进一步的数据分析论证。如果论证后搜索趋势上升，则可以将男士卫衣布局到门店，进行搜索提升。如果搜索趋势下降，则可以由群体小分类替换。

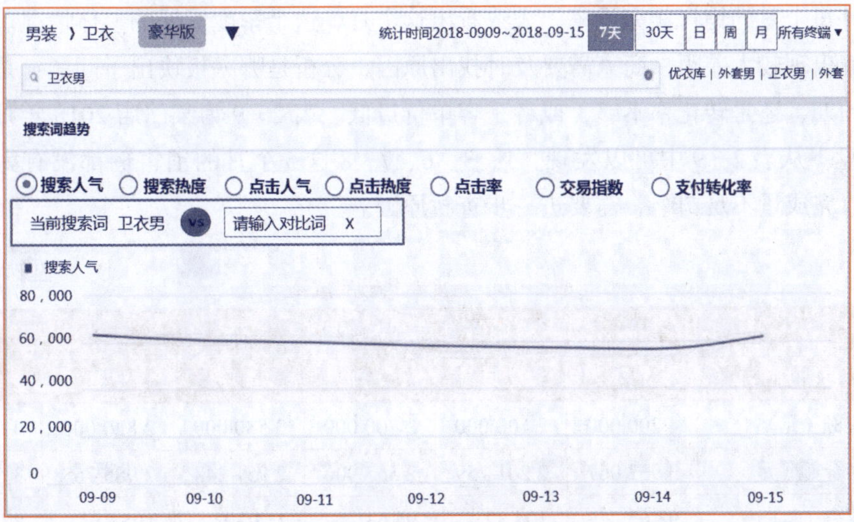

图 2－22 类目搜索词趋势分析

3. 目标群体活跃度分析

活跃度的定义没有统一的描述，一般都是根据特定的业务场景和运营需求来量身定做的，活跃度的定义所涉及的统计技术主要有两个：一个是主成分分析，另一个是数据的标准化。

4. 目标顾客特征分析与顾客画像

顾客画像是指根据收集的顾客信息，包括顾客的基本社会属性、顾客生活习惯和消费水平等信息，而刻画出来的具有多种标签的顾客“外貌”，也即顾客模型。在构建模型的过程中，最重要的是对顾客标签进行精准识别，所识别的标签能准确地刻画出顾客的明显特征，然后像传统 CRM 营销一样进行针对性营销。

5. 交叉销售分析

交叉销售模型通过对顾客历史消费数据的分析挖掘，找出有明显关联性质的商品组合，然后用不同的建模方法，去构建消费者购买这些关联商品组合的可能性模型，再用其中优秀的模型去预测新顾客中购买特定商品组合的可能性。

6. 商品推荐分析

推荐系统主要通过统计和数据挖掘技术，并根据顾客在商店的行为，主动为顾客提供推荐服务，从而提高商店购物体验。根据不同的商业需求，推荐系统需要满足不同的推荐力度，主要以商品推荐为主，但是还有一些其他力度推荐。譬如 Query 推荐、商品类目推荐、商品标签推荐、门店推荐等。

（三）基于数据分析的渠道营销方案调整

零售企业需要对一段时间的营销状况进行复盘和总结。只有通过定期复盘，商家才能发现实际运行过程中是否存在问题，然后根据数据反馈情况进行营销调整。

1. 数据营销复盘

（1）月度销售额复盘。

统计每个月的销售额完成率，大致看出这个月、这个季度发展的整体情况。如果月度销售额出现较大差距，商家需要及时找出原因，分析是哪一板块出了问题：是流量没有达到预期，还是转化率不够，或者是客单价过低。表 2-9 为某门店 2018 年月度销售额的复盘。从表 2-9 中可以发现，1、3、6、7、8 这 5 个月的销售额都没有完成，尤其 7 月，完成量不足 70%，需要进一步查找原因。

表 2-9 月度销售额完成率

2018 年年度营销规划						
日期	1 月	2 月	3 月	4 月	5 月	6 月
月度销售额（元）	4 200 000	2 100 000	2 700 000	2 580 000	2 820 000	4 080 000
实际销售金额（元）	3 932 067	2 201 259	2 555 006	2 951 248	2 985 763	3 579 592
实际完成率（%）	93.62	104.82	94.63	114.39	105.88	87.74

续表

日期	7月	8月	9月	10月	11月	12月
月度销售额（元）	5 280 000	6 120 000	6 540 000	7 920 000	8 940 000	6 720 000
实际销售金额（元）	3 456 380	5 493 541	6 857 534	/	/	/
实际完成率（%）	65.46	84.86	104.86	/	/	/

数据来源：阿里巴巴商学院. 电商数据分析与数据化营销［M］. 北京：电子工业出版社，2019.

（2）门店细分数据复盘。

门店细分数据复盘包括访客数、转化率、客单价等方面。计算出各项数据的涨幅，用以判断门店每月的运作是否正常。表 2－10 是某门店细分数据复盘，可以看出 9 月比 8 月支付转化率和客单价都出现了不同程度的下降，需要查明原因。

表 2－10 月度数据总览

统计日期	2018 年 8 月	2018 年 9 月	涨幅（%）
支付金额（元）	5 193 541	6 857 534	32.04
访客数（个）	311 965	533 686	71.07
支付买家数（个）	79 582	114 202	43.38
支付转化率（%）	25.51	21.38	−16.19
客单价（元）	65.26	60.10	−7.91
支付商品件数（个）	59 368	81 304	36.95

数据来源：阿里巴巴商学院. 电商数据分析与数据化营销［M］. 北京：电子工业出版社，2019.

（3）商品销售情况复盘。

复盘每个产品的占比情况，如产品较多，可以把产品分为 3 个梯队，分析每个梯队销售额及销售额占比和月度的环比增幅。假如门店产品较少，逐个分析每个产品或者每个链接的销售情况。表 2－11 为某门店产品销售情况复盘，从该表中可以看出，尿不湿组合装出现了下跌，商家要做的事就是找出该链接商品出现下跌的原因。

表 2－11 产品月度对比

产品	8 月份销售额（元）	销售额占比（%）	9 月份销售额（元）	销售额占比（%）	环比增幅（%）
纸尿裤标准装	1 946 539	37.48	2 707 354	39.48	39.09
纸尿裤夜用装	1 279 689	24.64	1 361 220	19.85	6.37
湿巾	647 635	12.47	703 583	10.26	8.64
棉柔巾	492 348	9.48	1 053 317	15.36	113.94
纸尿裤组合装	441 970	8.51	367 564	5.36	−16.84
纯棉柔巾	355 361	7.42	664 495	9.69	72.43

数据来源：阿里巴巴商学院. 电商数据分析与数据化营销［M］. 北京：电子工业出版社，2019.

2. 推广渠道的效果分析

渠道推广，投资回报率（ROI）是关键。ROI 又称会计收益率、投资利润率。计算公式为：

$$投资回报率（ROI）=\frac{年利润或年均利润}{投资总额}\times 100\%$$

投资回报率的优点是计算简单，缺点是没有考虑资金和时间因素，不能正确反应推广期长短及投资方式不同和回收额的有无等条件对推广项目的影响。只有投资回报率指标大于或者等于无风险投资利润率时，推广才具有财务可行性。

实例分享

某网店推广渠道效果分析

某段时间内，某网店采用多种方式多渠道推广：在内容平台投放内容、需求方平台（DSP）推广、搜索平台付费推广、资讯平台直投广告推广等。不同渠道的推广投入与效果如下表所示。

由下表可知，内容渠道的访客成本（UV 成本）最低，每客成本为 0.82 元，直投广告的访客成本最高，每客成本为 2.88 元，付费搜索次高，为 2.44 元。从推广渠道的获客人数看，内容渠道的获客人数占比最高，为 78.6%。从投资回报率（ROI）看，付费搜索最高，为 10.9，意味着在付费搜索推广渠道上每投入一元就有 10.9 元的利润。

推广渠道效果

来源	活动页面访客（人）	活动占比（%）	渠道总访客人数（人）	渠道占比（%）	跳出率（%）	投入资金（元）	UV成本（元）	利润（元）	ROI
内容渠道	36 676	78.60	70 530	52	45.70	30 000	0.82	13 200	0.44
DSP广告	2 881	6.20	14 208	20.30	39	4 902	1.7	2 304	0.47
直投广告	2 217	4.80	16 149	13.70	79	6 396	2.88	0	0
付费搜索	3 071	6.60	20 760	14.80	33.50	7 480	2.44	81 756	10.9
小计	44 845	96.10	121 647	36.90	48	48 778	1.09	97 068	1.99
直接进入	1 798	3.90	63 782	2.80	35.40	—	—	46 827	—
合计	46 643	100	185 429	25.20	47.50	48 778	1.05	143 895	2.95

资料来源：李卫华，陈琦．零售数据分析与应用［M］．北京：高等教育出版社，2016.

3. 数据指导营销决策

本部分通过一个案例来说明数据如何指导营销决策。

（1）客单价优化。

如表 2－9 和表 2－10 所示，根据之前的每月数据复盘，可以发现 9 月份的实际销售额是规划销售额的 104.86%，比 8 月份的实际销售额增长了 20%，访客数增长了 71.07%，客单价有所下降，比 8 月份下降了 7.91%。整体营销结果还是很有亮点的。

客单价的下降，某种程度上是因为门店在销售过程中为了吸引新顾客发放了大量优惠券。对客单价问题的分析，做出如下优化决策：

1）由于门店的产品不多，可以开发关联的产品来进行销售。

2）门店在依靠低门槛来拉动销售额增长的同时，还需要带动关联销售，同时关联销售也需要满足低门槛来刺激消费。

3）在库存方面，主要的搭配产品要保证备货量充足，避免缺货情况的发生。

（2）流量优化。

在复盘流量来源的数据时，我们发现淘内免费流量的增幅非常明显，那是因为门店在 9 月份着重对自然搜索流量进行了优化，并且在付费流量方面增加了推广费用。

流量来源方面针对不同渠道的情况，进行如下优化决策：

1）继续保持 9 月份良好的自然搜索流量，保持排名的稳定。

2）在付费流量端，可以尝试多种渠道进行引流，增加曝光机会。

（3）产品复盘。

从表 2－11 产品的复盘数据可以看出，主推款纸尿裤标准装增幅达到 39.09%，棉柔巾增幅为 113.94%，较为明显，而纸尿裤组合装却下降了 16.84%。

为此，针对货品做出如下优化决策：

1）继续维持爆款的销量，同时保证其产品库存的稳定性。

2）棉柔巾的产品增加关联销售，保持销量持续增长，增加棉柔品类的竞争力。

3）根据日常销售情况，增加纸尿裤组合装的关联销售，在增加销售的同时也能带动全店客单价的提升。

五、推广渠道的日常管理

（一）推广渠道的管理原则

零售企业的推广渠道众多，有线上的，也有线下的。每种渠道定位与功能不一，但同时为企业的推广目标和战略服务。推广渠道的管理是跨部门、跨组织的管理，需要量身定做一个体系化的组织架构，以调动各部门、各组织的积极性，并且能够各司其职。为此，推广渠道管理应遵循以下原则。

1. 战略目标导向原则

企业的渠道本身是为同一个战略服务的，战略决定了各渠道的活动内容和角色。为了使这些关键活动和角色能够正常运行并取得杰出成绩，必须以战略目标为导向。

2. 职能完备原则

为了保证各渠道业务的正常开展，企业内部需要有相对完整的职能保障。规模较小的企业，可以一人身兼多职，随着企业发展再进行不断的细化与专业化，甚至拆分成部门。不能因为企业内部人员较少而使得企业内部职能不完备。

3. 责权利一致原则

责权利是相辅相成、相互制约、相互作用的。一般来说，责权利要对等才能调动组织内各成员的积极性。在实施全渠道运营和营销时，很多企业无法直接建立与全渠道相关的组织架构，因此需要传统业务中的部分人员同时承担全渠道相关事项的职责。如果没有遵循责权利一致的原则，则会导致全渠道的推动面临很大的挑战。

4. 适度标准化原则

全渠道是一个新的模式，涉及企业业务的方方面面。与渠道相关的人员以标准化的方式投入工作，能够保证稳定一致的产出。例如，对商品包装要求高的企业，通过打包和发货等标准作业程序输出，保证各渠道、各门店或仓库发出的商品有统一的包装，可以提升消费者的购物体验。

（二）推广渠道的日常管理内容

在推广全渠道模式下，企业需要将消费者参与的所有环节数据进行打通并沉淀，将后端的所有商品、库存信息进行共享。企业要发展全渠道，必须系统建设、管理各渠道。全渠道所要求的系统不是孤立的系统，而是联系的、互通的、灵活的组织网，既能满足全渠道场景的技术需求，又能对庞大的订单量有足够的处理能力，并且拥有一定的“可治愈”能力。因此，推广渠道管理需要覆盖场景、终端和消费者。

1. 场景管理

线上线下渠道融合的全渠道，使得零售的“场”无处不在。全渠道一定是多种场景的综合，单一场景带来的流量有限，而且因为它固化了消费者群体的属性，带来的收益有限。

目前，全渠道的构建甚至未来零售的展现都是新零售、新物种、物联网、智能生活、区块链等多元素的综合，这种综合催生了更多生活化场景。零售企业通过创造不同的场景，让顾客多维度体验和近距离接触品牌进而增加顾客对品牌的认知。提高场景覆盖率也是企业全渠道管理的重要内容，尽管企业引入了全渠道、多场景，对于系统来说，订单的渠道依旧只有两个——线上渠道和线下渠道，两个渠道的订单汇总在全渠道的订单中心，再由系统通过物流中心实现订单的统一派发。全渠道场景见图 2－23。

2. 终端管理

企业要把全渠道发展到一定规模，把全渠道做通、做透、做好，就要保证有一定的门店参与量。一方面，门店数量增加，收益就能增加，这个无可厚非；另一方面，发展更多的终端门店，才能够共享全渠道的商品库存，才可以把该卖掉的商品卖掉，把该盘活的库存盘活，打通各个端口的流量入口，实现销售利益的最大化。

为此，终端门店要达到一定的 POS 覆盖率，首批推广的门店的 POS 覆盖率应达到 100%。

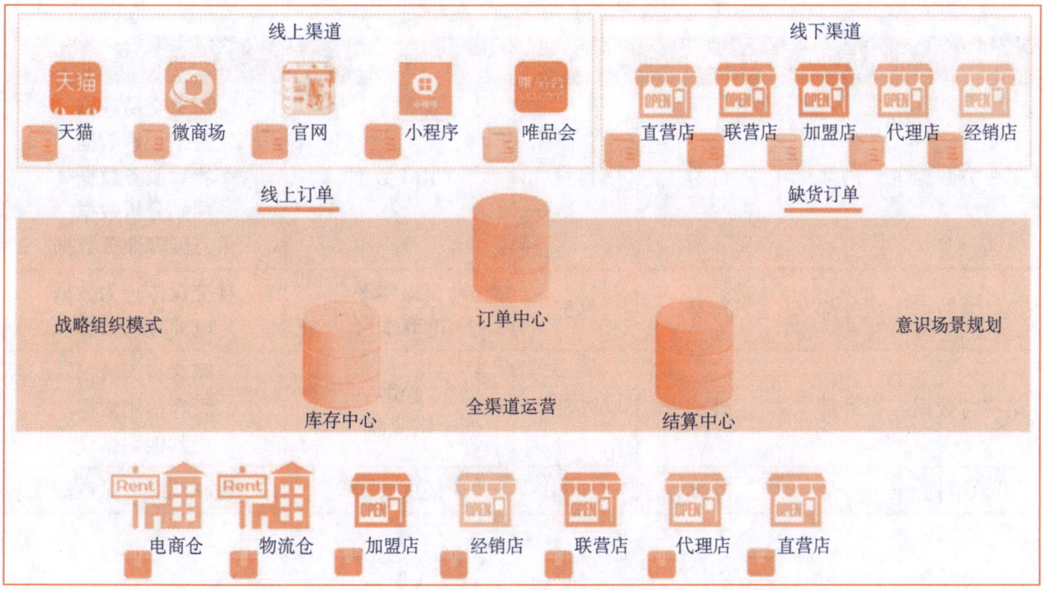

图 2-23 全渠道场景

3. 消费人群管理

虽然每一家企业对于客群的定位都是固定且明确的，但是不可否认的是，全渠道多场景的设计会迎来更多的会员转化率，不同定位的场景会吸引不同的消费客群，个性化、定制化的服务又能够在零售行业很好地提升消费者的体验。因此，从不同触发点去触及各个维度的消费者才能收获更多的利益。

为了实现对会员“粉丝”的营销管理，企业需要打通所有渠道 CRM 系统，对消费人群进行统一管理、高覆盖管理。

4. 数据管理

数据是实施全渠道企业最重要的资产，精准营销、自动化营销、二次营销等都是由数据驱动的。打通数据化实体门店与虚拟门店的商品流、信息流、顾客流、资金流，实现数据实时共享，将各个环节、渠道沉淀下来的数据资源反哺企业的业务策略和决策。

（三）推广渠道信息源管理

在前大数据时代，企业主要通过 3 种方式获取信息：一是公开信息的整理，包括统计局数据、公司年报、市场机构的研究报告等公开的零散信息；二是直接购买产品化的数据库；三是自建数据库，收集一手数据，比如自己设置问卷进行调研，或者对运营数据进行整合，或者每年对消费者的调研与品牌调研。

在大数据时代，企业获取信息的源头已经发生了翻天覆地的变化：互联网、移动终端、工业 4.0、工业互联网、可穿戴设备等新技术、新浪潮的出现，企业可以全方位、持续地收集、获取顾客数据，根据信息收集主体的不同，企业信息源包括：第一方数据、第二方数据、第三方数据及开放数据，详见表 2-12。

表 2－12 零售企业信息源

数据源	数据来源	数据源归属	数据平台	典型来源	常见数据类型
第一方数据	内部	自身	自身	CRM 数据	历史交易数据 营销积累数据 售后服务数据 网站分析数据 重点顾客业务数据
第二方数据	外部	自身	外部	社交媒体平台 电商平台	社交媒体行为数据 电商交易数据
第三方数据	外部	外部	外部	外部 供应商	顾客行为数据 顾客信用数据 其他数据
开放数据	外部	外部	外部	爬虫数据	互联网上可见数据

（四）推广渠道数据收集

目前，有三大平台为零售企业提供数据、收集数据，其分别是微信公众号后台、新榜平台与清博舆情。

1. 微信公众号后台收集

微信公众号后台的统计模块功能为用户提供了六大分析项目：用户分析、图文分析、菜单分析、消息分析、接口分析和网页分析。运营者可以在此获得原始数据，也可以查看关注指标的趋势图，趋势图以折线的方式展现，一目了然。如图 2－24 所示。

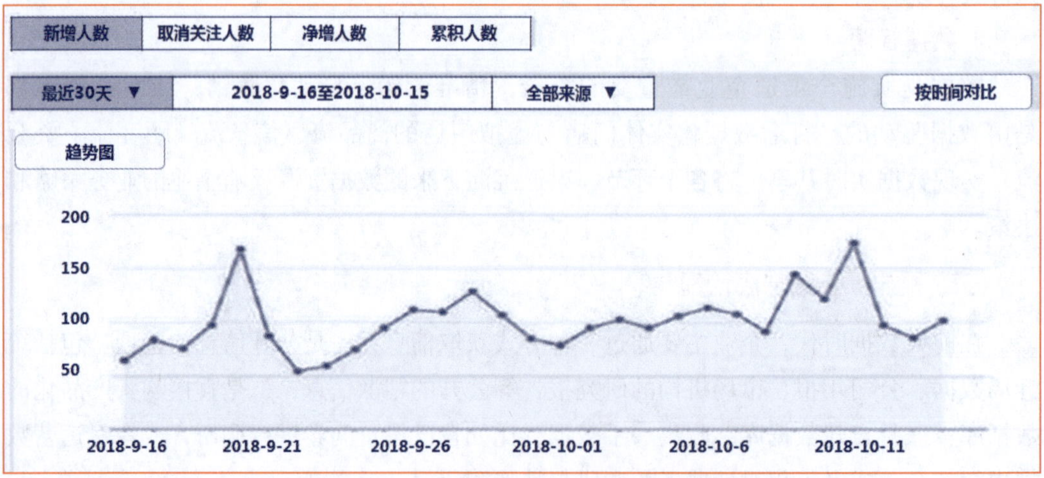

图 2－24 用户分析项目中“新增人数”趋势图

2. 新榜平台收集

新榜平台可以为运营者提供新媒体、微信等平台内容的价值评估。目前，新榜平台上有超过 1 000 万个微信公众号，对超过 35 万个有影响力的优秀账号实行每日固定监测，从而发布影响力排行榜。平台可以为用户提供排行查询与数据查询、号内搜索及分钟级监测 3 种服务。

（1）查询排行与数据。

运营者可以在新榜平台查询某公众号、微博账号、头条号等的排名情况，还可以查询统计周期内的其他数据，包括：发布数据、总阅读数据、头条阅读数、点赞数和当日排名数据。图 2－25 为新榜平台的微信公众号数据情况。运营者可以据此收集到微信公众号系列榜单以及榜单上各公众号的数据样本。

2018年10月14日 统计数据截止：10月15日 12时 样本数量：666966 数据说明 | 异常举报

#	公众号	发布日	总阅读数	头条	平均	最高	总点赞数	新榜指数	加入我的收藏
1	人民日报 People's daily	9/24	240万+	90万+	10万+	10万+	19万+	1074.2	♡
2	新华社 Xinhua News Agency	7/22	216万+	70万+	98411	10万+	66287	1062.4	♡
3	央视新闻 CCTV news	8/16	135万+	80万+	84916	10万+	36869	1033.4	♡
4	人民网 People's daily	5/13	102万+	48万+	78507	10万+	10074	1009.0	♡
5	参考消息 reference information	5/18	100万+	41万+	56108	10万+	12811	1005.9	♡
6	环球时报 Global daily	5/21	100万+	46万+	47975	10万+	13422	1005.1	♡
7	占豪 Zhanhao	1/8	80万+	10万+	10万+	10万+	57791	998.6	♡
8	新闻夜航 News night flight	3/24	85万+	28万+	35693	10万+	2584	984.2	♡
9	新华网 Xinhuanet	5/17	72万+	45万+	42591	10万+	6214	982.4	♡
10	澎湃新闻 Surging news	3/24	74万+	23万+	31037	10万+	3682	976.0	♡

图 2－25 新榜平台的微信公众号数据情况

（2）号内搜。

“号内搜”是新榜平台针对公众号开发的。相比于百度、360 搜索，新榜“号内搜”为广大用户提供了在公众号内进行信息搜索的服务。

对运营者而言，“号内搜”所能提供的数据资源包括用户的所有搜索行为，能帮助运营者更好地了解用户和用户画像。图 2－26 为新榜“号内搜”后台的数据服务功能简介。

（3）分钟级监测。

“分钟级监测”全称为“微信公众号分钟级传播监测”，与“号内搜”一样，也是为公众号服务的数据产品，能分钟级连续监测到链接到公众号的阅读数和点赞数，并在分钟级的数据监测上完成对特殊数据增长的准确判断。图 2－27 为新榜平台“分钟级监测”数据产品的功能。

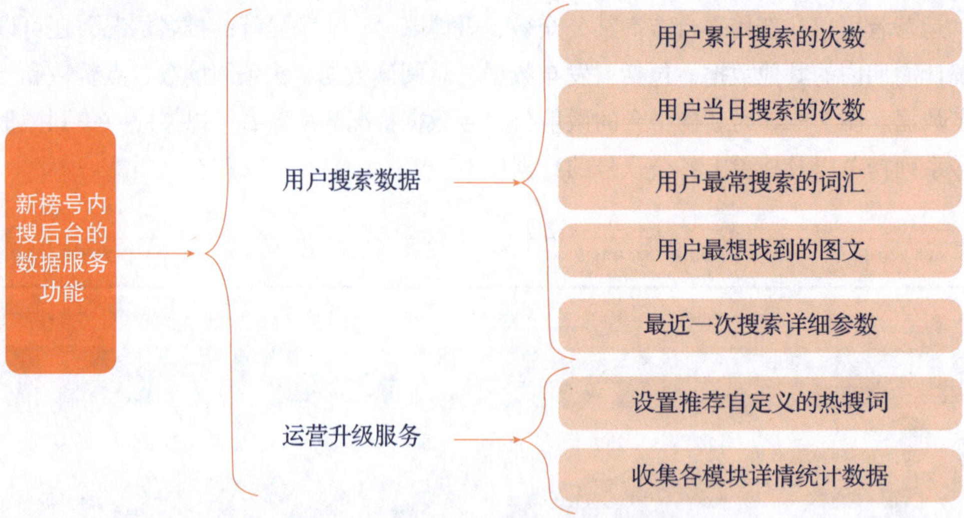

图 2－26　新榜“号内搜”后台的数据服务功能

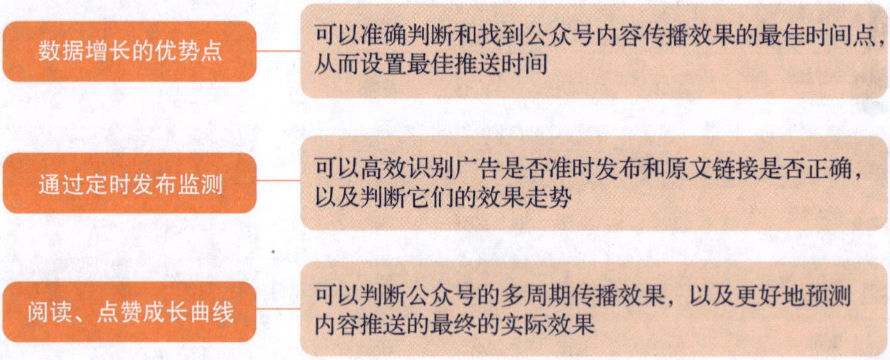

图 2－27　新榜平台“分钟级监测”数据产品的功能

3. 清博舆情收集

清博是一个大数据平台，目前拥有超过千万“粉丝”的社交矩阵，与 BAT 三大巨头、网易、今日头条等互联网公司有深度合作。

在清博数据平台上，运营者在首页输入账号的 ID 或名称就能看到它的排名情况，还可以收集以下的数据：排名、活跃“粉丝”数、阅读数、头条阅读数、点赞数等。运营者可以在平台收集零散的数据信息并从中挖掘出有价值的内容，以指导接下来的头条号运营工作。

运营者在搜索和收集数据时，要想获得更优质的结果，需要同时考虑搜索平台的数据呈现和数据的包容性。而清博大数据恰好在这两个关键点上有着巨大优势，如图 2－28 所示。

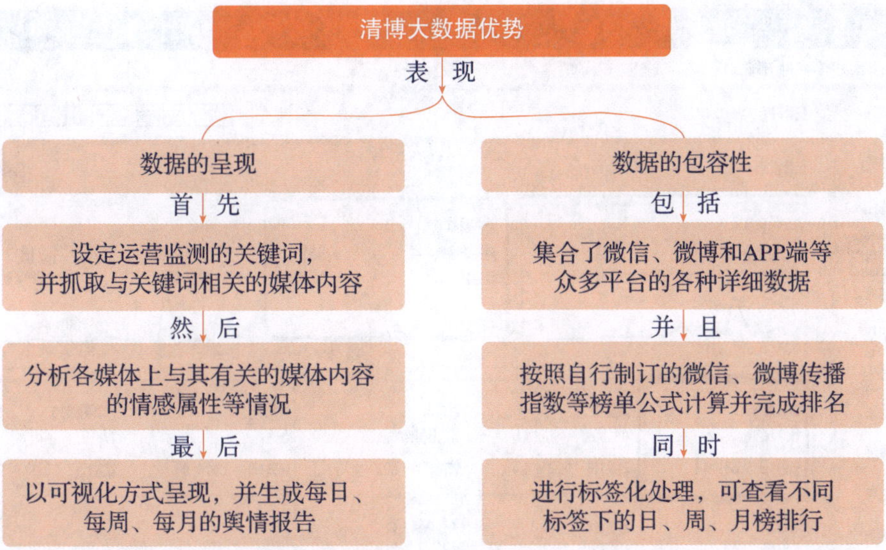

图 2-28　清博大数据在数据呈现和数据的包容性上的优势介绍

（五）推广渠道的数据分析与管理技巧

推广渠道的管理需要监控各渠道的数据并进行分析。如实体门店的会员数据与分析，内容渠道的“粉丝”变化、活跃度分析，交易型电商渠道的运营数据分析等。这里主要介绍门店数据监控与分析、竞争对手数据监控与分析。

1. 门店数据监控与分析

在日常运营中，商家每天都会对门店生意参谋等后台数据进行观察并统计汇总分析，第一时间发现问题并第一时间进行处理。门店数据监控通常包括：访客数监控、转化率监控、客单价监控。

（1）访客数监控。

门店访客数的监控，即对门店访客数的每日走势、不同渠道组成及访客数目标达成率的记录和监控。如生意参谋工具会记录每日的访客数情况（如图 2-29 所示），并制作出流量的总体走势图（如图 2-30 所示）。

对比平日的流量情况，商家可以清楚地看到 11 月 9 日至 12 日访客数有较大变化，如图 2-30 所示，这种影响持续到 11 月 18 日，如图 2-30 所示。这时商家就需要找出流量下跌的具体原因，是门店自身的因素还是市场的原因，从而及时处理出现的问题。商家通过分析之后发现，门店没有存在特别严重的问题，只是因为这个时间节点刚好是“双 11”就要来临了，大多数买家的购物需求急速下降，而且门店没有进入官方活动会场；而在“双 11”过后的数据低迷，是因为“双 11”消费者集中消费之后，市场大盘还没有回暖，所以才导致了以上数据异常的情况。所以这几天的数据异常不是由于门店的运营问题，而是受市场影响所致。针对这次流量的下滑，商家需要有相应的对策。商家可以通过增加直通车、钻展或淘宝客投入来引流，保持整体的运营不被竞争对手超越，在市场中的排名能够处于比较稳定的状态，不被市场的波动所影响。

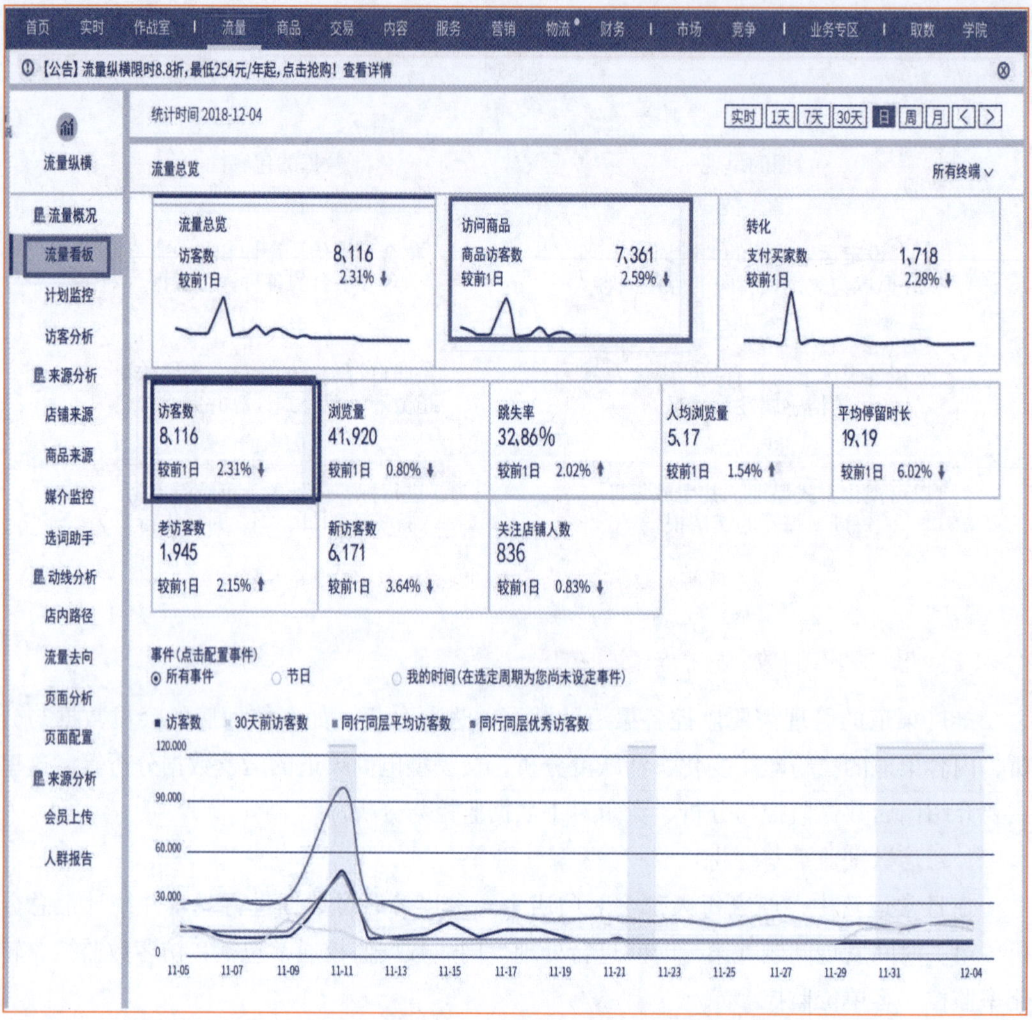

图 2－29　11 月份每日访客数数据

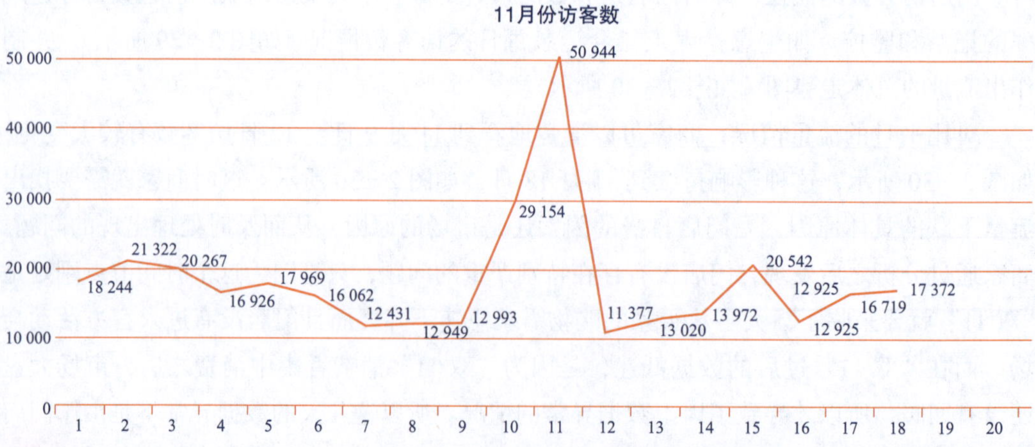

11月	1	2	3	4	5	6	7	8	9	10	11	12	13	14	15	16	17	18	19	20
访客数	18 244	21 327	20 267	16 926	17 969	16 062	12 431	12 545	12 998	29 194	50 944	11 377	13 020	13 972	20 542	12 925	16 719	17 372		

图 2－30　11 月份访客数监控走势图

在监控了每月整体的访客数之后，商家还要对该月的其他流量渠道的数据进行监控（如图 2－31 所示），分析每个流量渠道的走势情况，从图 2－31 中可以看出该门店的流量主要来源为手淘搜索、我的淘宝和购物车。商家通过百分比数值可以清晰地看到每种流量的变化情况，手淘首页在下单买家数中上涨了 40.82%，说明近期手淘首页数据表现较为不错，如果要确保手淘首页流量的持续稳定，近期要对手淘首页的数据进行维护，以保证流量的稳定增长。

生意参谋　首页　实时　作战室　流量　品类　交易　内容　服务　营销　物流　财务　|　市场　竞争　|　业务专区　|　取数　书院　消息

统计时间 2018-10-18　　实时　1天　7天　30天　日　周　月　‹　›

流量来源排行TOP10　　无线前 ∨　店铺来源 ›

排名	来源名称	访客数	下单买家数	下单转化率	操作
1	手淘搜索 较前1日	3,635 -2.52%	498 +7.10%	13.70% +9.87%	详情 人群透视 趋势 商品效果
2	我的淘宝 较前1日	2,551 -1.81%	940 +1.40%	36.85% +3.27%	人群透视 趋势 商品效果
3	购物车 较前1日	2,039 -4.18%	783 -1.51%	38.40% +2.79%	人群透视 趋势 商品效果
4	淘内免费其他 较前1日	1,970 -4.34%	527 +4.98%	26.75% +0.61%	详情 人群透视 趋势 商品效果
5	智钻 较前1日	1,715 -1.83%	159 +9.66%	9.27% +11.70%	人群透视 趋势 商品效果
6	手淘首页 较前1日	513 -9.84%	69 +40.82%	13.45% +56.19%	人群透视 趋势 商品效果
7	手淘问大家 较前1日	287 -0.69%	66 +17.86%	23.00% +18.68%	人群透视 趋势 商品效果
8	手淘旺信 较前1日	236 -2.07%	85 +2.41%	36.02% +4.58%	人群透视 趋势 商品效果
9	手淘信息中心 较前1日	93 +3.33%	26 +36.84%	27.96% +32.43%	人群透视 趋势 商品效果
10	手淘微淘 较前1日	90 +12.50%	19 +26.67%	21.11% +12.59%	人群透视 趋势 商品效果

图 2－31　各流量渠道数据

（2）转化率监控。

转化率在门店中是非常重要的数据，一旦出现波动，就会直接造成销售额的下降，所以每天跟踪转化率的情况就显得尤为重要，门店中的转化率可以细分为全店成交转化率、询单转化率和静默转化率，商家可以在生意参谋中找到全店的转化率数据（如图 2－32 所示）。

为了更好地记录和分析数据，商家需要汇总全店成交转化率的各项指标情况（如表 2－13 所示）。然后针对转化率的每一个细分数据进行深度分析，首先是看全店成交转化率的走势（如图 2－33 所示）。把数据转化为折线图，商家就能更加直观地看出近期一个月门店整体转化率的走势情况。当全店的成交转化率没有较大波动时，说明门店其他细分转化率没有太大的波动，而如果门店的整体转化率出现了较大波动，商家就需要分析具体是哪种转化率出现了问题。

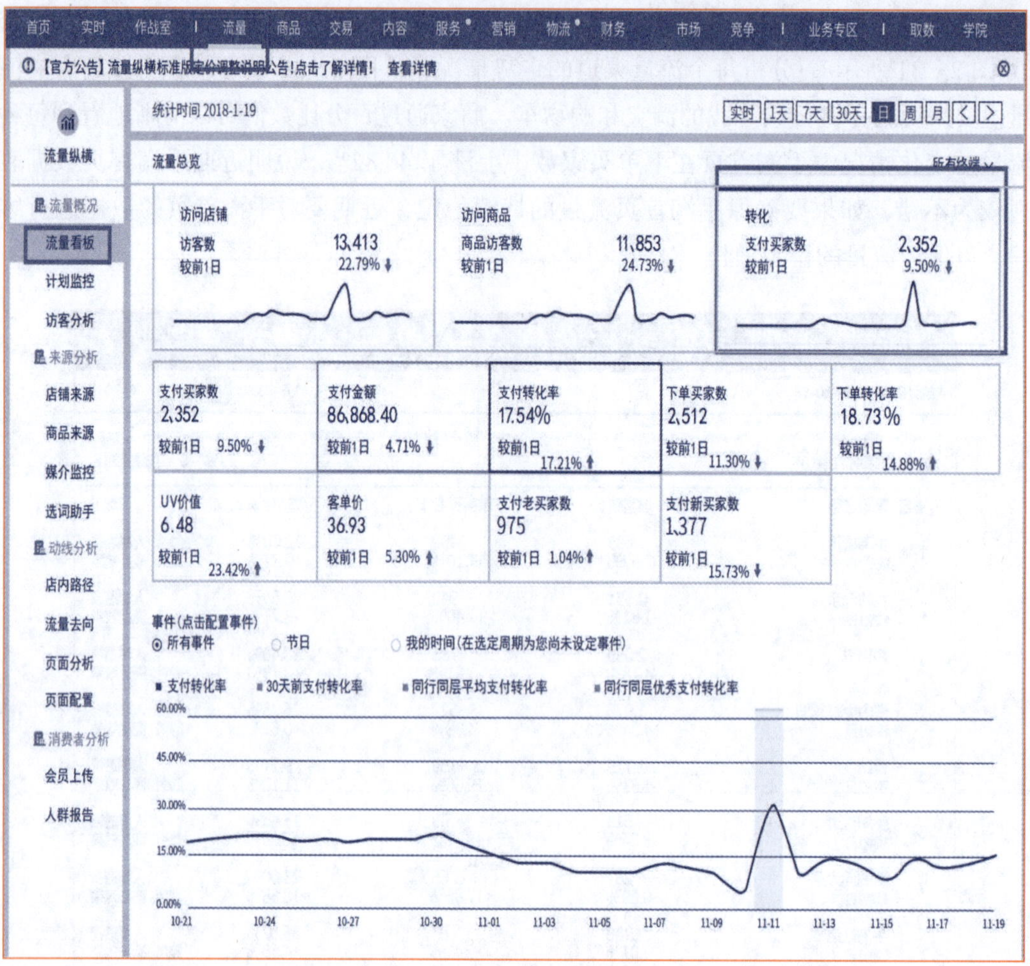

图 2－32　全店转化率数据

表 2－13　全店转化率监控表

日期	店铺销售额（元）	浏览量（PV）	访客数（UV）	全店成交转化率（%）	简单转化成功率（%）	静默转化率（%）
2018-10-01	104 411	43 666	10 147	19.81	71.81	15.02
2018-10-02	101 858	46 185	11 611	17.32	69.35	13.38
2018-10-03	103 233	52 540	13 489	15.46	67.60	12.00
2018-10-04	92 289	34 968	8 224	19.43	69.04	15.24
2018-10-05	95 569	38 978	10 082	17.19	70.00	13.22
2018-10-06	116 650	69 573	20 143	12.27	66.72	9.20
2018-10-07	104 076	49 036	12 920	15.09	63.91	12.24
2018-10-08	98 701	37 271	8 621	19.60	66.86	15.27
2018-10-09	90 359	37 984	9 238	16.48	68.73	12.95
2018-10-10	140 776	76 160	22 054	14.49	70.05	11.23

续表

日期	店铺销售额（元）	浏览量（PV）	访客数（UV）	全店成交转化率（%）	简单转化成功率（%）	静默转化率（%）
2018-10-11	121 633	61 254	16 978	15.57	69.33	12.25
2018-10-12	103 232	52 731	15 419	13.68	67.22	10.42
2018-10-13	100 699	36 584	8 116	21.02	73.65	16.21
2018-10-14	109 489	40 262	8 604	22.47	74.19	17.24
2018-10-15	111 802	41 740	8 914	21.83	73.57	16.37
2018-10-16	107 785	35 784	7 896	22.94	73.35	16.78
2018-10-17	107 482	45 365	9 209	20.85	71.83	15.64
2018-10-18	109 917	43 665	9 072	22.17	71.46	16.88
2018-10-19	102 349	41 399	8 913	20.89	70.60	16.25
2018-10-20	103 258	47 838	9 887	20.58	66.33	15.96
2018-10-21	104 204	47 518	9 651	21.19	69.10	15.98
2018-10-22	110 479	46 267	9 098	22.73	71.05	17.21
2018-10-23	102 871	47 992	9 353	23.07	73.00	17.34
2018-10-24	105 151	46 714	9 042	23.00	72.77	17.41
2018-10-25	99 846	50 216	9 632	21.23	70.59	15.96
2018-10-26	94 164	49 672	9 050	21.66	71.76	16.03
2018-10-27	88 436	45 751	8 588	20.92	67.93	16.23
2018-10-28	98 033	43 059	8 533	21.60	69.47	16.48
2018-10-29	91 589	44 928	8 347	21.40	67.26	16.10
2018-10-30	106 703	52 170	9 696	23.17	71.37	17.42
2018-10-31	125 291	79 710	17 942	20.45	65.45	15.74

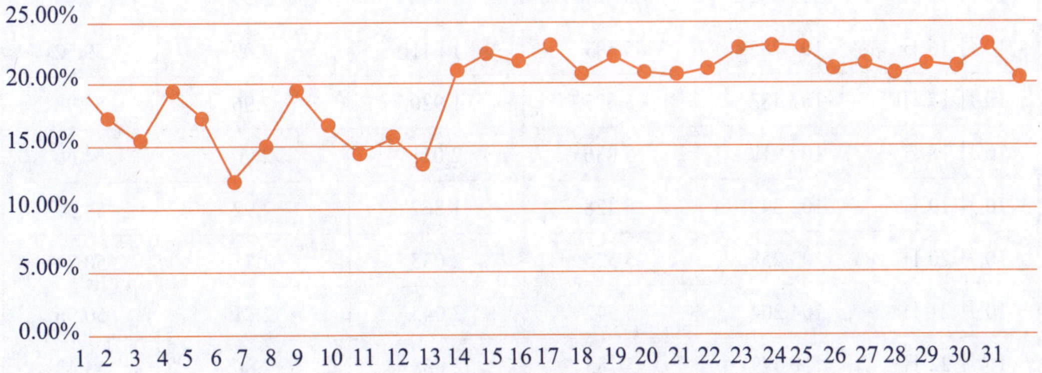

图 2-33　全店成交转化率走势图

（3）客单价监控。

$$客单价=\frac{支付金额}{支付买家数}$$，即平均每个支付买家的支付金额。

客单价的数据是比较核心的部分，所以商家每日都需要对其进行数据统计，并且做好分析工作。为了更好地分析客单价的数据，商家还需要统计一些其他相关的指标（如表 2-14 所示）。客单价变动的相关因素有关联销售、客服推荐、门店满减、官方活动等，商家可以通过这几种方式来提高门店的客单价。

表 2-14　客单价相关指标

10 月份店铺客单价数据					
统计日期	支付金额（元）	支付件数（件）	支付买家（家）	均支付件数（件）	客单价（元）
10 月 1 日	104 411	5 660	2 010	2.82	51.95
10 月 2 日	101 858	5 521	2 011	2.75	50.65
10 月 3 日	103 233	5 572	2 085	2.67	49.51
10 月 4 日	92 289	4 853	1 598	3.04	57.75
10 月 5 日	95 569	5 071	1 733	2.93	55.15
10 月 6 日	116 650	6 231	2 471	2.52	47.21
10 月 7 日	103 933	5 503	1 949	2.82	53.33
10 月 8 日	98 701	5 166	1 690	3.06	58.40
10 月 9 日	90 359	4 713	1 522	3.10	59.37
10 月 10 日	140 776	7 723	3 196	2.42	44.05
10 月 11 日	121 633	6 644	2 643	2.51	46.02
10 月 12 日	103 232	5 548	2 109	2.63	48.95
10 月 13 日	100 699	5 288	1 706	3.10	59.03
10 月 14 日	109 489	5 715	1 933	2.96	56.64
10 月 15 日	111 802	5 827	1 946	2.99	57.45
10 月 16 日	107 785	5 593	1 811	3.09	59.52
10 月 17 日	107 482	5 677	1 920	2.96	55.98
10 月 18 日	109 917	5 836	2 011	2.90	54.66
10 月 19 日	102 349	5 428	1 862	2.92	54.97
10 月 20 日	103 258	5 525	2 035	2.71	50.74
10 月 21 日	104 204	5 542	2 045	2.71	50.96
10 月 22 日	110 479	5 785	2 068	2.80	53.42

续表

10 月份店铺客单价数据					
统计日期	支付金额（元）	支付件数（件）	支付买家（家）	均支付件数（件）	客单价（元）
10 月 23 日	102 871	5 501	2 158	2.55	47.67
10 月 24 日	105 151	5 605	2 080	2.69	50.55
10 月 25 日	99 846	5 305	2 045	2.59	48.82
10 月 26 日	94 164	4 989	1 960	2.55	48.04
10 月 27 日	88 436	4 675	1 797	2.60	49.21
10 月 28 日	98 033	5 083	1 843	2.76	53.19
10 月 29 日	91 589	4 821	1 786	2.70	51.28
10 月 30 日	106 703	5 664	2 247	2.52	47.49

2. 竞争对手数据监控与分析

在监控竞争对手时，商家首先要确定谁是竞争对手。在不同阶段选择不同的竞争对手，可以让自身门店在日常竞争中具有合理且可超越竞争目标。

（1）竞争对手的确定。

竞争对手的确定需要满足几个原则：第一，竞争对手与自己具有相同的目标人群；第二，竞争对手与自己的整体销售额在同一个层次；第三，竞争对手与自己产品的客单价处于同一个价格带。

（2）竞争对手的数据分析。

在确定完竞争对手后，商家需要对竞争对手的数据进行分析。首先商家要根据生意参谋中的竞店分析，找到竞品门店的数据，然后对竞争门店做出整体的数据分析，监控竞争门店每日在该类目下的整体销售额，从而了解竞争对手的整体实力。

商家在分析完竞争对手门店的整体销售情况之后，接下来就需要分析主要竞争单品（竞品）的数据情况。分析竞品数据主要从销售额、访客数、转化率、客单价几个方面来进行分析，商家监控门店日常数据的走势，观察竞争对手是否有新的变化，并思考在该情况下自己如何能超越竞争对手。在生意参谋中，商家可以清楚地看到竞品关键指标的对比图。根据对比图，商家可以直观地和竞争对手对比各项数据，从中发现差距，找到问题的解决办法。

在确定竞争门店的关键指标后，商家还需要对竞争门店的其他数据进行进一步分析，分析其各个流量渠道每日、7 天、30 天的访客数情况。同时，了解竞争门店的主要营销渠道，以及各个营销渠道的效果情况。另外，监控流量渠道还能更加快速地发现竞争门店在推广策略上做出的最新改变，从而可以根据市场的变化及时做出调整和优化。

单元三

3

KOL 反馈数据分析与效率提升管理

案例导入

小米 11 好评率 96%，但差评也很扎心！网友评价很“真实”！

自小米 11 发布：3 999 元的起步售价、55W GAN 充电器免费送、全球首发 5nm 高通骁龙 888 的配置，为小米 11 在“5G 换机潮”中奠定了很好的口碑，由于 Mate40 一机难求，小米 11 肩负着国产手机品牌与苹果、三星对抗的重担！为此，在全渠道开售后，小米 11 迅速成了智能手机市场中的“香饽饽”。

近日，不少米粉在拿到小米 11 后，在互联网晒起了“买家秀”，根据某电商平台小米官方售出的数据显示，小米 11 系列的好评率高达 96%，在这些好评中，顾客最满意的就是手感和视觉体验。

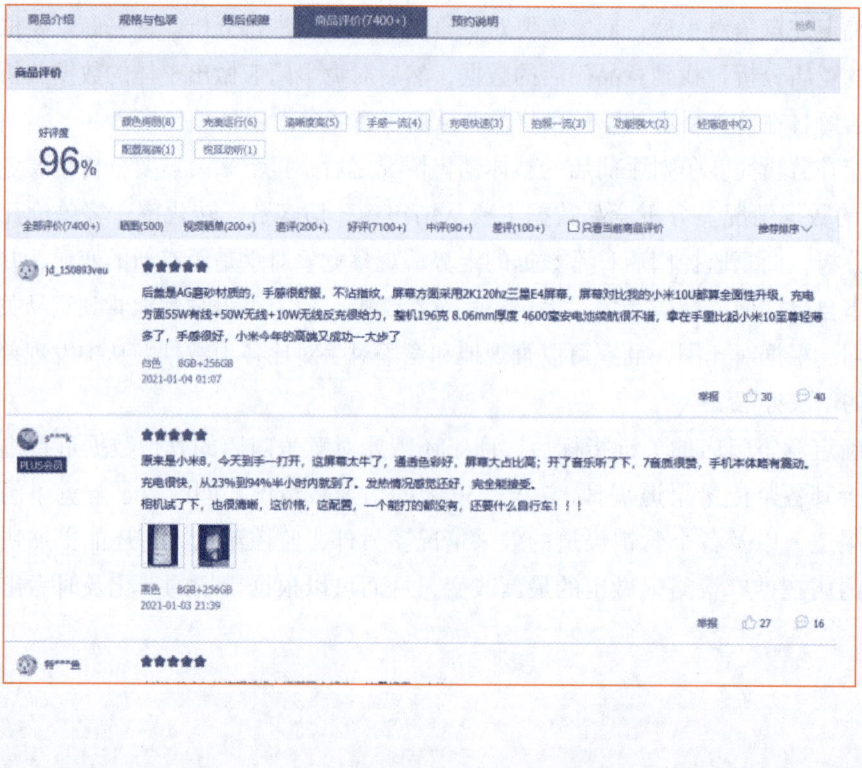

然而，甘瓜苦蒂，天下物无完美，即便小米 11 销量再好，甚至在多地出现一机难求的局面，但依然无法获得所有顾客的满意，顾客对小米 11 的首批差评也出炉，可以说很扎心！但很真实！

来来来，告诉我就我一个人这样吗，上班待机装裤兜发热发到烫皮，5小时待机无任何使用情况下，电量直接从80到5，谁能告诉我这玩意是个啥，10小时耗电4000多mAh，感情我啥也不干10小时自动关机呗

白色　8GB+256GB

01-03 16:16

举报　1　6

[购买2天后追评]

顺带一提，我使用的是60赫兹刷新，然后屏幕分辨率也是低的那档，本人三蹦子跟原神都玩，然后画质的确没得说，但是进游戏默认特效强度都是低中，这就是888骁龙？对了，本机还不支持后台挂程序，玩啥都是后台退出去后再进重新给你加载

耗电，冬天温热夏天不敢想象。

外形外观：外观还行。

屏幕音效：屏幕满分，音效还行。

拍照效果：拍照很快。

运行速度：速度很快。

待机时间：续航不行，对骁龙888很失望。

黑色　8GB+128GB

01-03 13:43

举报　5　2

对于准备入手小米 11，又不是小米的忠实“粉丝”而言，关于小米 11，您又怎么看？

资料来源：搜狐网．小米 11 好评率 96%! 首批差评出炉，网友评价很“扎心”!（2021-02-15）[2021-08-08]. https://www.sohu.com/a/444483039_120627033.

思考：

1. 差评对企业的影响有多大？具体表现在哪些方面？
2. 顾客在线评论信息的类型有哪些？分别具有什么功能？

一、整理分析线上渠道顾客评价信息

（一）顾客评价信息发布渠道

1. 社交媒体平台

主要是微信、微博、豆瓣等社交型平台，可以向他人推荐和评论产品。

2. 自媒体

越来越多的企业会自建企业 App、公众号，除了提供销售、配送业务外，主要作用是与顾客进行交流，维系顾客情感。

3. 第三方电子商务平台

第三方电子商务平台已逐渐发展为电子商务活动以及顾客评论产生的主导形式。分为消费点评和线上团购平台，例如淘宝、京东、苏宁易购、美团、饿了么等，其在线评论主要与购买经历、商品性能、物流体验、服务态度等相关。

（二）顾客评价信息分类分析

1. 在线评价顾客分类

一般来说，在线评价来自两个方面，普通消费者口碑和关键意见领袖评价。

（1）普通消费者口碑。

消费者口碑主要源自普通顾客在完成交易、进行使用后，针对使用场景、产品体验和表达方面在平台给出的评价信息，评价内容更符合消费者视角，成为影响消费者购物决策的关键因素。

（2）关键意见领袖评价。

关键意见领袖（Key Opinion Leader，简称 KOL），营销学概念，通常被定义为：拥有更多、更准确的产品信息，且为相关群体所接受或信任，并对该群体的购买行为有较大影响力的人。

由于商品评论对消费者购物决策的关键影响，不少商家采取虚假评论、诱导评论等营销手段干预普通顾客的评论行为和商品评论信息，通过提升商品用户评论质量和评论数量来提升门店好评率排名和品牌口碑，影响潜在消费者的购物评论行为。而 KOL 因为具有自己的社交圈，通常会拥有比普通用户更多、更全面的产品信息，其凭借专业知识及产品使用体验发表的产品观点，能够不受商家干预，影响其对商品的评价，因此，KOL 更能刺激潜在用户的购买行为，使更多用户采纳产品。目前关键意见领袖的评价信息已经成为消费者获取商品相关信息的另一个重要依据。

KOL 主要有 4 个特征，分别为专业性、知名度、产品涉入程度和互动性。其中，专业性是指意见领袖在其所处领域具备的权威属性，代表着消费者对其知识层面的认可；知名度是指意见领袖在领域内被熟知的程度；产品涉入程度是指意见领袖对其领域内产品、服务的熟悉，使用体验深度；互动性指的是意见领袖与领域内消费者的交互联结。判断 KOL 是否能够为品牌或者产品带来效应，可以根据这 4 个特征来进行判断，如表 2－15 所示。

表 2－15　KOL 相关指标测量表

专业性
1. 该 KOL 具有此产品领域的相关知识（如品牌、产品种类）； 2. 该 KOL 在此领域内拥有专业能力； 3. 该 KOL 在此产品领域经过专门训练； 4. 该 KOL 在此产品领域具有丰富的实践经验。
知名度
5. 该 KOL 在领域内拥有主导的、有影响力的地位； 6. 该 KOL 在社会上具有一定的名声、声望； 7. 该 KOL 是社交网络平台上大家所熟悉的人物。
产品涉入程度
8. 该 KOL 平时非常关注这类产品； 9. 该 KOL 平时非常喜好这类产品； 10. 我能够感觉出这类产品对该 KOL 是有吸引力的； 11. 我能够感觉出该 KOL 对这类产品花费了很多心思和时间。

续表

互动性
12. 该 KOL 总是非常积极回应我的问题或话题； 13. 我会积投响应该 KOL 发起的讨论或话题； 14. 该 KOL 会经常和大众就产品在网上进行交流； 15. 该 KOL 总能迅速地回应我的问题或话题。

2. 在线评价顾客评价信息分类

普通顾客和 KOL 的线上评价信息内容是一致的，主要分为 3 种类型：在线评分、文本评价、图片评价。

在线评分是顾客对商品整体或某一方面印象的总体评分，顾客可以对商品总体评价打分，还可以针对物流、服务、描述等不同侧重点进行打分。

文本评价是顾客以文字的形式对该商品做具体评价。

图片评价是顾客可以上传静态图片、表情符号、GIF 图片、视频等。

顾客评价信息分类如图 2－34 所示。

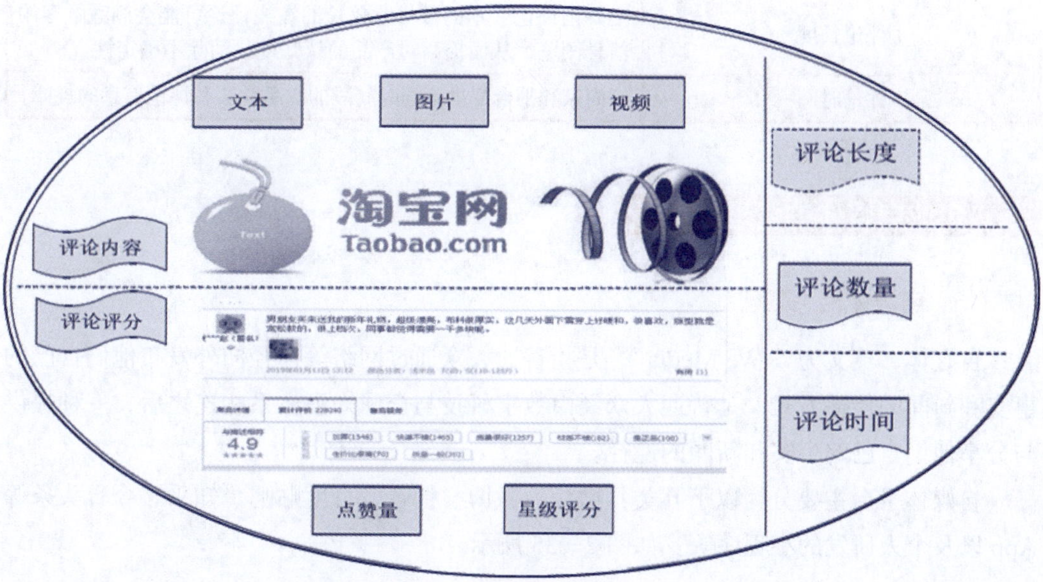

图 2－34　顾客评价信息分类

在对顾客评价信息进行分析时，主要考虑哪些方面的信息，会引起参考顾客的购买决策。影响因素总结如表 2－16 所示。

表 2－16　顾客评价信息的影响因素

影响因素	相关指标	作　用
评论者本身	评论者排名、身份透明度、专业水平、名誉、评论者等级、评论者可信度	增加参考顾客对评论信息的可信度； 商家考量该顾客评价信息的有效性。

续表

影响因素	相关指标	作　用
图片符号	表情符号	当下流行的沟通手段，能够将顾客的满意度准确地传达给其他顾客。
	静态图片	平面地展示产品的外部特征，使得评论信息生动呈现。
	动图	含有更多的产品信息，能较为全面地凸显产品的特性。
	视频	
在线评分	星级评分	评论发布者通常为已购买产品的顾客对产品的整体评价值，一般被划分为 2 ～ 5 星级，其中星级越高，表明顾客的满意度也越高。
评论文本	点赞量	评论的阅览者对评论的赞同度级评分，也是评论有用性的判别指标，当其他顾客认为该评论的信息真实、形式丰富并具有一定借鉴力时，就会为评论点赞，点赞多的评论信息则具有更强的网络口碑影响力。
	评论数量	产品网络口碑信息发布者的数量。参与度越高则说明产品的热度越强，可供参考的信息也越多。
	评论长度	主要指评论文本的数量。较长的在线评论可能会刺激顾客的信息浏览，从而提高对产品的认知度，消除不确定性。
	评论时间	为商家和平台提供不同时间段的商品购买和评论信息的规律。

二、企业自媒体的管理与分析

（一）自媒体相关概念

自媒体，英文为“We Media”，是指普通大众通过网络等途径向外发布他们自己的事实和新闻的传播方式，是普通大众经由数字科技与全球知识体系相连之后，一种提供与分享他们自己的事实和新闻的途径。

自媒体平台主要分为以下几类：微信、微博、抖音、百度贴吧、知乎、今日头条等 App 以及个人研发的小程序等。如图 2－35 所示。

图 2－35　常见的自媒体应用程序

自媒体的商业模式大致可以分为两类。

一类是纯线上经营，即自媒体所有人通过媒体内容经营聚集了一定数量的“粉丝”之后，寻找合适的广告主在平台上做广告，实现广告收益。如图 2－36 所示。

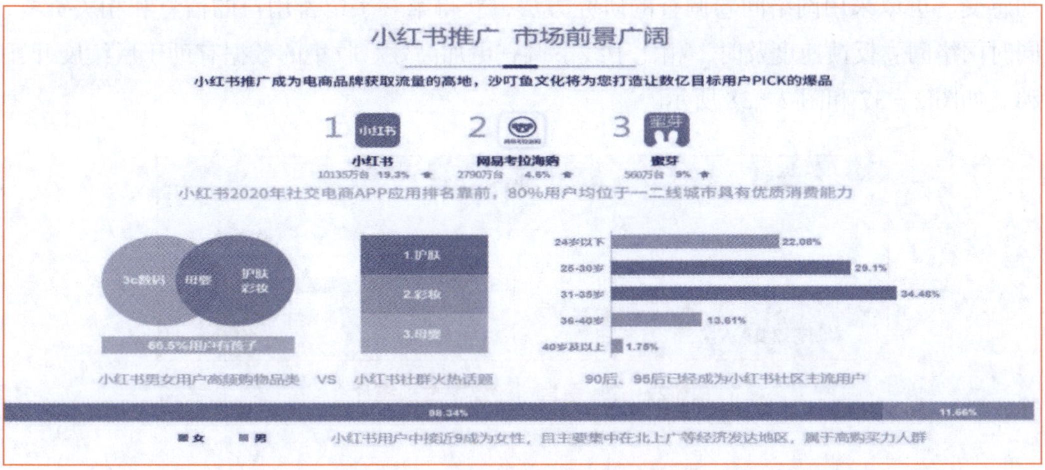

图 2－36 自媒体线上经营模式

另一类是效仿明星、名人、大公司 CEO 等人的做法，依托于前期在自媒体上积累的人气和个人影响力，通过线下渠道变现。线下变现的方式有很多，例如出书、演讲培训、企业咨询，甚至可以考虑开个网店卖书，等等。

（二）“粉丝”信息分类

自媒体与用户的互动形式分为线上和线下。线上互动大致分为点赞、评论、转发、分享与私信。具体内容如表 2－17 所示。线下多用参观访问、交流会等形式。

表 2－17 自媒体与“粉丝”互动形式

互动形式	互动方式	展示效果
点赞	用户在浏览自媒体发布的内容时，针对发布的内容，可以点赞。 平台在收到用户的点赞时，能立即推送给作者。	最直观简洁的表达方式，表现出用户对于发布内容的认可与支持；适用于用户快速表达对作者发布内容的赞同态度。
评论	用户在浏览作者发布的内容时可以在下方评论区输入自己的观点，可以是点评发布的内容，也可以是任何的文字表达。 作者在收到用户评论时会由平台推送提醒，也可以即时地与用户进行互动。	双方可以进行交流、互动，增加黏性。
转发 / 分享	用户在浏览内容之后，可以转发到自己的主页，也可以分享到别的平台。	可以帮助用户展示个人“人设”，用户自发地进行传播。
私信	互动双方能够即时地进行图片、文字的精准沟通。	表达的语义相较于上面几种，更加详细、完整，并且双方进行的是点对点的交流互动。

（三）“粉丝”信息及问题的管理

1. 了解留言“粉丝”

主要是了解自媒体与留言“粉丝”的互动情况，了解留言“粉丝”的基本特征和互动感受。可以采用网络问卷调查的研究方法，获得第一手留言用户的信息和相关资料，同时网络问卷反馈速度及时，相比于线下调查更加高效。收集的数据有助于后续展开互动。如图 2－37 和图 2－38 所示。

选项	小计	比例
男	12	6.06%
女	186	93.94%
本题有效填写人次	198	

图 2－37　留言“粉丝”性别统计

选项	小计	比例
18岁以下	11	5.56%
18～25岁	85	42.93%
26～30岁	52	26.26%
31～40岁	36	18.18%
40岁以上	14	7.07%
本题有效填写人次	198	

图 2－38　留言“粉丝”年龄段统计

2. 了解“粉丝”留言信息

“粉丝”给作者发布内容进行留言，一般类型为公开和私信。

很多时候用户的留言是一个补给站，除了对自媒体具有内容创作的动力以外，“粉丝”留言更多的能让内容生产者体会到一种被很多人需要的感觉。另外，留言是一个非常丰富的选题库，个人能输出的东西可能很有限，很容易重复，慢慢会不知道大家真正的需求是什么，真正爱看什么。通过互动，回复读者留言，才能汲取创作动力，也是灵感的来源，从而源源不断地产出优质内容。

关注留言、回复留言是“粉丝”信息管理非常重要的一个环节。如图 2－39 所示。

3. 激发“粉丝”积极留言

第一，运营“捧场王”，带动用户评论欲望。如果对文章的评论量没有把握，就要提前备好“马甲”，自己创建用户评论。例如，在公众号末那大叔一篇文章下方，末那大叔自己进行评论“如果给你一瓶后悔药，你想用在哪里？”，并将其置顶，引发众多“粉丝”评论。

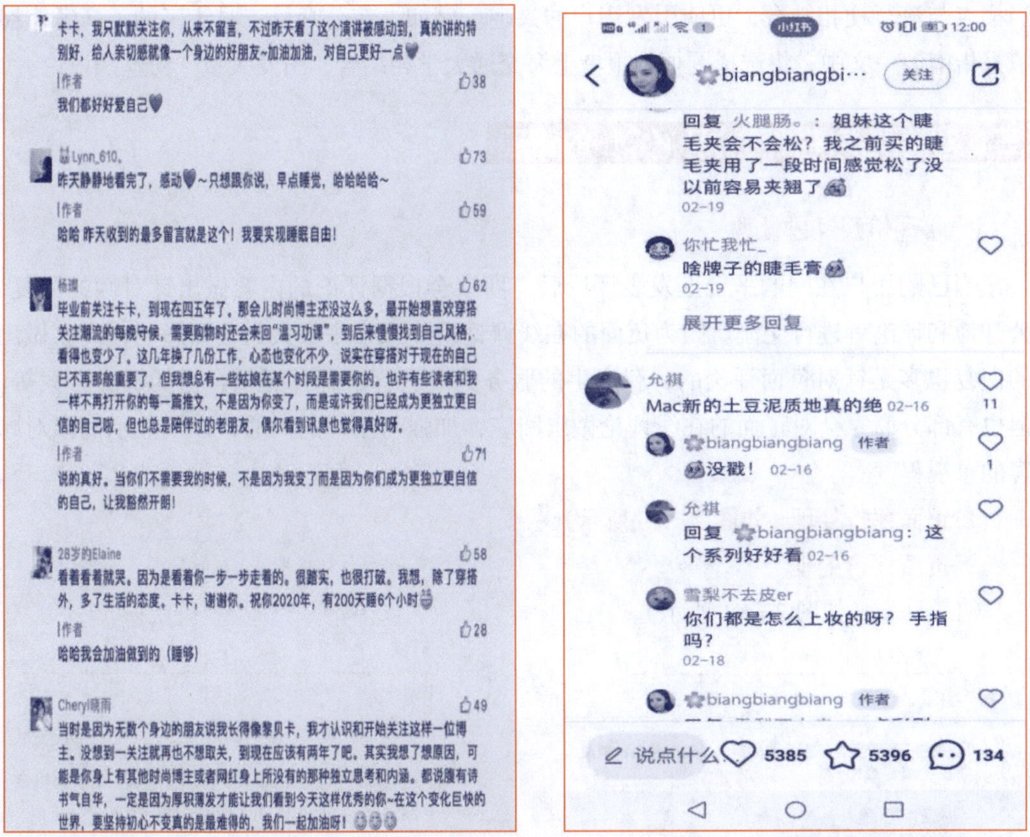

图 2－39　回复“粉丝”留言

第二，及时精选评论，机智回复评论。对于“粉丝”的评论，运营者一定要及时挑选、回复，在新媒体时代，消息传递发送瞬时可达，如果用户的评论久久不能得到回应，会给用户造成公众号缺少诚意、运营不当的感觉，甚至会影响到用户的下一次评论行为。例如，在公众号衷曲无闻的一篇名为《你为什么一点恋爱的想法都没有了？》的文章下，一位“粉丝”评论“爱你的文字，多过爱你，我是不是太直白了”，作者对其回复“四舍五入就是爱我了”，既机智又巧妙。

第三，巧设提示点，文末提示用户评论。在文章的末尾可以采用提问的方式引导用户评论，通过设置表情包或通过简短的一句话提醒用户评论，就有可能会起到很好的效果。例如，在公众号 Voicer 的文章《Ginko：大部分人在工作前，都不知道自己想要什么工作》最后，作者设置提问“你也相信魔法存在吗？你有什么想提问 Ginko？猜猜下一期的嘉宾会是谁？”，吸引了大量“粉丝”在文末进行评论。

第四，制造共鸣以吸引用户主动评论。文章的创作者要对自己的“粉丝”非常了解，这就需要创作者在日常生活中做好用户调研，明确用户心理，把握用户偏好，产出符合用户期望又超出用户期望的作品。这样就使读者在读完文章获得满足之后还有额外的收获。当读者需求被极大满足之后，他们往往会主动在文章后进行评论。

第五，自挖“槽点”以引起用户主动评论。吐槽已成为如今大多数人的解压新方式，当槽点与流行梗相结合，更能引发用户的兴趣。例如，在公众号二月十三的《高考志愿填报指南》一文中，将选择题梗与报考上海交通大学相结合，引发大量“粉丝”评论。

三、对消费点评类网站及 KOL 的管理

（一）评价及问题处理

当已购用户在网购平台上发表评论后，商家会根据评论的内容做出针对性的回复，公开地和评论者进行交流。因为负面的在线评论给商家带来较大的负面影响，商家做出的回复也多是针对负面评论的，就产生的服务失败进行解释并提供合适的解决方案等。但也有部分商家会对正面的在线评论做出回应，加强与用户的沟通，以期显示商家对顾客的重视程度。

1. 正面评价处理（如图 2 - 40 所示）

2. 负面评价处理

（1）回复（如图 2 - 41 所示）。

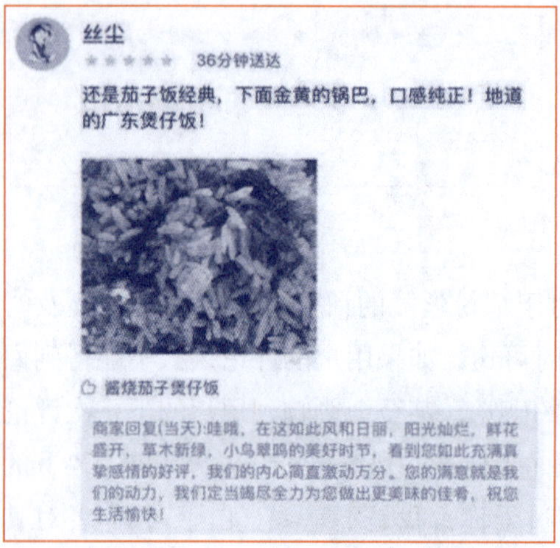

图 2 - 40　好评回复

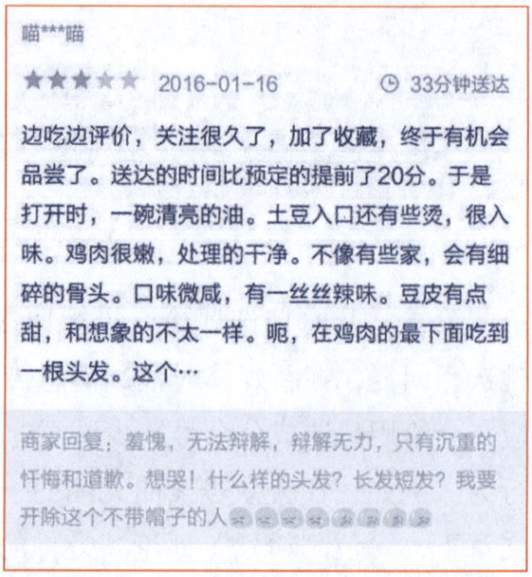

图 2 - 41　差评回复

（2）解决。

商家为了挽回因自己的失误而造成用户对商品或服务体验上的不满，会采取一定的策略来进行补救，常称为服务补救。网络环境下的服务补救措施，将网络零售商的服务补救措施具体划分为 11 种：打折、更正、附加的更正、令人不满的更正、更换、退款、道歉、购物积分、失误扩展、不作为以及线下更换等。

（二）唤醒与维系意见顾客

1. 保证在线评论的真实性

由于在线评论对销售收入的重要影响，一些商家如淘宝网上的 C2C 店家会采取一些不正当手段逼迫消费者把差评改成好评，或利用一些优惠措施诱导消费者对其商品进

行好评。消费者渐渐也意识到这一点，对商品的极端评论产生怀疑，转而更加信任那些中立的评论，从中找到对自己有用的信息。消费者在参考评论前已对商品有了初步的印象，只有在消费者对商品感兴趣时才会进一步关注评论，关注评论是想确认商品质量等是否与商家描述的一致，因此商品的质量有保证，商家完全没必要刻意删除差评或鼓励消费者对其商品进行好评，而应保证评论的真实性，这样消费者才能更加容易地找到对自己有用的评论从而决定自己的购买决策，同时也增加了消费者对店家的信任，进而提高了消费者的满意度和忠诚度。

2. 鼓励顾客发表详细的评论

商家可以采取增加积分、提升等级等措施鼓励顾客发表真实详细的评论，特别是针对搜索型产品。例如：如果顾客购买后能写出对产品的使用心得、店家服务态度、物流等方面的详细评论，可以获得折扣券或商家赠送的精美小礼品，前提是顾客发表的评论是真实的。

3. 使顾客对产品的了解更加全面、便利、快捷

由于网络评论信息过多，导致顾客会浪费更多的时间，不利于产品的出售。企业或者网购平台为顾客建立一个更全面的评论分析系统，对评论内容进行筛选，方便顾客快速得到自己想要了解的信息。

4. 重视顾客的评价

对于顾客对产品的评论，卖家要引起重视，要通过评论回复与顾客互动，不能不管不问，卖家和顾客互动的次数越多，解释得就越清楚，顾客会感觉到卖家的品质和态度，从而影响顾客的购买决策。

尤其是对于一些顾客的负面评论，根据服务补救理论，卖家解释得越详细，对顾客来说，越能表明卖家希望改进的决心，从而提升对卖家服务的满意度。

四、提升线上外卖平台的曝光率及单量

（一）相关概念界定

曝光率（Exposure Rate），指单位时间内展示的次数。

单量，指单位时间内所有顾客在销售平台所购买的订单数量。

（二）外卖平台类型

市场上外卖平台主要有两类，一类是第三方外卖平台，如美团外卖、饿了么等App，这类平台服务于两侧，一侧是商家，另一侧是顾客。另一类是企业自营外卖平台，采用的技术方式也多样化，有App、微信小程序、公众号、社群等。

（三）对策建议

当下第三方平台商家竞争激烈，想要获得不错的销售与收益，需要抽丝剥茧，分析单量增长的途径。单量公式如下：

单量 = 曝光率 × 入店转化率 × 下单转化率

从以上公式可以得知，影响单量的因素有曝光率，入店转化率和下单转化率这三个，因此提升门店单量可从这三方面入手，做好基础信息设置，优化门店细节，取得实际效果。

1. 提高曝光率

（1）购买并使用平台中的广告推广（如美团的点金推广、搜索推广等一切付费的推广方式），因为是平台收费的广告推广方式，所以效果一般来说都非常好，可以为门店带来不少的曝光量，但是缺点是开销较大。

（2）提升门店单个商品的月销售量。因为提升某一个商品销量很容易打造出门店的网红爆款产品，会整体带动门店的下单转化率。而平台为了获得更多门店的销售抽成，为门店单品销售量比较高的门店优先推送到顾客点餐页首页，这样就会获得更多的曝光量。

（3）提升门店的评分等级。在商圈内同品类门店销量差不多的情况下，谁的评分越高，平台就会优先推送谁的门店。

（4）新店特权。每一个入驻外卖平台的商家，平台都会给予一个为期 7 天的新店特权，这是为了商家能更快地在商圈站稳脚跟而给的扶持政策。打开特权后，平台会不计算门店的排名，直接给予门店大量的曝光量，从而帮助新商家获得订单。

（5）促销活动。在整个平台排名系统中，平台会对活动力度指数大的商家优先推送，从而提高了曝光量和顾客转化率。

2. 入店转化率

提高入店转化率的对策如表 2－18 所示。

表 2－18　提高入店转化率的对策

影响因素	策略	活动内容
入店转化率的因素	基本服务信息	1. 商家头像图片特殊吸引人； 2. 商家名称吸引人； 3. 商家综合评分较高； 4. 商家月销售单量较高； 5. 商家起送费较低； 6. 商家配送费用较低； 7. 商家配送时间较快。
	活动力度	1. 商家满减三档以上、同品类有足够竞争力、高于配送费； 2. 新顾客立减； 3. 进店领券。
	活动丰富度	1. 满赠、满返券； 2. 开发票； 3. 折扣商品； 4. 下单立减； 5. 活动品类丰富。

3. 下单转化率

提高下单转化率的对策如表 2 - 19 所示。

表 2 - 19 提高下单转化率的对策

影响因素	策略	活动内容
影响下单转化的因素	商家信息部分	1. 商家公告； 2. 满减力度。
	商品分类导航	1. 设置热销导航、折扣导航，商品导航类别 6 个以上，每一类导航下面有描述； 2. 热销商品、特色商品提前放置，分类名称简洁有特色、清晰明确。
	商品图片	1. 商品图片 100% 覆盖； 2. 商品图片清晰有吸引力； 3. 商品图片和实物相符； 4. 商品排序合理、主次分明。
	评价区	1. 好评差评都及时回复； 2. 引导更多好评及有图评价； 3. 提高评价及好评率。
	其他	1. 上传商家环境图； 2. 商家资质齐全。

实例分享

必胜客的改进之道

必胜客遍及全球，在我国 400 多个城市中已经有上千家门店。刚开始只在大城市中才有必胜客，随着必胜客在我国的快速发展，已经向中小城市进军。为了提高必胜客在各个城市的覆盖率和渗透率，对特大城市、一线城市、二线城市和三线城市的必胜客评论文本中消极情绪进行对比分析，找到需要改进的方面和提出改进措施。

通过百度 AI 接口，将消极的评论文本进行输出，对评论文本进行分词且抽取文本中的关键词，对关键词进行词频统计，然后制作关键词云图。

特大城市必胜客消极情绪关键词云图

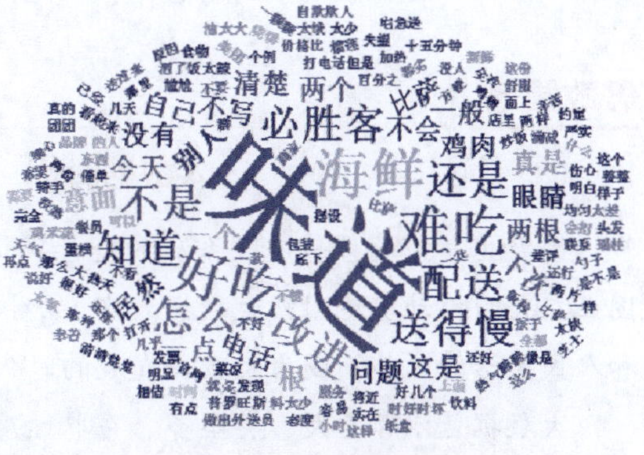

一线城市必胜客消极情绪关键词云图

二线城市必胜客消极情绪关键词云图

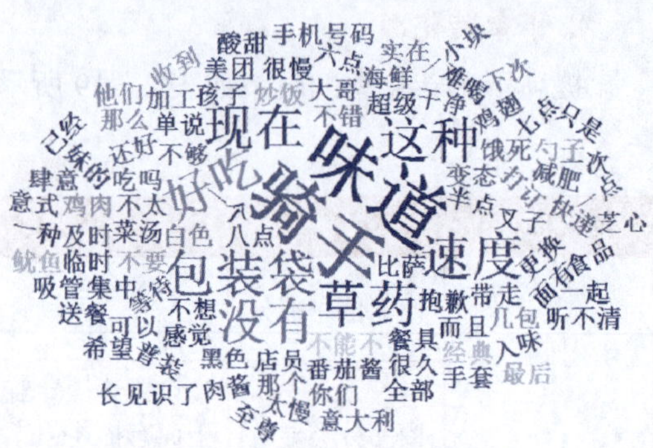

三线城市必胜客消极情绪关键词云图

经过以上的研究分析可知，不同等级城市中的必胜客，造成用户消极情绪的原因既有相同点，又有不同点。相同点是对菜品的味道不满意，表示很难吃。不同点分别为：特大城市用户会由于发票和商家的服务态度产生消极情绪；一线城市用户会由于配送慢的问题做出差评，同时对海鲜和鸡肉的比萨不满意；二线城市用户会由于比萨的口感、商家和外卖小哥的态度而做出差评；三线城市用户会由于骑手的送餐速度，菜品的包装和餐具的问题而做出差评。

必胜客若要长久立足中国市场，就要学会利用招牌菜吸引用户下单。但无论是在大城市还是在小城市，用户对招牌菜比萨是存在不满的。比萨作为必胜客的招牌菜，必须要保证其特色和口味，也要考虑到用材的新鲜。

同时在不同等级的城市，必胜客还要采用不同的方法提高销售量。例如在特大城市，必胜客要提高工作人员的服务态度，用心对待每一个顾客，及时给用户开具发票；在一线城市中，美团公司要培训出专业的骑手，规划出最佳配送时间和路线，缩短配送时间，同时商家应提高出餐速度，减少骑手接餐等待的时间，从而保证用户在最短的时间内收到订单；在二线城市中，必胜客要改善比萨的口感，骑手在与用户接触的过程中要提升服务态度；在三线城市中，必胜客主要是提高菜品的包装质量，确保餐具的健康和卫生，同时需要提高骑手的配送速度。

资料来源：王升盈．基于美团外卖用户在线评论的情感分析研究［J］．现代商贸工业，2018，39（23）：67-69.

思政园地

大数据时代　良法善治护航

大数据是万物“普遍联系”的全景式记录，被称为“信息时代的石油”。当前，我国正在大力推动实施国家大数据战略，加快建设数字中国，更好地服务于经济社会发展和人民生活的改善，成为大数据发展的时代命题。

大数据是以容量大、类型多、存取速度快、应用价值高为主要特征的数据集合。互联网快速发展不断积累的海量数据，使人类一切活动数据化，万物互联，一切留下痕迹。通过算法对数量巨大、来源分散、格式多样的大数据进行采集、存储和关联分析，可以发现新知识、创造新价值、提升新能力。

如今，大数据已经被广泛应用于各行各业，产生了巨大的经济、社会效益。比如，包括人脸识别在内的智能防控系统提高了案件侦破率；健康医疗大数据推动人工智能辅助医疗，可以缓解优质医疗资源不足的现状；城市大脑与智慧城市的发展，既可以缓解交通拥堵等老大难问题，还可以使城市生活更美好；基于大众供给方与大众需求方供需大数据精准匹配的分享经济新业态，可以极大地提升社会资源配置效率，正在迅速改变传统生产方式，推动数字经济等新兴产业蓬勃发展。

由于我国网民人口数量大，大数据应用场景丰富，互联网企业商业模式创新能力强，大数据发展具备各种非常有利的条件。党的十九大报告要求，推动互联网、大数据、人工智能和实体经济深度融合，有力支撑数字中国、网络强国、智慧社会建设，这为我国大数据的发展明确了方向。

大数据发展面临的问题与挑战

当前，我国大数据发展实践中面临的问题与挑战不少，主要表现在以下 4 个方面。

1. 数据共享不畅，制约大数据的发展与应用。近年来，随着政务信息化的稳步推进，一些地方和部门依托网络平台创新政务服务，“只进一扇门”“最多跑一次”“不见面审批”等改革措施不断涌现。但是，政务服务平台建设管理分散、办事系统繁杂、事项标准不一、数据共享不畅、业务协同不足、数据开放滞后等问题较为普遍，制约了大数据的发展与应用。

比如，一直以来受到各界诟病的“奇葩证明”现象，根源在于政府部门间的数据无法共享，只能要求当事人自己承担证明责任。再如，按照法律规定，电子商务平台有义务对平台经营主体的经营资质进行审核，但是，由于不少地方管理部门的资质审批信息不对外开放，使平台根本无法履行这种审核义务，导致法律要求无法落地。数据共享不畅，导致办事难、办事慢、办事繁等问题不时出现，也制约了政府监管能力的提高，跟不上大数据发展的步伐，甚至会错失大数据发展带来的各种机会。

2. 万物互联环境下，数据安全风险外溢，给国家安全带来了新挑战。由于核心技术受制于人的状况没有根本改变，关键信息基础设施面临较大风险，并会外溢至经济、社会、文化、政治、军事等不同领域。几年前发生的“棱镜门”事件，已经给全世界敲响了数据安全与国家安全的警钟。在算法为王的大数据环境下，如果对算法缺乏有效监管，以个性化定制推送为特征的信息内容传播恐会对主流价值观造成冲击，加剧两个舆论场的相互背离现象，进而引发社会治理危机。

3. 大规模的数据采集和处理，加大个人数据被滥用和权利被侵害风险。大数据中最有价值的无疑是个人数据。通过软件、传感器、各种终端等，不同数据控制者都可以对个人活动信息全程采集、实时处理。一旦违法违规采集、使用、交换个人信息，就会导致个人数据被滥用，引发诸如诈骗、绑架、敲诈勒索等连锁负面后果，影响公共安全与人身财产安全。一些App超范围采集与其提供服务无关的个人信息，隐含巨大的个人信息被滥用风险。同时，在大数据处理过程中，根据财富、性别、肤色、种族、人种、健康状况、地区差别等各种外在因素所进行的算法歧视、大数据杀熟、预测性识别等，不仅造成滥用个人数据的情况，更会侵犯数据主体的各项基本权利，造成新的不平等。

4. 传统体制机制规则滞后，不适应大数据发展要求。当前运用大数据推动经济发展、完善社会治理、提升政府服务和监管能力正成为全球性趋势，带来的是经济社会的全面转型，而传统体制机制规则不适应大数据发展要求的现象日益明显。比如，根据业务领域划分边界的传统行政管理体制和信息系统，很难适应大数据的融合要求，出现信息系统林立的信息孤岛现象；按照目前法律规定，机动车只能由获得驾驶员证书的人员驾驶，测试车不得上高速公路行驶等，明显不适应无人驾驶的发展；基于生产与消费两分的传统行政许可管理方式，无法直接照搬到建立在大众供给基础上的分享经济新业态；传统的权利关系与权利规则无法解决市场主体之间的新型数据权益冲突。

构筑大数据法律体系应坚持的基本法律原则

近年来，我国加大力度实施大数据发展战略，相继出台《促进大数据发展行动纲要》《关于运用大数据加强对市场主体服务和监管的若干意见》《"十三五"国家信息化发展规划》等文件，从顶层进行布局。《促进大数据发展行动纲要》明确提出了大数据发展相关的法规制度建设的具体要求，包括修订政府信息公开条例，积极研究数据开放、保护等方面的制度，明确政府统筹利用市场主体大数据的权限及范围；制定政府信息资源管理办法，建立政府部门数据资源统筹管理和共享利用制度；研究推动网上个人信息保护立法工作，界定个人信息采集应用的范围和方式，加强对数据滥用、侵犯个人隐私等行为的管理和惩戒；推动出台相关法律法规，加强对基础信息网络和关键行业领域重要信息系统的安全保护，保障网络数据安全；研究推动数据资源权益相关立法工作。

经过几年的努力，目前，《网络安全法》已经颁布实施，建立了关键信息基础设施保护等网络安全基本制度；《电子商务法》对企业的数据报送、提供制度做了原则性安排，为管理部门利用市场主体大数据提供了法律依据；《政府信息公开条例》修订出台，为打造政务公开升级版，提升政府信息资源管理水平创造了条件；《国务院关于在线政务服务的若干规定》对于促进政务服务跨地区、跨部门、跨层级数据共享和业务协同，明确了基本要求；国务院推进"放管服"改革相关文件，对于推进体制机制变革，优化营商环境，进行了全方位探索；数据安全法、个人信息保护法已经被列入本届人大一类立法计划，正在起草过程中，有望进一步夯实数据安全基本制度。另外，贵州、天津等地相继制定推动大数据发展的地方性法规，更多地方制定了相关的政府规章或规范性文件；上海等地正在制定促进公共数据开放的地方性法规或规定，各地数据开放工作和制度建设全面推进，大数据发展与应用水平快速提升。

深入分析可以发现，我国大数据法规制度建设根据良法善治的要求，体现了以下4个鲜明的特点，也是构筑大数据法律体系应该坚持的基本法律原则。

1. 以底线思维构筑大数据发展安全防线，加强领导体制，优化执行体制，强化预警、预测与预防，加强信息共享与综合能力建设，有效防范重大安全风险，及时处置突发安全事件，维护国家利益。

2. 以创新思维推动体制机制变革，"放管服"并重，包容审慎监管，发挥中央与地方两个积极性，法治政府、廉洁政府、创新政府与服务型政府共同推进，推动新业态发展，培育新动能，主动引领大数据发展。

3. 以法治思维明确不同主体行为规范与权利边界，着力处理好管理部门与市场主体，市场主体之间以及市场主体与数据主体之间的法律关系，既维护数据主体对个人信息的控制权，也促进市场主体之间的良性数据竞争，并借助大数据提升政府监管能力与服务能力。

4. 以共治思维推动体系性解决，重视大数据发展面临问题与挑战的复杂性、共生性与相互转化性，避免线性思维、单向思维，构筑多元主体参与、多种政策工具并用、激励约束并重、依法治理与数据治理相结合的大数据治理新格局。

资料来源：周汉华. 大数据时代良法善治护航［N］. 光明日报，2019-06-23（07）.

通关练习

一、知识素养

1. 线下收银和线上收银，其方式有哪些不同？如何结合线上线下设计未来收银系统？

2. 数据分析最基本的统计方法有哪些？

3. 门店营收数据分析基本方法有哪些？

4. 推广渠道平台有哪些？如何分类？

5. 数字消费者具有哪些特征？

6. 推广内容的作用有哪些？

7. 阐述零售企业数据的种类与来源。

8. 顾客的评价信息中，哪些方面的信息会影响参考顾客的购买决策？

9. 顾客评价信息的发布渠道有哪些？不同的渠道其功能有什么不同？

10. 自媒体与用户的互动形式有哪些？各自有什么特点？

11. 影响门店在外卖平台上的单量的因素有哪些？如何提升外卖平台门店的单量？

二、实践操作

1. 某门店线上渠道2018年10月的转化率如下表所示。

某门店2018年10月的转化率

日期	店铺销售额（元）	浏览盘（PV）	访春数（UV）	全店成交转化率（%）	询单转化成功率（%）	静默转化率（%）
2018-10-01	104 411	43 666	10 147	19.81	71.81	15.02
2018-10-02	101 858	46 185	11 611	17.32	69.35	13.38
2018-10-03	103 233	52 540	13 489	15.46	67.60	12.00
2018-10-04	92 289	34 968	8 224	19.43	69.04	15.24
2018-10-05	95 569	38 978	10 082	17.19	70.00	13.22
2018-10-06	116 650	69 573	20 143	12.27	66.72	9.20
2018-10-07	104 076	49 036	12 920	15.09	63.91	12.24
2018-10-08	98 701	37 271	8 621	19.60	66.86	15.27
2018-10-09	90 359	37 984	9 238	16.48	68.73	12.95
2018-10-10	140 776	76 160	22 054	14.49	70.05	11.23
2018-10-11	121 633	61 254	16 978	15.57	69.33	12.25
2018-10-12	103 232	52 731	15 419	13.68	67.22	10.42
2018-10-13	100 699	36 584	8 116	21.02	73.65	16.21
2018-10-14	109 489	40 262	8 604	22.47	74.19	17.24
2018-10-15	111 802	41 740	8 914	21.83	73.57	16.37
2018-10-16	107 785	35 784	7 896	22.94	73.35	16.78
2018-10-17	107 482	45 365	9 209	20.85	71.83	15.64
2018-10-18	109 917	43 665	9 072	22.17	71.46	16.88
2018-10-19	102 349	41 399	8 913	20.89	70.60	16.25
2018-10-20	103 258	47 838	887	20.58	66.33	15.96
2018-10-21	104 204	47 518	9 651	21.19	69.10	15.98
2018-10-22	110 479	46 267	9 098	22.73	71.05	17.21
2018-10-23	102 871	47 992	9 353	23.07	73.00	17.34
2018-10-24	105 151	46 714	9 042	23.00	72.77	1 741
2018-10-25	99 846	50 216	9 632	21.23	70.59	15.96
2018-10-26	94 164	49 672	9 050	21.66	71.76	16.03
2018-10-27	88 436	45 751	8 588	20.92	67.93	16.23

续表

日期	店铺 销售额（元）	浏览盘 （PV）	访春数 （UV）	全店成交 转化率（%）	询单转化 成功率（%）	静默 转化率（%）
2018-10-28	98 033	43 059	8 533	21.60	69.47	16.48
2018-10-29	91 589	44 928	8 347	21.40	67.26	16.10
2018-10-30	106 703	52 170	9 696	23.17	71.37	17.42
2018-10-31	125 291	79 710	17 942	20.45	65.45	15.74

（1）分析访客数趋势；

（2）分析成交转化率趋势。

2. 案例分析：百事可乐旗下山露汽水线上渠道营销

百事可乐旗下的品牌山露汽水（Mountain Dew）进行了几轮以“DEWmocracy”为主题的网络社区营销，通过公众全程参与决策的方式推出新口味汽水，但其并没有将钱花在“超级腕”的电视广告上，而是将200万美元用在了线上渠道营销上。

第一轮营销发生在2007年，由消费者在线选出新品口味、颜色和包装设计，结果有超过100万人参与了此次活动，并有47万人投票。最后选出的山露最新口味汽水Voltage，于2009年1月被搬上了货架。Brett O’Brien，山露品牌的市场总监，对于第一次网络宣传的评价是：“2007年，我们只知道建成一个网站以便于和消费者互动，没想到效果很好。”2009年7月开始了第二轮线上渠道营销，这次山露提出的目标是让消费者从入选的7款汽水中选出1个，并会作为山露系列产品的永久成员，而这期间使用的社区平台包括12seconds.tv、Twitter、Facebook和YouTube。第二波的网络宣传有4 000名精壮的“露”实验室成员的支持，以及一个官方网络社区作为大本营。实验室成员被分成3组，并对应进入总决选的3种口味。在4月份，这3种口味的汽水都会面市，官方网络社区及各种网络媒体平台上的这3支军团将带领支持其所代表口味的粉丝造势，从而决出可以加入山露家族的永久产品。

每个环节都有公众的参与，从口味名称的挑选到广告创意收集，这样的产品是集体智慧的表现。它的降生过程就伴随着公众的检验与修正，同时积累着口碑，并让参与其中的消费者对产品产生强烈的归属感。

（1）百事可乐两轮线上渠道营销主题分别是什么？

（2）百事可乐两轮线上渠道营销满足了消费者哪些需求？

3. 某零售门店要推出一款羽绒服，售价698元，目标顾客年龄在30岁左右。请选择一种线上推广渠道，设计推广内容。

4. 几位老板在线上门店开展的相关活动，本想增加客源、招揽新顾客，提高销量，效果却不如人意，以下是几位老板的线上推广策略及用户反馈情况。

第一位：王老板新开的奶茶店，为了让自己的外卖生意有业绩，发挥作用，在线上智慧门店买了推广来曝光自己的店铺，这样一来，进店人数虽然多了，但问题也随之而来，每天几百人进店，却只有几十人下单，下单率极低。下单率没有得到有效转化，推广的钱就打了水漂了，王老板有点想不通，进店人挺多的，店里还有折扣商品，怎么就不下单呢？

第二位：做了两年冒菜生意的孟老板说，本来想走薄利多销的路线，不仅上架了冒菜品类，家常小炒，连瓦罐汤也上架了，但是最近收到的差评很多，都反映配送等待时间过长。

第三位：做麻辣烫生意的胡老板，对线上店下单率惨淡也深有感触。胡老板说，自己店里当初想推出爆款套餐产品，但是实施后才发现，大多数都是一个人点作为工作餐，消费金额在 15 ～ 20 元。

请思考：几位老板的问题在哪里？如何解决这些问题以达到增加客源、提高销量的目的呢？

模块三

门店顾客画像分级与客户服务

学习目标

知识目标

- 熟悉顾客画像的概念和作用；
- 掌握顾客的标签化和分级管理；
- 熟悉会员数据建模的基本指标；
- 掌握会员分级管理及相应权益；
- 了解客户关系管理的定义和意义；
- 掌握客户关系管理的方法。

能力目标

- 能够进行顾客画像与顾客分级；
- 能够对会员消费轨迹进行分析；
- 能够有效维护客户关系。

思政目标

- 培养学生门店经营的口碑意识；
- 培养学生诚信服务客户的职业素养。

知识导图

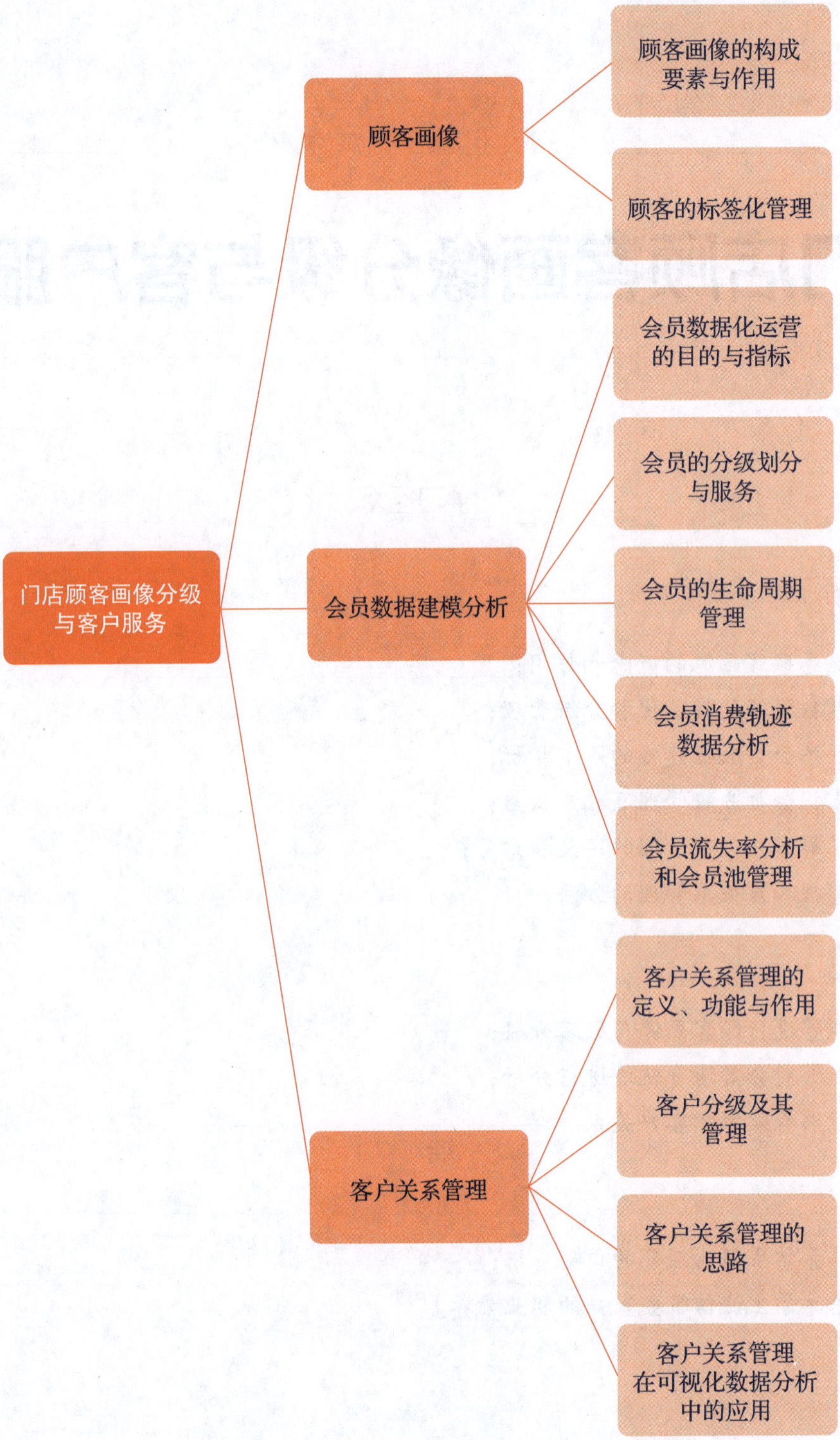

门店顾客画像分级与客户服务
顾客画像
顾客画像的构成要素与作用
顾客的标签化管理
会员数据建模分析
会员数据化运营的目的与指标
会员的分级划分与服务
会员的生命周期管理
会员消费轨迹数据分析
会员流失率分析和会员池管理
客户关系管理
客户关系管理的定义、功能与作用
客户分级及其管理
客户关系管理的思路
客户关系管理在可视化数据分析中的应用

单元一 1 顾客画像

案例导入

京东《2019年终消费趋势报告》发布——大数据描绘顾客画像

2019年年终之际，京东大数据研究院发布《2019年终消费趋势报告》（以下简称《报告》），挖掘近两年来消费数据，对比消费结构，不仅仅用数据画出人像，更画出不同人群2017—2019年消费结构的毫厘之差，其中很多也许并不显眼，却体现了中国经济这幅巨幅图景之下诸多细微的变化，而这些变化正体现了中国社会消费结构升级、消费理念提升的过程，反映了中国社会转型的时代脉搏。

《报告》数据显示，在2019年京东线上成交额较高的新品类中，电竞椅、律动机、单身公寓、卧室定制和智能餐桌位列TOP5。市场精细化、需求个性化成为2019年消费的明显特征之一，而复合型商品呈现出高增长态势。

在新兴商品不断涌现的背后，“95后”的消费实力不容小觑。《报告》显示，2019年，“95后”消费者的平均消费额增长超过30%，“85后”“75后”受家庭压力影响，消费增长较缓，而46岁以上高财富值人群的线上消费额增速最高，平均消费额同比增长超过了70%。

值得一提的是，“95后”在近3年的平均件单价增速最高。所谓件单价指的是线上消费平均每件商品的价格，意味着“95后”在消费选择上更偏重于选择价格更高、品质更好或者更有品位感的商品。

从2017—2019年，从1 199亿元到2 044亿元，京东为数亿消费者持续提供着种类丰富、品质保证、物流便捷的服务。随着电子商务进一步渗透到不同地区、不同层级的消费者，未来零售业的价值会转移到对人的理解、洞察与服务环节上，即零售业的价值会从“场”转移到“人”的环节上。这愈发需要电商平台优化“千人千面”个性化购物体验，将消费者精细画像，在用户层面占领“颗粒度经济”的先机。

资料来源：鸣远．京东发布《2019年终消费趋势报告》：新增细分品类728个．(2019-13-27)[2021-08-08]．www.dsd.cn/112030.html.

思考：

1. 消费市场的变化反映了人们生活怎样的变化？

2. 京东如何通过对消费者进行精细画像来抢占市场先机？

一、顾客画像的构成要素与作用

（一）顾客画像

在互联网步入大数据时代后，顾客行为给企业提供的产品和服务带来了一系列的改变和重塑，其中最大的变化在于，顾客的许多行为在企业面前都是可“追溯”“分析”的。相比传统的线下会员管理、问卷调查、购物篮分析，大数据第一次使得企业能够通过互联网便利地获取用户更为广泛的反馈信息，为进一步精准、快速地分析用户行为习惯、消费习惯等重要商业信息，提供了足够的数据基础。伴随着大数据技术的深入研究和应用，企业将关注点聚焦在如何用大数据来进行精细化运营和精准营销服务，顾客画像的定义悄然而生。

什么是顾客画像？举例而言，某位顾客的特征描述为：女，31岁，医生，月收入一万元左右，爱美食，团购达人，注重养生。这一系列特征描述即为顾客画像。如果用一句话来概括，顾客画像即顾客信息标签化。

门店顾客画像是将门店顾客的行为和静态标签数据化，也就是将顾客以往购买商品的种类、价格、频次等用一个或多个标签来代表，再通过对标签的汇总、分析、分类来深化对个人或群体的认知，其中包括基本属性、购买能力、行为特征、社交网络、心理特征、兴趣爱好等。

（二）顾客画像的构成要素

顾客画像的核心工作是为用户打标签，打标签是为了分类统计、精准获取。可以说，顾客画像是营销人员的“鼻子”，“鼻子”有了精准嗅觉，就知道“猎物”的出没方向，就可以做更周详的准备，打更大的胜仗。顾客画像涉及八要素，如图 3－1 所示。这八个要素的首字母刚好组成单词 PERSONAL。

P 代表基本性（Primary）：指该顾客角色是否基于对真实用户的情景访谈；

E 代表同理性（Empathy）：指用顾客角色中包含姓名、照片和产品相关的描述，该顾客角色是否有同理心；

R 代表真实性（Realistic）：指对那些每天与顾客打交道的人来说，顾客角色是否看起来像真实人物；

S 代表独特性（Singular）：每个顾客是否是独特的，彼此很少有相似性；

O 代表目标性（Objectives）：该顾客角色是否包含与产品相关的高层次目标，是否包含关键词以描述该目标；

N 代表数量性（Number）：顾客角色的数量是否足够少，以便设计团队能记住每个顾客角色的姓名，以及其中的一个主要顾客角色；

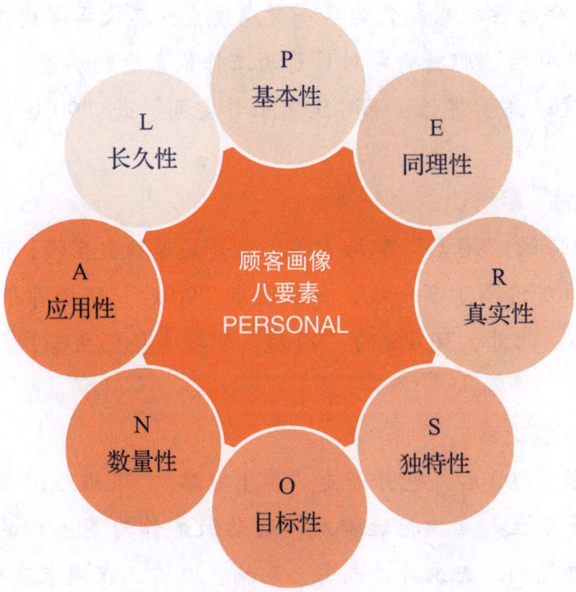

图 3－1 顾客画像的构成要素

A 代表应用性（Applicable）：设计团队是否能使用顾客角色作为一种实用工具进行设计决策；

L 代表长久性（Long）：顾客标签的长久性。

实例分享

“90 后”职场画像：不将就，有创意

如今，“90 后”甚至是“95 后”的年轻人已步入职场，眼高手低、铁板一块、不爱加班、不爱打杂……这个人群被贴上的标签贬义居多。但不可回避的是，他们已成为职场的生力军，他们的所思所想代表着当下求职者的最新动向。那么，他们到底是怎么想的？他们对薪酬和职业的规划是什么？管理者眼中的他们是怎样的？社会和用人单位又该如何和这群“新新人”相处？

从面试开始，求职者与企业之间即展开对话与选择

58 同城发布《2019 年“90 后”青年职场生活状态调研报告》（以下简称《报告》），聚焦一线及新一线城市“90 后”职场青年，从工作状况、生活状况、价值观念等方面，对“90 后”职场青年进行群体画像。《报告》发现，“90 后”职场青年的薪资集中在 5 001 ～ 10 000 元，他们对于未来职业发展空间的关注远高于薪资水准。在职业选择方面，“90 后”职场青年从事最多的行业是人事、行政、后勤、计算机、互联网、通信。“90 后”职场女性自有住房比例高于男性，男性自己购车比例高于女性，14.2% 的“90 后”没有结婚打算。

“90 后”找工作第一要素：兴趣

“90 后”职场青年整体工作年限较短，超五成工作年限在 1 ～ 3 年。在选择工作

时，“90后”职场青年往往把兴趣作为第一考虑要素，其次再考虑工作的发展前景。整体而言，79.2%的“90后”职场青年对目前的工作状态感到满意，其中，“90后”职场女性对工作的满意度远高于男性，而“没有上升空间”是“90后”职场青年对目前工作不满的主要原因。

一线城市“90后”租房比例：48.4%

整体来说，60.3%的“90后”职场青年已离开父母独自生活，且近两成已经拥有自有住房。因一线城市房价高于新一线，一线城市“90后”职场青年租房比例达48.4%，高于新一线的37.9%。此外，36.4%的“90后”职场青年已买车，其中超过一半的人是自己购买。

职场“90后”工作之余：个性

随着年龄的增长，“90后”也开始走“养生之路”，下班后运动锻炼的比例随年龄攀升。“90后”职场男性更喜欢把玩游戏、运动锻炼作为下班后的休闲活动，而“90后”女性更偏好看电视剧、纪录片、电影，购物、逛街。在周末及节假日，“90后”职场青年更喜欢外出购物、逛街，与朋友聚会。

资料来源：孙磊．“90后”职场青年画像：平均薪资8 164元，房租吃掉近一半．重庆商报，2019-07-29.

（三）顾客画像的作用

顾客画像产品化后就成为门店分析用户、触达用户的有效工具，具体来说，顾客画像的应用场景包括经营分析、精准营销、个性化服务等。

1. 经营分析

（1）商品分析。

借助顾客画像，可以对商品的销量进行分析。比如说可以快速定位到爆款商品，进一步分析购买爆款品类的用户在各个维度上的特征。

（2）顾客分析。

借助顾客画像，运营人员可以了解门店顾客的性别、年龄、职业等各维度特征的顾客量分布特征，如图3－2所示。

（3）渠道分析。

根据增长黑客理论（AARRR）模型（如图3－3所示），门店将产品的营收路径拆分为激活—注册—留存—下单—传播，其中激活主要是流量运营在负责；用户运营会贯穿接下来的流程；内容运营主要负责提供优质的内容来增加顾客黏性，从而提高留存；主线运营负责主营业务的产品路径，优化转化节点，提高转化率。

在顾客画像应用中，可以分析目标人群的渠道来源，使得渠道投放的策略更有针对性。例如，业务人员使用顾客画像系统组合标签圈定对某款婴幼儿配方奶粉感兴趣的人群，在渠道维度进行透视，分析该批用户主要来自哪个渠道，然后有针对性地在该渠道投放该款婴幼儿配方奶粉的广告。

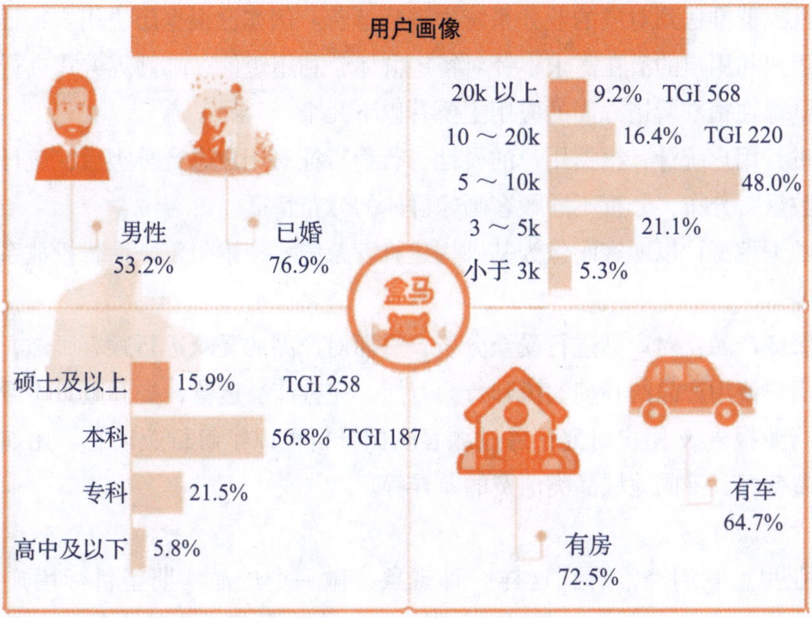

图 3－2 顾客量分布特征

图 3－3 AARRR 模型

（4）客服沟通。

顾客画像在客服系统中也被广泛应用。生活中经常遇到这样的场景，当我们向某平台的客服部门投诉、咨询或者反馈意见时，客服人员可以准确地说出我们在该平台的历史购买情况，或者上一次咨询的问题和处理结果等。

2. 精准营销

顾客画像为门店的精准营销提供了足够的信息基础，能帮助门店快速找到精准用户群体，以及分析、挖掘门店用户需求。当基于门店顾客需求去推送信息时，可使门店顾客的接受度最大化，不但传播量扩大，而且门店的转化成交量也能大大提高，从而提升门店的销售业绩。

当顾客画像系统做成产品形态后，业务人员可以根据业务规则组合标签圈定相应人群，将该批人群推送到对应的业务系统中进行运营。例如，根据历史用户特征，分析产品的潜在用户和用户的潜在需求；针对特定群体，利用短信、邮件等方式进行营销。

顾客画像在精准营销方面的应用主要有以下几个：

（1）进行用户统计：根据用户的属性、行为特征对用户进行分类后，统计不同特征下的用户数量、分布，分析不同顾客画像群体的分布特征。

（2）数据挖掘：以顾客画像为基础构建推荐系统、搜索引擎、广告投放系统，提升服务精准度。

（3）服务产品：对产品进行受众分析，进而对产品的受众进行顾客画像，从而更透彻地理解用户使用产品的心理动机和行为习惯，完善产品运营，提升服务质量。

（4）行业报告 & 用户研究：通过顾客画像分析可以了解行业动态，比如人群消费习惯、消费偏好、不同地域品类消费的差异等。

3. 个性化服务

在行业里，我们经常看到这样一种现象：做一个产品，期望目标用户能涵盖所有人，但这样的产品通常会走向消亡。因为每一个产品都是为特定目标群的共同标准服务的，目标群的基数越大，这个标准就越低。换言之，如果这个产品是适合每一个人的，那么它应该是为最低的标准服务的，这样的产品要么毫无特色，要么过于简陋。

纵览成功的产品案例，其服务的目标用户通常都非常清晰、特征明显，体现在产品上就是专注、极致，能解决核心问题。比如苹果的产品，一直都为有态度、追求品质、特立独行的人群服务，赢得了很好的用户口碑及市场份额。又比如豆瓣，专注文艺事业，用户黏性非常高。所以，给特定群体提供专注的服务，远比给广泛人群提供低标准的服务更容易成功。

顾客画像可以在一定程度上避免产品设计人员草率地代表用户。代替用户发声是在产品设计中常出现的现象，产品设计人员经常不自觉地认为用户的期望跟他们的是一致的，并且还总打着“为用户服务”的旗号。这样的后果往往是：精心设计的产品，用户并不买账，甚至觉得很糟糕。

（四）顾客画像的构建流程与技术

1. 顾客画像的构建流程

顾客画像的构建流程一般可以分为目标分析、体系构建、画像建立 3 步，如图 3 - 4 所示。

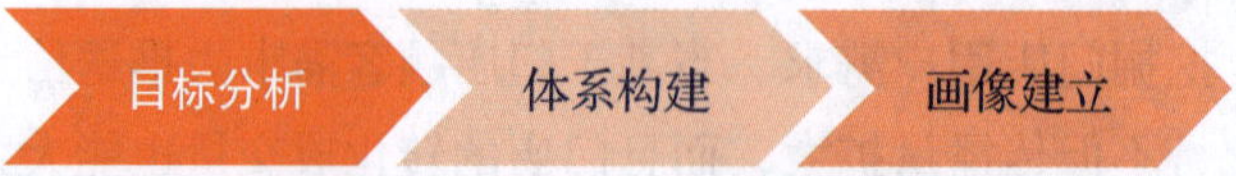

图 3 - 4　顾客画像的构建流程

（1）目标分析，这是顾客画像过程中非常基础也是很关键的一步。要了解构建顾客画像期望达到什么样的运营或营销效果，从而在标签体系构建时对数据深度、广度及时效性做出规划，确保底层设计科学合理。

（2）体系构建，主要是进行数据采集、数据清洗、数据标签化。采集的数据要客观真实，这样生成的顾客画像才有效。在采集数据时，需要考虑多种维度，比如行业数据、全用户总体数据、用户属性数据、用户行为数据、用户成长数据等。可以通过行业调研、用户访谈、用户信息填写及问卷调查、平台前台后台数据收集等方式获得数据。

就平台采集到的数据而言，可能存在非目标数据、无效数据及虚假数据，因而需要过滤原始数据，也就是进行数据清洗。特征工程能够将原始数据转化为特征，是一些转化与结构化的工作。在这个步骤中，需要剔除数据中的异常值并将数据标准化。

数据标签化就是将得到的数据映射到构建的标签中，并将用户的多种特征组合到一起。标签的选择直接影响最终顾客画像的丰富度与准确度。

（3）画像建立，数据在模型中运行后，最终生成可视化画像，如图 3－5 所示。顾客画像并非一成不变的，因而模型需要具有一定的灵活性，可根据用户的动态行为修正与调整画像。

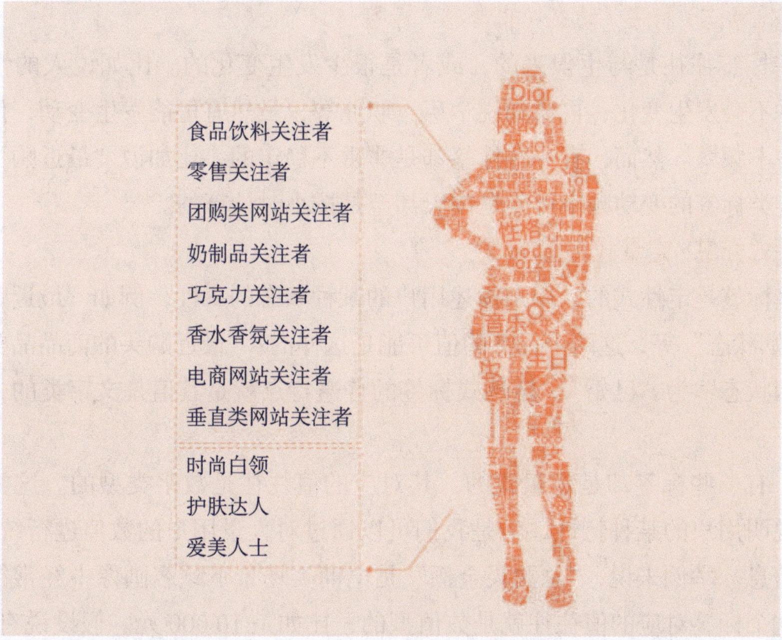

图 3－5 可视化画像

2. 顾客画像的构建技术

顾客画像的构建技术有信息检索、机器学习和自然语言处理技术（NLP）等，如图 3－6 所示。

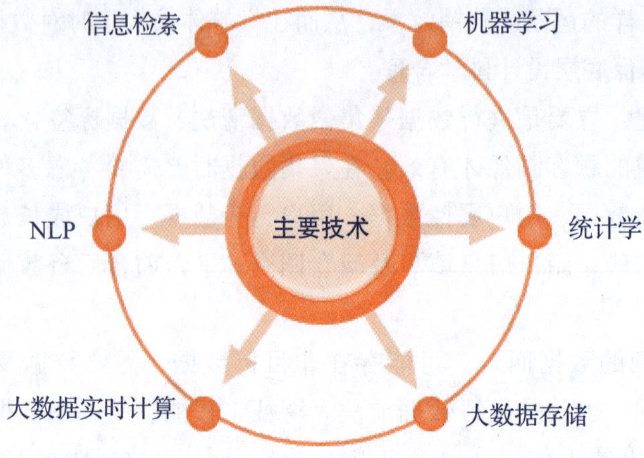

图 3－6　顾客画像的构建技术

二、顾客的标签化管理

（一）标签的分类

顾客画像的核心就是给顾客“打标签”。不同的公司或组织，基于不同的场景，其对顾客画像标签的分类是不同的。我们可以根据标签的性质，对其进行如下分类。

1. 静态（常态）标签 / 动态（非常态）标签

有一些标签往往是与生俱来的，或者是很少发生变化的。比如说人的性别、民族等标签几乎不会发生变化；再比如说学历、职业等，虽然有可能发生变动，但这个变动相对而言并不频繁。然而，有一些标签却是非常不稳定的，比如说“最近购买商品的品类”等，这类标签的变动频率可能是按天甚至是按小时计算的。

2. 定性式标签 / 定量式标签

有一些标签是定性式的，用来描述用户的某种状态的属性，例如“最近购买的商品品类”“婚姻状态”等，这两个标签的值可能是这样的：“最近购买的商品品类”为“水果”，“婚姻状态”为“已婚”。定性式标签的普遍特点就是其值是文字类的，能够明确说明其特征。

然而，有一些标签却是定量式的，其对应的值往往是数字类型的。这类标签并不能直观地说明用户的某种特性，但是我们可以通过对大量用户的数值进行统计比较后，得到某些信息。举例来说，“总购买金额”是电商类场景下顾客画像中经常能见到的一个标签。这个标签对应的值往往就是数值型的，比如是 10 000 元。假设说有一个客户，其顾客画像中的“总购买金额”是 100 万元，那我们是不是可以考虑将其列为“金主”级别的客户来对待了呢？

3. 通用标签分类

事实上，没有所谓的通用标签分类。不同的场景下，我们设定的顾客画像所包含的标签都是不同的，所以很难找到一个可以泛用的标签分类来应对所有场景。图 3－7 所示是基于电商背景的顾客标签分类，因为增加了部分金融相关的标签，从而进行了一个简单的分类，只是为了给大家展示一下设计一个顾客画像常常需要考虑的角度（维度）有哪些。

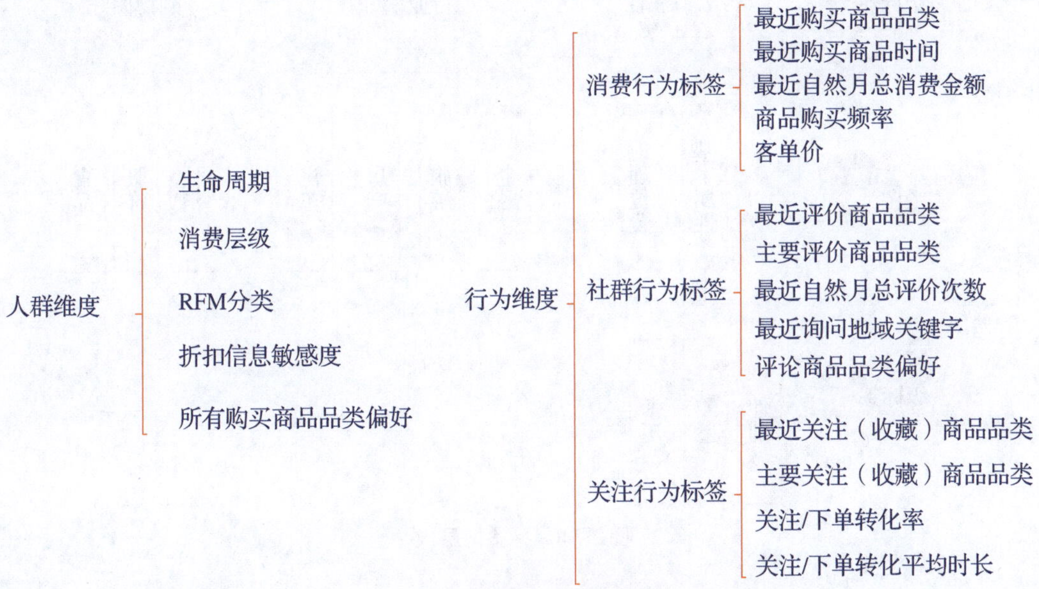

图 3－7　基于电商背景的顾客标签分类

（1）人口维度。

人口维度包含顾客的部分基本标签和注册标签。大部分与人口维度相关的标签都是静态的、定性式的。该维度的标签可以用于描述用户个人的基本特征。

（2）信用维度。

信用维度并不是电商类顾客画像中常用的维度，但是对于金融相关领域来说，这个维度是非常重要的。该维度下的标签用于描述用户收入情况、收入潜力和支付能力，帮助金融企业了解用户资产信用情况。

（3）人群维度。

人群维度是一个比较特殊的维度。该维度的标签，往往不是直接从业务库中获取的，而是对其他维度进行计算后生成的。人群维度是顾客画像中非常重要的组成部分，因为这个维度中包含的标签，可以明确定义顾客所属的分类，便于门店有针对性地展开营销等活动。

（4）行为维度。

行为维度是指将顾客在顾客端或应用上的行为记录下来，便于对行为数据进行分析。行为维度包含消费行为、社群行为、关注行为等。在进行顾客画像的时候，要根据业务场景，确定应该获取哪些行为数据。

（二）标签的层次

目前主流的标签体系都是层次化的（如图 3－8 所示），先将标签分为几个大类，每个大类下进行逐层细分。在构建标签时，只需要构建最下层的标签，就能够映射到上面两级标签。

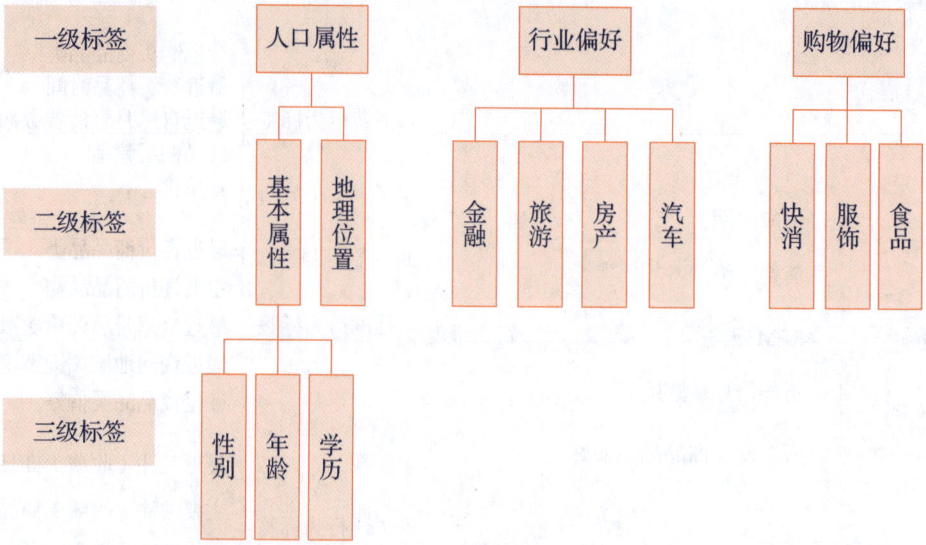

图 3-8　标签的层次

上层标签都是抽象的标签集合，一般没有实用意义，只有统计意义。例如我们可以统计有人口属性标签的用户比例，但用户的人口属性标签本身对广告投放没有任何意义。指导广告投放和精准营销的一般是底层标签。对于底层标签有两个要求：一个是每个标签只能表示一种含义，避免标签之间的重复和冲突，便于计算机处理；另一个是标签必须有一定的语义，方便相关人员理解每个标签的含义。不同的标签类别，其包含的内容是不一样的，如表 3-1 所示。

表 3-1　不同的标签类别及内容

标签类别	标签内容
人口标签	性别、年龄、地域、教育水平、出生日期、职业
兴趣特征	兴趣爱好、使用 App/ 网站、浏览 / 收藏内容、互动内容、品牌偏好、产品偏好
社会特征	婚姻状况、家庭情况、社交 / 信息渠道偏好
消费特征	收入状况、购买力水平、已购商品、购买渠道偏好、最后购买时间、购买频次

此外，标签的粒度也是需要注意的，标签粒度太粗会没有区分度，粒度过细会导致标签体系太过复杂而不具有通用性。

最后介绍一下各类标签构建的优先级。构建的优先级需要综合考虑业务需求、构建难易程度等。这里介绍的优先级排序方法主要依据构建的难易程度和各类标签的依存关系，如图 3-9 所示。

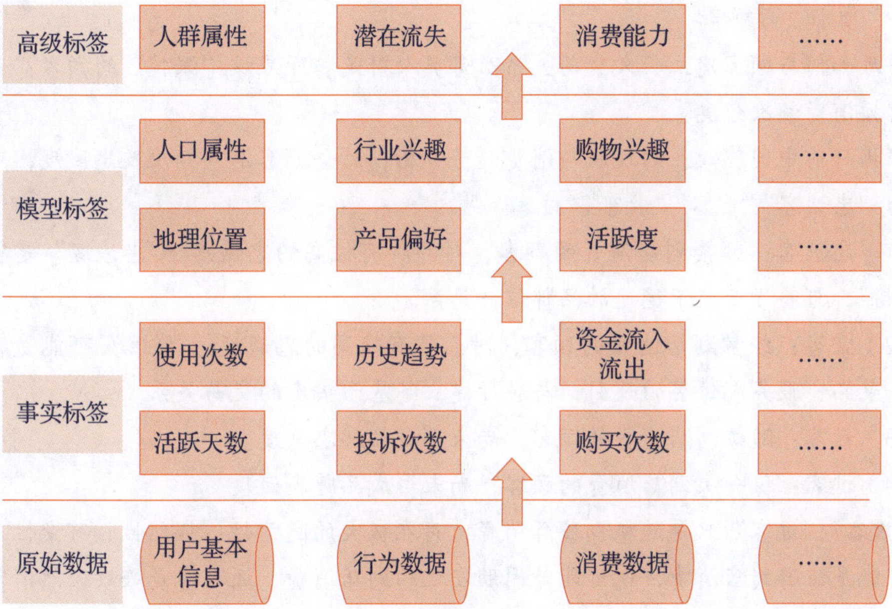

图 3－9　标签构建的优先级

基于原始数据首先构建的是事实标签。事实标签可以从数据库直接获取（如注册信息），或通过简单的统计得到。这类标签构建难度低、实际含义明确，且部分标签可用作后续标签挖掘的基础特征，如产品购买次数可用来作为用户购物偏好的输入特征数据。事实标签的构建过程也是对数据加深理解的过程，在对数据进行统计的同时，不仅完成了数据的处理与加工，也对数据的分布有了一定的了解，为高级标签的构建做好了准备。

模型标签是标签体系的核心，也是顾客画像中工作量最大的部分，大多数用户标签的核心都是模型标签。模型标签的构建大多需要用到机器学习和自然语言处理技术。

最后构建的是高级标签。高级标签是基于事实标签和模型标签进行统计建模得出的，它的构建多与实际的业务指标紧密联系。只有完成基础标签的构建，才能构建高级标签。构建高级标签使用的模型，可以是简单的数据统计，也可以是复杂的机器学习模型。

实例分享

连锁餐饮店：如何把“陌生客”转化为“忠诚粉”

纵观当前餐饮企业的客户管理，与其他大部分行业一样，仅仅做成了一个会员积分管理，通过消费获得积分，年底通过积分兑换礼品，变成了一个消耗现金来奖励客户的消费，或者通过积分获得会员级别，不同级别的会员提供不同的优惠折扣，沦落为打折卡，继续与竞争对手进行价格战。

如何管理你的客户？还在用会员卡积分打折？你 OUT 啦！快把你的客户变成“粉丝”吧。

一、如何分类顾客

餐厅如何与顾客建立长久交易关系？哪类人群是餐厅应该“深挖”的顾客？

1. 按消费频次分类

根据目前中国餐饮业的现状与消费趋势分析，结合顾客消费频次及忠诚度，可将顾客分为“忠诚客”“常客”“散客”“过客”。

（1）忠诚客：频繁到店消费的顾客，对品牌有极高的忠诚度。“忠诚客”是餐厅的“忠诚粉”，与餐厅产生了稳定的品牌信任关系。

（2）常客：经常到店消费的顾客，对品牌有较高的忠诚度。“常客”可能受餐厅的环境、菜品、服务或位置的吸引，与餐厅建立了基于买卖的交易关系。

（3）散客：随机到店消费的顾客，尚未形成品牌忠诚度。

（4）过客：仅一次到店消费的顾客，尚未形成品牌忠诚度。

“散客”“过客”只是随机到餐厅消费，存在极大的随意性、偶然性、可变性，这类人群可能是旅游到店消费，也可能是因朋友之约到店消费，还可能是兴致索然消费，无消费规律性和消费黏性。

2. 按消费行为分类

（1）随客：随同到店消费的顾客，非买单的顾客。

（2）买单客：到店消费结账的顾客。

二、如何锁定目标顾客群

针对不同的顾客群体，餐厅应建立自己的“餐饮顾客发展金字塔模型”，分析“过客”“散客”“常客”“忠诚客”的发展阶段与群体特性，锁定目标顾客群，即“忠诚客”和“常客”，营销必定事半功倍。因为获得一个新顾客的成本是维系一个现有顾客成本的 5 ～ 8 倍。而 20% 的老顾客创造 80% 的收入。

三、如何与顾客建立良好的关系

1. 建立顾客数据库，搞定顾客画像

大数据时代给餐厅及顾客行为带来了一系列的改变与重塑，其中最大的变化莫过于顾客的一切行为在餐厅面前似乎都将是“可视化”的。餐厅基于大数据对顾客进行系统管理，可以清晰地筛选出顾客处于哪个发展阶段，通过系统收集与分析顾客的社会属性、生活习惯、消费行为等信息数据，勾勒出顾客的“商业全貌”。顾客画像为餐厅提供足够的信息基础，帮助餐厅快速找到精准顾客群体以及顾客需求等更为广泛的反馈信息。

2. 老顾客维护的有效途径和方法

餐厅应明确顾客需求，细分顾客，满足顾客不同的需求。

（1）“过客”“散客”（可发展成“粉丝”客人的人群），通过各种奖励、优惠、折扣、赠品等，提高顾客忠诚度，以增加消费黏性。与顾客的感情交流是餐厅维系与顾客关系的重要方式，如节日问候、生日祝福等。

（2）“常客”（可发展成积分客人的人群），如果一个顾客 3 个月没有到店消费，结合会员营销系统，可通过设定唤醒时间点，自动对流失顾客发起营销，用关怀的语言及适当的激励，引导顾客重新消费。

（3）“忠诚客”与“回头客”（可发展成储值客人的人群），此类人群本身对餐厅品牌的忠诚度较高，不必做过多的营销奖励和折扣，不然会造成“营销误伤”。可以制定个性化的营销方案，在更广范围内关心和支持顾客发展，增强顾客的购买力，扩大其消费规模，或者和顾客共同探讨新的消费途径和消费方式，创造和推动新的需求。

资料来源：白昱．连锁餐饮店：如何把“陌生客”转化为“忠诚粉”.http://www.canyin88.com/zhuanlan/baiyuzhuanlan/2016/0729/41950.html.

直通职场

如何给客户贴标签？

单元二

2 会员数据建模分析

案例导入

新零售时代，会员数字化要进阶

新零售时代最大的特点，就是我们都身处一个生活数字化时代。对于零售商家而言，消费者更加难以捉摸、难以捕捉。原来商家更关注如何获取流量，而新零售最关键的就是改变了“人”这一环。如何在流量天花板的困境下，通过精准的服务，让会员资产最大化，带来新的销售增量？今天，我们就来盘点一下，那些高级玩家是如何借助会员服务实现销量倍增的。

果立呈：会员营销，开业流水破 35 万元

厦门果立呈是厦门首家水果新零售门店，通过“鲜果售卖区＋水果吧＋会员活动区”的营销模式，让顾客吃到健康、新鲜的水果，更为顾客带来健康的生活方式。为了打造优质的在店体验，果立呈总店有 1 300 平方米，围绕消费者精心设计：一楼是鲜果售卖区和水果吧，这里不仅售卖散货，还提供加工水果拼盘、水果礼盒等服务；二楼是环境优美舒适的会员休闲、阅读、活动区，配备榨好的果汁，每周还通过开展会员主题活动，比如鲜果品鉴会、生日趴、水果实验室等，来提升人气。

在线上，果立呈通过社区拼团、推送水果资讯、注册送券等多种会员优惠方式，让会员不断形成购物习惯，提高复购频率。果立呈开业活动 3 天，线上线下取得了订单数 3 623 单、流水近 35 万元的傲人业绩。

隆盛泰：产品 + 体验，盘活 10 万会员

隆盛泰是国内销售欧洲高端日化用品的知名总经销商，深耕于高端个护领域，线上部署异国汇 App、微商城和小程序，线下开设自营实体店，以“跨境购 + 体验店”的形式，通过“产品 + 服务 + 体验”打造全渠道营销。隆盛泰原先为寄售模式，多年经营下来拥有了 100 000+ 忠实顾客。为了盘活数量庞大的会员，在打造了 App 等线上渠道之后，隆盛泰通过线下门店活动、门店 VR 体验、智能触屏等智能体验，结合线上营销，增强了与消费者之间的互动，目前已完成近 90 000 会员转移。

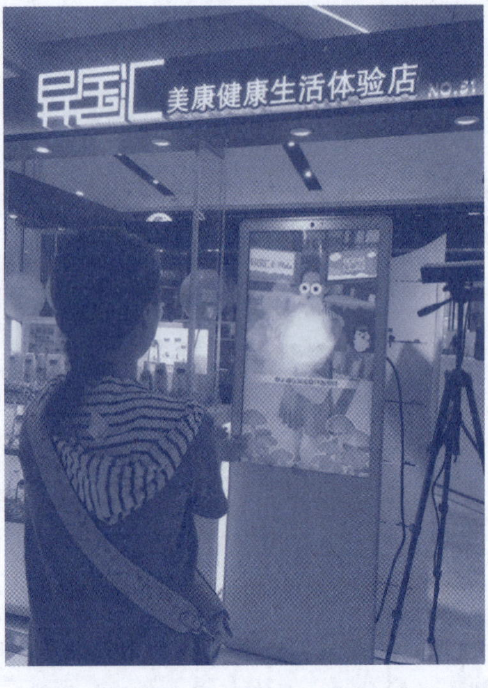

同时，在会员购物体验上，隆盛泰将门店作为前置仓，备有一些比较热门的商品，下单之后可以马上带走，以满足消费者急需。隆盛泰还与申通等快递公司合作，消费者下单第二天就可以收到货品，实现“次日达”，大大提升消费者购物体验。隆盛泰通过全面优化会员的全渠道购物与配送体验，盘活存量会员，实现销量大增。

新零售时代，零售商家的会员经营都要从流量思维转移到用户思维，简单讲就是从经营1 000个用户，到经营一个用户卖1 000次。应挖掘更多客户需求，提供更加完善的客户服务，让现有会员的价值更大化。做好会员营销，做好消费者数字化，是实现新零售的前提。

资料来源：新零售时代，会员数字化要进阶！盘点高级玩家会员营销策略.（2020-08-06）[2021-08-08]. http://www.360doc.com/content/20/0806/13/71076922_928831761.shtml.

思考：

1. 果立呈和隆盛泰是如何运用数字化技术进行会员管理的？

2. 门店数字化运营中如何增加会员价值？

一、会员数据化运营的目的与指标

（一）会员数据化运营的目的

会员数据化运营是企业运营的重要基础，了解会员数据化运营的角度、相关指标、方法、模型等，建立较为系统的思考逻辑是非常重要的。会员数据化运营主要用来解决以下方面的问题：

（1）会员生命周期状态；

（2）会员核心诉求；

（3）会员价值；

（4）会员转换习惯与路径；

（5）如何扩大市场覆盖以获取更多会员；

（6）如何维系老会员；

（7）应该在什么时间、采取什么措施、针对哪些会员做哪些活动；

（8）在特定运营目标下，应该如何制定会员管理措施。

（二）会员数据化运营指标

1. 会员整体指标

基于基础业务逻辑，可以提取以下3个会员整体指标：

（1）注册会员数；

（2）激活会员数；

（3）购买会员数。

还可以基于以上指标进一步计算会员激活率、会员购买率等。

2. 会员营销指标

（1）可营销会员数。会员营销的基础是存在可营销会员，即可通过一定的方式联系到并进行营销的会员。

（2）营销费用。营销费用包括营销媒介费用、优惠券费用、积分兑换费用等。

从营销方式角度可计算：用券/积分会员比例，用券/积分金额比例，用券/积分订单比例等。

从用户角度可计算：每注册 / 订单 / 会员所带来的收入。

（3）营销收入。

除了总体的营销收入指标外，应尽量对通过不同渠道触达产品完成购买的用户进行分别统计，如对不同渠道所发放的优惠券进行标记等。其他指标延伸可参照营销费用部分。

在计算营销费用与营销收入之后，可进一步计算营销费率：

$$营销费率=\frac{营销费用}{营销收入}\times 100\%$$

3. 会员活跃度指标

（1）整体会员活跃度。罗列与会员活跃度相关的指标并进行赋权，通过加权求和可计算会员每个月活跃度，求和后可计算整体会员活跃度。

（2）每日 / 每周 / 每月活跃会员数。具体的活跃测评指标应结合产品自身的特点。

4. 会员价值度指标

（1）价值分群。如高、中、低 / 钻石、黄金、白银等。

（2）复购率。会员对该品牌产品或者服务的重复购买次数、重复购买率越高，说明会员对品牌的忠诚度越高；反之则越低。

（3）消费频次 / 消费金额 / 平均每次购买金额。

（4）最近一次购买时间。最近一次购买时间也可作为消费价值黏性的评估指标。

（5）会员剩余价值。这是一个预测指标，可预测会员之后某段时间内的购买转化率、订单价值、订单数等。

5. 会员异动指标

会员异动主要指会员的流失，包含以下两项指标。

（1）会员流失率。计算公式如下：

$$会员流失率=\frac{流失会员数}{全部会员数}$$

流失状态的判定需要结合具体情况，如在某些情境下，从付费会员到普通会员也是一种流失。

（2）会员异动比。计算公式如下：

$$会员异动比=\frac{新增会员数}{流失会员数}$$

二、会员的分级划分与服务

在市场环境的严峻考验下，许多连锁门店都会选择会员管理系统，加大对会员的开发力度。当面对成千上万的会员时，要处理庞大的会员数据，只有分级管理是出路。依据 20/80 法则，即 80% 的利润由 20% 的会员创造，把 20% 的优质会员筛选出来是会员营销成功的关键。例如，某连锁门店根据会员一次性充值金额多少将会员分类，如

图 3 - 10 所示。

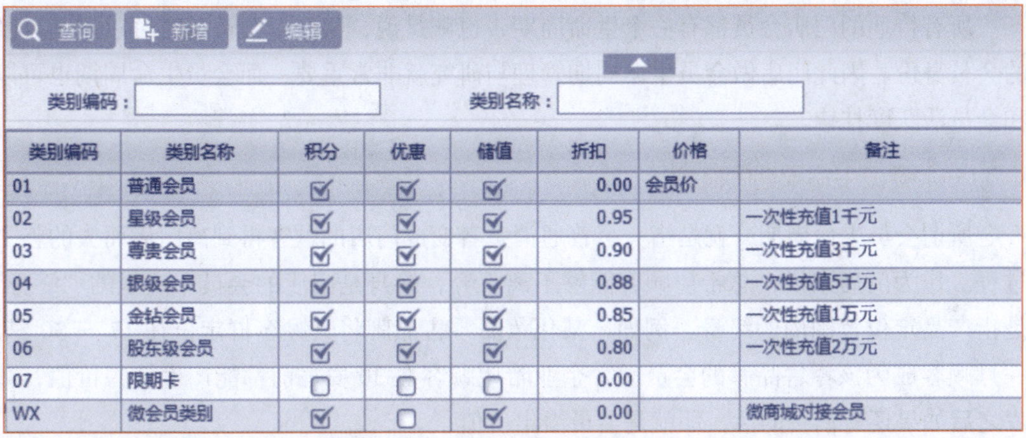

类别编码	类别名称	积分	优惠	储值	折扣	价格	备注
01	普通会员	☑	☑	☑	0.00	会员价	
02	星级会员	☑	☑	☑	0.95		一次性充值1千元
03	尊贵会员	☑	☑	☑	0.90		一次性充值3千元
04	银级会员	☑	☑	☑	0.88		一次性充值5千元
05	金钻会员	☑	☑	☑	0.85		一次性充值1万元
06	股东级会员	☑	☑	☑	0.80		一次性充值2万元
07	限期卡	☐	☐	☐	0.00		
WX	微会员类别	☑	☐	☑	0.00		微商城对接会员

图 3 - 10　某连锁门店会员分类

随着市场和消费需求的不断变化，对于会员的分级也不是一成不变的，会员管理系统可随时调整会员级别划分，如图 3 - 11 所示。

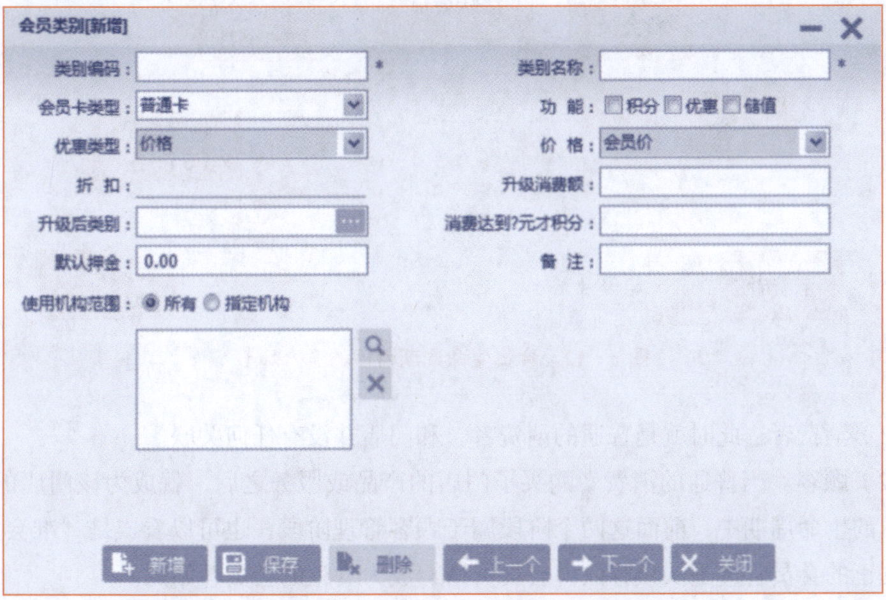

图 3 - 11　某连锁门店会员管理系统

知识拓展

某知名餐饮品牌的数字化运营之路

三、会员的生命周期管理

所有行业的门店会员都有一个生命周期，也就是说，某一个会员随时可以注销自己的会员身份。因此门店做会员生命周期管理与研究就非常重要，而会员生命周期也可以和会员活跃度挂钩。

（一）会员生命周期的概念

所谓会员生命周期，就是指一个普通消费者变成门店的顾客再到离门店而去的整个过程。作为门店来说，总希望顾客能够不离不弃，终身是门店的会员。这里的“终身”是指产品定位范围内的终身。例如，某化妆品零售品牌将其顾客群定位在 17 ～ 30 岁，一旦顾客成为该零售品牌的会员后，企业希望顾客在 30 岁之前都能产生销售价值，30 岁之后如果还有消费的话，那就是会员溢出价值了。

（二）会员生命周期管理的 7 个环节

会员的生命周期管理共分为 7 个环节，如图 3－12 所示。

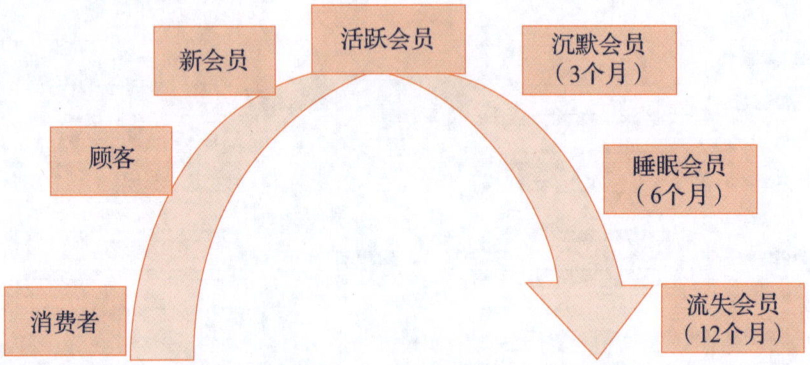

图 3－12　会员生命周期管理的 7 个环节

（1）消费者。此时就是普通的消费者，和门店并没有任何关联。

（2）顾客。当普通的消费者购买了门店的产品或服务之后，就成为该门店的顾客。在会员的生命周期中，前面这两个阶段属于顾客管理阶段，也可以看成是“准会员”阶段，真正的会员管理是从顾客取得会员资格，成为真正的会员开始的。

（3）新会员。当满足门店的会员标准，如消费到一定金额或一定次数后，就成为正式会员。从这个阶段开始，门店就对其会员进行真正意义上的会员生命周期管理了。

（4）活跃会员：最近 3 个月内有过消费的会员群体。

（5）沉默会员：最后一次消费发生在最近的 4 ～ 6 个月内，已经沉默了 3 个月的会员群体。

（6）睡眠会员：最后一次消费发生在最近的 7 ～ 12 个月内，已经睡眠了 6 个月的会员群体。

（7）流失会员：最近 12 个月内没有消费的会员群体。

从销售额最大化的角度来说，门店希望每个会员都成为活跃会员，尽量减少或没有沉默会员、睡眠会员和流失会员，这当然是不现实的。对于新会员，门店的策略是希望他们尽快产生第一次重复购买；对于重复购买的会员，希望他们尽快产生下一次购买，这是一个不断转化的过程，转化率越高，带来的销售价值就越大，这也是门店实施会员数据化管理的重要依据。

当然，在会员的生命周期管理中，活跃会员不一定是会员的必经阶段，也就是说顾客成为新会员后并没有产生重复购买，直接从新会员跳过活跃会员阶段成为沉默会员、睡眠会员，以至于最终成为流失会员。

目前，许多零售企业对流失会员的处理方式有两种：其一是直接终止该会员资格，终止后，即使顾客再次购买，也没有办法激活为活跃会员；其二是继续保持流失会员的资格，会员资格可以随时被激活。

图 3－13 所示为某百货零售企业某年第二季度和第三季度的会员结构变化图，门店运营人员可以据此分析会员结构变化情况及变化的原因。

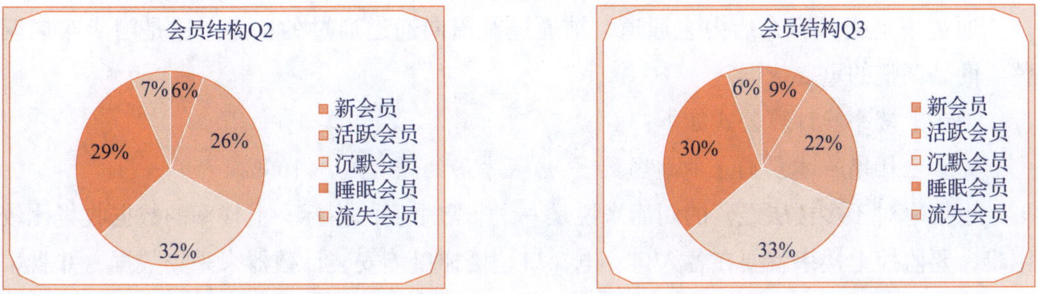

图 3－13　某百货零售企业会员结构变化图

四、会员消费轨迹数据分析

消费轨迹就是顾客的历史购买记录，从顾客的消费轨迹中我们可以清晰地看到顾客购买的趋势与规律。菲利普·科特勒说：想要知道人们接下来要购买什么，就看看他正在购买什么，以及最近购买了什么。顾客的每一次购买之间都有相互的联系，而不是孤立的。通过分析顾客最近购买了什么，以及正在购买什么，我们可以初步推断出顾客接下来要购买的产品。

（一）客动线分析

客动线分析是对顾客从进入门店直到退出门店的实际行走轨迹所进行的科学测量和分析，有助于改善门店布局，促进销售额提高。某门店顾客动线如图 3－14 所示。

1. 客动线指标

（1）进店率。计算公式如下：

进店率＝进店人数 ÷ 路过人数 ×100%

进店率主要用于统计门前客流量，是衡量门店外部是否吸引顾客的重要依据。

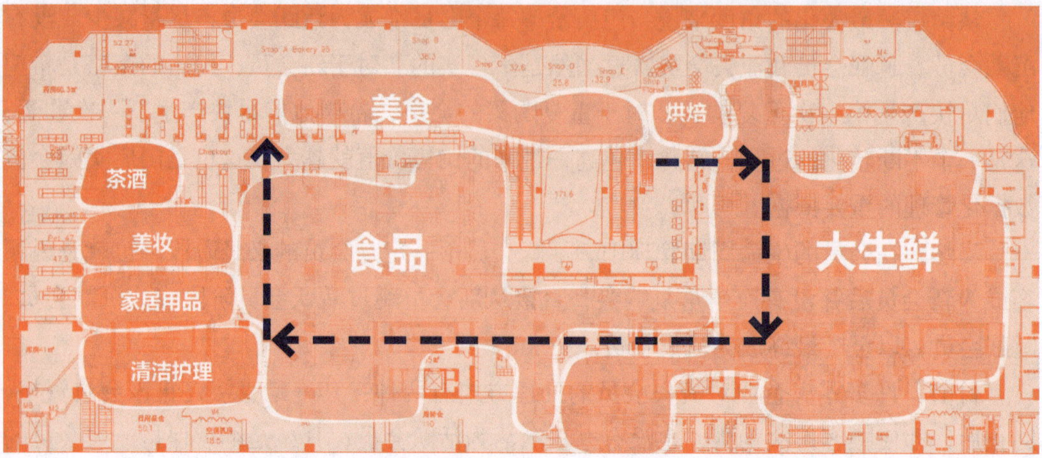

图 3－14　某门店顾客动线

（2）通过率。计算公式如下：

通过率＝通过客数 ÷ 调查对象客数 ×100%

通过率是指顾客在店内主通道、辅通道及横向通道通过的比率，这是门店布局调整、商品调整的重要依据。

（3）上楼率。计算公式如下：

上楼率＝本层向上的顾客数 ÷ 进入本层的顾客数 ×100%

上楼率对于多楼层经营的门店来说是一个非常重要的指标。上楼率的数据收集比较困难，要监控上楼率就要在各入口、电梯口、楼梯口等安装计数器来采集数据，并且采集的数据必须是向上的。

（4）停留率。计算公式如下：

停留率＝停留客数 ÷ 通过客数 ×100%

停留率是指门店中某一个商品部门顾客停留的比率，该指标是磁石商品调整、商品陈列调整、商品促销调整的重要依据。

2. 客动线指标运用

门店布局调整与改进，并非直接照着客动线分析结果做就可以，还需要参照其他管理目标和要素综合考虑才行。例如成熟的超市会有通过率和停留率低的商品部门，但通常不会立即裁撤这些商品部门，而是按照如下流程进行调整优化：

卖场布局调整→商品分类调整→商品陈列调整→商品表现调整

知识拓展

未来数据的收集可能就在你的脚下

（二）接触率分析

随着科学技术的发展，门店的管理更加精细化，接触率越来越受到重视。门店通过接触率可以更深层次地了解顾客的购买行为。接触率就是顾客和商品的接触比率，这一项指标又可以分为触摸率、试穿率、试用率等。

1. 触摸率

计算公式如下：

触摸率 = 触摸某商品的顾客数 ÷ 进店人数 ×100%

触摸率反映商品外观被关注的程度，目前可以借助一些视频设备自动采集这个数据。一般来说。某商品的触摸率和成交数量成正比，但也有触摸率很高、成交率很低的情况，管理者需要分析这种现象产生的原因，了解消费者为什么有冲动而无行动。

2. 试穿率

计算公式如下：

试穿率 = 试穿顾客数 ÷ 进店人数 ×100%

这个指标常用于鞋服行业，目前仪器监控比较困难，大多需要人工统计。需要注意的是，同一顾客无论试穿多少次，只统计一次。

3. 试用率

计算公式如下：

试用率 = 试用顾客数 ÷ 进店人数 ×100%

这个指标常用于化妆品、食品等行业，如果是封闭销售（如专卖店），则用进店人数作为分母，不过这些产品大多在超市或百货商场开放式销售，所以进店人数可以转换为有接触的顾客数，不能轻易用路过人数来做简单计算。

（三）购买率分析

1. 购买率

计算公式如下：

购买率 = 购买商品的顾客数 ÷ 停留顾客数 ×100%

购买率指在门店中某一商品部门停留顾客中购买商品的顾客的比率，它是商品陈列调整、关联商品调整的重要依据。影响购买率的因素如图 3-15 所示。

2. 客单价

计算公式如下：

$$\text{客单价} = \frac{\text{销售}}{\text{总额}} \div \frac{\text{顾客}}{\text{总数}} \times 100\%$$

或

$$\text{客单价} = \frac{\text{销售}}{\text{总额}} \div \frac{\text{成交}}{\text{总笔数}} \times 100\%$$

客单价的本质是在一定时期内，每位顾客的平均消费金额，离开了“一定时期”这个范围，客单价这个指标是没有任何意义的。

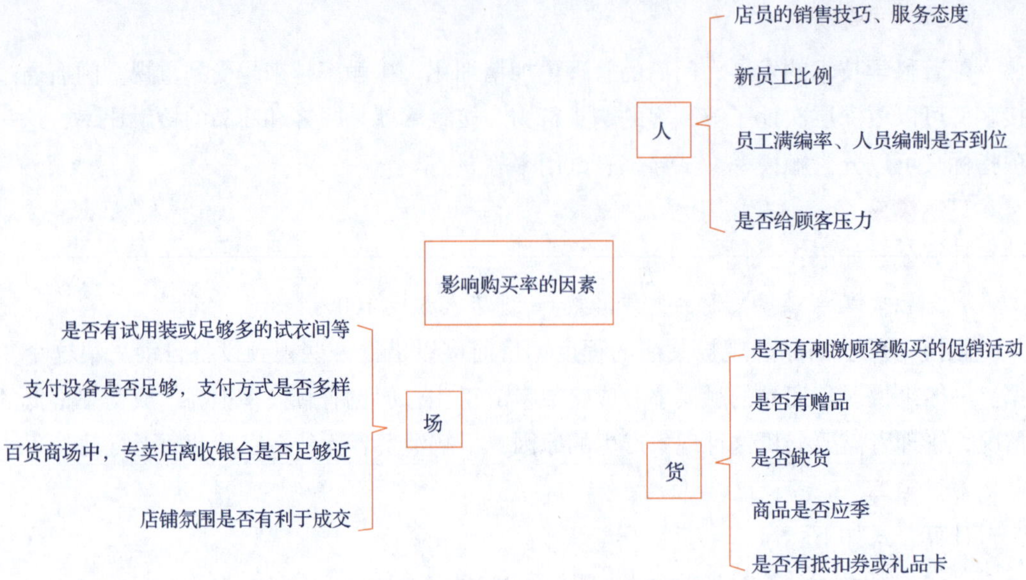

图 3－15　影响购买率的因素

3. 客品数

计算公式如下：

客品数＝销售总数量 ÷ 销售小票数量 ×100%

客品数是指一段时间内顾客购买商品的平均数量，得出一个顾客购买商品数量的平均值并与上期相比，就是“消费水平增长比率”。有的行业将客品数称为连带率，还有的行业用附加推销率来表示。

4. 平均成交时长

计算公式如下：

平均成交时长＝每一位顾客成交的时间总和 ÷ 成交顾客数 ×100%

这是考察门店员工工作效率的指标，一般和客单价结合起来看会比较客观。

5. 平均接待时长

计算公式如下：

平均接待时长＝每一位顾客成交的时间总和 ÷ 接待顾客数 ×100%

目前门店需要手动计算这个指标。还有一个指标与平均接待时长类似，就是顾客平均停留时长。区别是：前者用从开始接待顾客到顾客离开门店的时间段来计算时长，后者用顾客进门店到出门店的时间段来计算时长。

实例分享

关联强、疗程弱，能否真正提升客品数

东北某连锁药店 A 店销售额持续下滑，分析其数据发现问题出在了客单价这个指标上。大家知道：客单价＝客品数 × 品单价。分析师发现：品单价没有出现明显变化，

那么问题出现在客品数上。客品数＝客品次 × 疗程盒数。继续分析发现：客品次没有明显变化，聚焦疗程盒数发现：整体偏低。所以，问题出在疗程盒数上。客品次反映了关联能力，疗程盒数反映了疗程能力。疗程盒数低说明疗程能力不足。瑞商网行业数据研究显示：中西成药客品数建议参考值为3.2，客品次和疗程盒数建议参考值均为1.8。下表中显示的疗程盒数显然与参考值差距较大。

中西成药			
时间	客品数	客品次	疗程盒数
8月	2.78	1.85	1.48
9月	2.69	1.84	1.46
10月	2.63	1.83	1.44

鉴于此，11月初分析会上，分析师要求该连锁药店提升疗程能力，并给出了如下建议：

（1）梳理疗程药品目录，设计疗程药品的销售话术，并有针对性地对员工进行培训。

想要提升疗程盒数必须明确区分疗程商品，根据区分结果设计销售话术并进行店员培训，提升店员的疗程销售能力；并根据疗程销售数据评估，发现问题及提出解决方案，以便后期进行疗程销售的调整。

药品名称	一句话疗程用药话术
安眠补脑口服液	纯中药制剂，益气滋肾，养心安神。5盒一个疗程，您可以先拿一个疗程的
三九胃泰颗粒	三九胃泰适用于治疗浅表性胃炎，胃病属于慢性疾病，一般是15天为一个疗程。一盒可以服用3天，您可以先拿一个疗程的

（2）改变店员的拿药习惯，由拿一盒改为“一把抓”(按疗程拿药)。

很多店员都有一个销售陋习，那就是顾客要什么就给什么，顾客要多少就给多少。这种销售行为十分被动，不利于客品数的提升。例如：某顾客进店点名说要购买一盒前列舒乐胶囊，这时候大多数店员都是直接拿给顾客一盒药物。但前列舒乐胶囊属于疗程药物，一般15天为一个疗程，需要连续服用3～4个疗程。因此店员应给顾客说明情况后，递送一个疗程的前列舒乐胶囊给顾客，如此一来疗程盒数不仅得到显著提升，同时在“一把抓”的过程中增加了与顾客沟通的机会。

（3）店内氛围环境布置，增加顾客服务。

门店应设计、制作爆炸贴以提醒顾客按疗程服药疗效更好。同时增加对慢性病顾客的服务，增强他们的忠诚度，自然提升疗程商品的销售量。

一个月过后，分析师再次检核数据发现：疗程盒数较10月有11%的提升。经与店长沟通：目前门店按照“一把抓”的方式进行拿药，同时也在进行疗程用药的培训，并在销售环节有意识告知顾客疗程用药的好处。店员在逐渐养成疗程用药的推荐习惯，因此门店整体在疗程盒数上有了明显的增长。具体数据见下表。

中西成药			
时间	客品数	客品次	疗程盒数
8月	2.78	1.85	1.48
9月	2.69	1.84	1.46
10月	2.63	1.83	1.44
11月	2.91	1.81	1.61

资料来源：小瑞．关联强、疗程弱，能否真正提升客品数？ http://www.ruisy.com.cn/content.aspx?id=14152&catid=48.

五、会员流失率分析和会员池管理

（一）会员流失率分析

1. 会员流失率的定义

根据营销学者赖克海德和萨瑟的理论，一个公司如果将其顾客流失率降低5%，利润就能增加25%～85%。由此可见降低会员流失率，对于企业来讲至关重要。然而随着行业饱和、商业竞争加剧，会员的流失率越来越严重。

各企业对流失的定义不同，可能是7天内没有登录行为（一般一款游戏7天没有再次登录的基本就可以算是流失了），也可以是几个月之内没有交易行为。电商或者O2O公司的流失周期会比较长，它的流失情况也没有像游戏或者内容应用那样容易判断。

会员流失率的计算公式如下：

会员流失率＝某段时间内流失的会员数 ÷ 起初有效会员总数 ×100%

这个指标反映了会员的流失速度，也反映了企业运营状况。它和会员增长率是一对相反的指标，建议门店同时追踪这两个指标。

2. 会员流失的类型

会员流失有其合理的一面，例如对于定位20～30岁顾客的化妆品品牌来说，会员年龄变大自然就会流失；再比如对于超市来说，如果会员搬家了，流失也是合理的。

会员流失分为以下几种类型：

（1）刚性流失。可以进一步分为新会员水土不服型和老会员兴趣转移型，这部分流失是无法挽留的，缘尽于此，花再多的钱也没什么用，毕竟强扭的瓜不甜。所以应该尽量将这部分会员剥离出来，避免不必要的投入。

（2）体验流失。可能是应用体验、服务体验、交易体验、商品体验等，总之就是在使用产品、服务的过程中，感到了一丝不爽，正所谓一言不合就流失。对于门店而言，当然是要找到哪个环节让会员感受到了不爽并及时维护，尽最大努力减少体验流失。

（3）竞争流失。可能是竞争对手的体验更好，也可能是竞争对手推出了更优惠的政策。门店也需要抓住行业的动态，针对竞争对手的抢粉行为做出相应的行动，以避免竞争所带来的流失。

3. 降低会员流失率的措施

正如管理学大师彼得·德鲁克所言："衡量一个企业是否兴旺发达，只要回头看其身后的顾客队伍有多长就一清二楚了。"那么，如何才能降低会员流失率呢？从流程上来说，只有及时监控会员流失数据，找到会员流失的环节，确定会员流失的原因，才能对症下药，降低会员流失率，如图 3－16 所示。

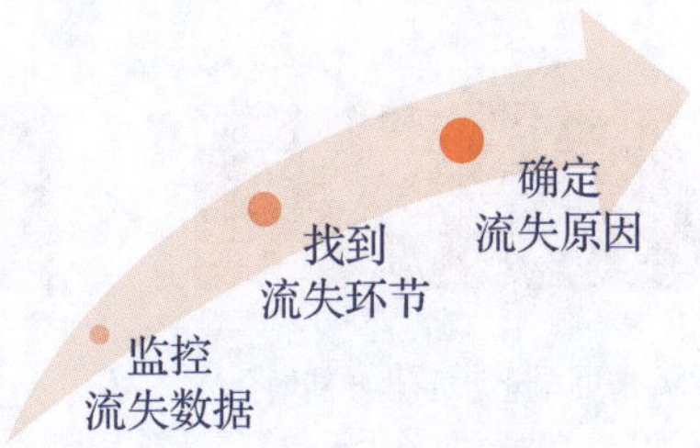

图 3－16　降低会员流失率的措施

（二）会员池管理

会员制度能够给会员消费人群带来不同的礼遇与服务，从而增强会员的黏性。会员制度发展至今，几乎渗透到商业的各个领域，大型购物中心、超市、酒店、航空业、地产业等都在实行会员制度。如今，在大数据的驱动下，会员运营不断升级，其重要程度也随之增加，会员池的概念应运而生。

1. 会员池的定义

随着流量红利的消失，门店获取新客的成本越来越高。如何让老会员复购，从老会员那儿不断获取收益，成为众多门店想要重点投入的营销主战场。因此，为大量会员构建会员池成为必然选择。可以用一个简单的公式表示会员池的定义：

会员池＝新增会员数＋无效会员数＋复购会员数

一个健康的会员池中三类会员的合理占比约为 2∶2∶6，即新增 20%，无效 20%，复购 60%，如图 3－17 所示。

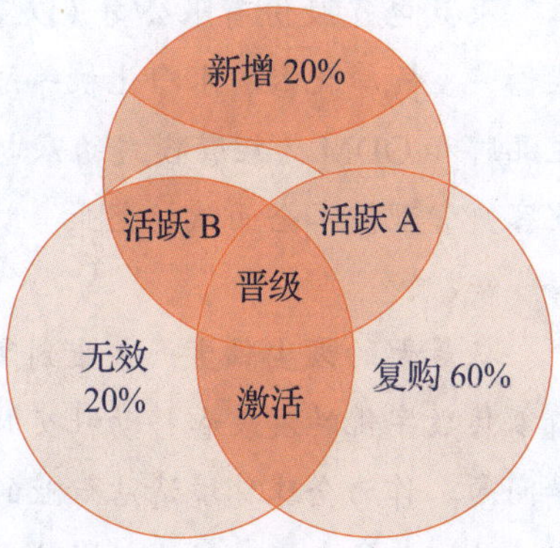

图 3－17　会员池合理结构示意图

2. 会员终身价值

会员终身价值是指门店从与会员的所有互动中所得到的全部经济收益的总和。该指标通常被应用于市场营销领域，用于衡量门店用户对门店所产生的价值，被定位为门店能否取得高利润的重要参考。

会员终身价值包含以下三部分内容：

（1）现有会员盈利能力。

即会员池中已有会员给门店带来的收益，主要是购买使用门店提供的产品或服务并不断重复购买使用，这是最基础的，也是门店应当首先要实现的。

（2）其他价值。

会员除了复购给门店带来的收益外，还能带来其他的价值，比如一名会员将使用过的门店的产品推荐给他的朋友购买。

（3）门店未来收益。

会员信息在会员池中沉淀的数据也是宝贵的资源，是会员资产的收益之一。

3. 会员资产核心成功指标

门店要有效利用会员池，需要明确会员资产核心成功指标，主要包括品牌流量池、消费转化率和单客贡献，如图 3－18 所示。

图 3－18　会员资产核心成功指标

实例分享

瑞泰信息如何助力莱克会员管理数字化升级

莱克电气股份有限公司（以下简称“莱克”）是一家以高速电机为核心技术，以吸尘器、空气净化器、水净化机等绿色智能小家电产品和园林工具产品为主营业务，以自主品牌和 ODM 为经营模式的家电企业。莱克借助瑞泰信息打造会员管理系统，以数字化客户管理技术全面赋能企业，助力企业实现可持续发展。

一、合作背景

从最大的吸尘器生产企业到高端清洁电器引领者，莱克对创新的探索从未止步。随着零售数字化的发展和移动社交时代的到来，莱克出现了门店客流减少、约客成本上升等问题。作为全球环境清洁行业的龙头企业，莱克迫切需要一套全渠道会员管理系统来突破传统营销束缚，助力新增长。

为此，瑞泰信息帮助莱克打造了基于客户生命周期的会员管理系统，通过数据洞察、活动分析，提高客户忠诚度和复购率，以数字化客户管理技术全面赋能企业，有效驱动企业长期发展。

二、方案内容

全新的会员管理系统助力莱克实现线上、线下客户数据统一管理，连接会员，持续互动，提高客户品牌忠诚度和黏度；去中心化吸粉引流以服务于用户转化购买。

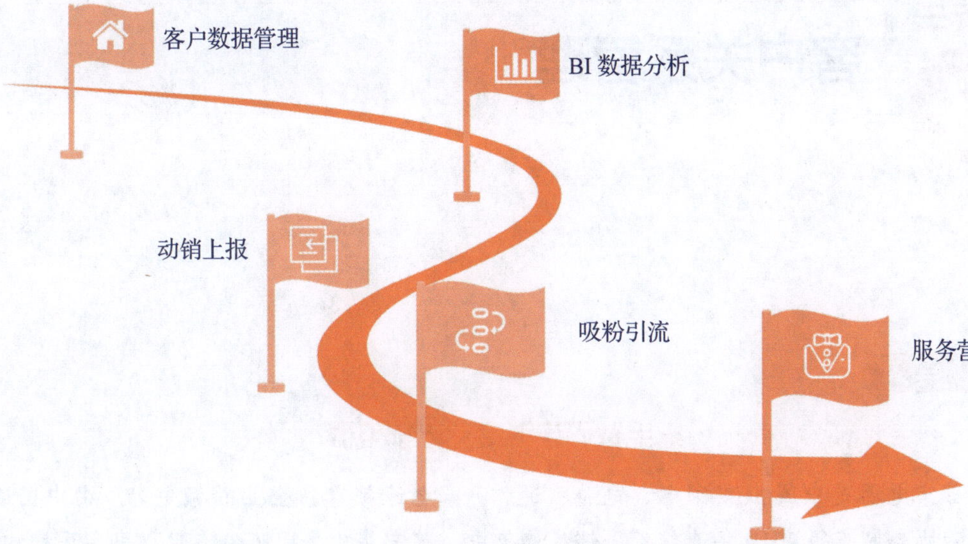

莱克 CRM 项目里程碑

莱克会员管理系统的上线，使其可以获得以下收益：

1. 统一会员数据

将 ERP、服务系统、微信会员数据打通，实现会员数据统一管理；整合会员多维度信息，建立会员 360 度视图，包括会员基本信息、消费信息、服务信息等；结合 PowerBI 来进行客户数据多维度分析，如分布、特征、价值、复购等，为客户细分、营销服务提供数据支持。

2. 门店移动应用

门店导购员拥有唯一二维码，可邀请到店客户进行微信关注；通过动销登记来获得客户信息以实时了解销售情况，开展客户服务和关怀；通过产品展示中心的介绍视频、图片，辅助导购员销售，赋能导购员。

3. 会员等级权益体系

基于客户消费等数据来对会员进行分级，设定等级晋升规则以自动进行等级变更，不同的等级享有不同的权益；设定积分规则以自动计算积分，包含消费积分规则、行为积分规则；会员可在服务号绑定产品，查询“我的会员权益”。

4. 营销活动与复购

通过邀请入会来获得客户信息，以抽奖的方式引导客户获取上门服务，产生销售线索，分派门店跟进；基于会员的属性对会员进行分组，以便于进行针对性的营销活动；基于系统设定的保养 / 耗材更换的周期，及时对客户进行提醒。

资料来源：http://www.rektec.com.cn/16/92.html.

单元三 3 客户关系管理

案例导入

家电数码连锁企业苏宁电器

苏宁电器是中国 3C（家电、电脑、通信）家电连锁零售企业的领先者。由中国连锁经营协会发布的 2019 年连锁百强销售榜单中，苏宁易购集团股份有限公司高居榜首。以 SAP/ERP 为核心的苏宁信息化平台在国内商业零售领域是第一家。

苏宁实现了全会员制销售和跨地区、跨平台的信息管理，统一库存、统一客户资料，实行一卡式销售。苏宁各地的客服中心都是以 CRM 系统为运作基础的。CRM 系统将自动语言应答、智能排队、网上呼叫、语音信箱、传真和语言记录功能、电子邮件处理、屏幕自动弹出、报表功能、集成中文 TTS 转换功能、集成 SMS 短消息服务等多项功能纳入其中，建立了一个覆盖全国的对外统一服务、对内全面智能的管理平台。

依托数字化平台，苏宁会员制服务全面升级，店面全面升级为会员制销售模式，大大简化消费者的购物环节，方便消费者。现在，累积积分可以冲抵现金，成为苏宁吸引消费者的一个重要因素。

目前苏宁针对会员消费者，推出会员价商品、会员联盟商家、会员特色服务等专项服务内容。比如某一款产品限量特价之后，顾客荣誉卡里记录着该消费者的信息，苏宁可以提前通知这些有意向购买这款产品的消费者，把优惠给予他们，而不需要他们排队。

资料来源：刘凌．零售业 CRM 实施案例应用．（2018-08-08）[2021-08-08]．http://www.linkshop.com.cn/Web/Article_News.aspx?ArticleId=96051.

思考：

1. 苏宁的 CRM 有何特点？
2. 数字化转型下的企业如何提升客户服务水平？

一、客户关系管理的定义、功能与作用

（一）客户关系管理的定义

客户关系管理（Customer Relationship Management，简称 CRM）是一个不断加强与顾客交流、不断了解顾客需求并不断对产品及服务进行改进和提高，以满足顾客需求的连续过程。门店应以与顾客关联的数据（如频次、人数、消费额等）来统计衡量客户关系管理的结果。

CRM 是一个获取、保持和增加可获利客户的方法和过程。CRM 既是一种崭新的、国际领先的、以客户为中心的企业管理理论、商业理念和商业运作模式，也是一种以信息技术为手段，有效提高企业收益、客户满意度、雇员生产力的具体软件和实现方法。

CRM 的实施目标就是通过全面提升企业业务流程的管理来降低企业成本，通过提供更快速和周到的优质服务来吸引和保持更多的客户。作为一种新型的管理机制，CRM 极大地改善了企业与客户之间的关系，在企业的市场营销、销售、服务与技术支持等与客户相关的领域实施。

客户关系管理的常用工具是 CRM 软件系统。随着 5G 移动网络的部署，CRM 已经进入了移动时代。云计算的全球化使得传统 CRM 软件已逐渐被 Web CRM（又称为“在线 CRM”“托管型 CRM”“按需 CRM”）所超越。越来越多的客户倾向于采用 Web 来管理 CRM 等业务应用程序。

作为解决方案的 CRM 集合了当今最新的信息技术，包括 Internet 和电子商务、多媒体技术、数据仓库和数据挖掘、专家系统和人工智能、呼叫中心等。作为应用软件的 CRM，则凝聚了市场营销的管理理念。市场营销、销售管理、客户关怀、服务和支持构成了 CRM 软件的基石。

综上所述，客户关系管理（CRM）有三层含义：

（1）体现为新态企业管理的指导思想和理念；

（2）是创新的企业管理模式和运营机制；

（3）是企业管理中信息技术、软硬件系统集成的管理方法和应用解决方案的总和。

（二）客户关系管理的功能

客户关系管理的功能可以归纳为 3 个部分，如图 3－19 所示。

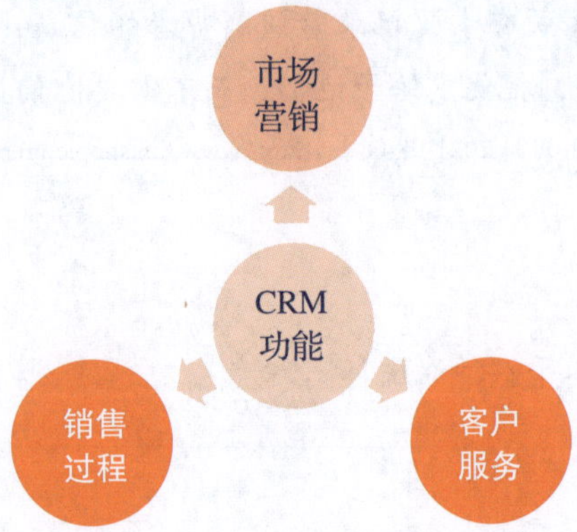

图 3－19　客户关系管理的功能

1. 市场营销

客户关系管理系统在市场营销过程中可以有效地帮助市场人员分析现有的目标客户群体，如主要客户群体所集中的行业、年龄层次或地域等，从而实现精准的市场投放。除此之外，客户关系管理在市场营销过程中还可以有效分析每一次市场活动的投入产出比，根据与市场活动相关联的回款记录及开展市场活动的报销单据做计算，就可以统计出所有市场活动的效果报表。

2. 销售过程

销售是客户关系管理系统中的重要组成部分，主要包括潜在客户、客户、联系人、业务机会、订单、汇款单等模块。业务员通过记录沟通内容、建立日程安排、查询预约提醒、快速浏览客户数据，有效缩短了工作时间。另外，大额业务提醒、销售漏斗分析、业绩指标统计、业务阶段划分等功能可以有效帮助管理人员提高门店的成单率，缩短销售周期，从而实现业务的最大效益。

3. 客户服务

客户服务主要用于快速及时地获取问题客户的信息及客户历史问题记录等，这样可以有针对性并有效地为客户解决问题，提高客户满意度，提升门店形象。有些客户关系管理系统还会集成呼叫中心系统，可以缩短客户服务人员的相应时间，对提高客户服务水平也起到了很好的作用。

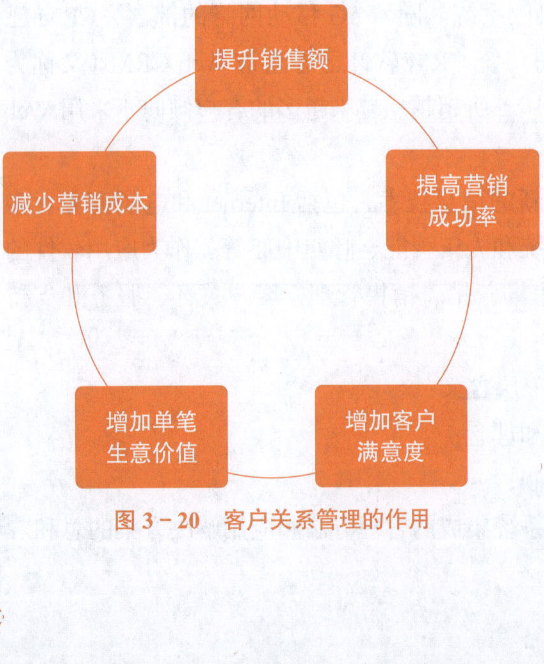

图 3－20　客户关系管理的作用

（三）客户关系管理的作用

建立强大的客户关系管理系统将给门店带来可以衡量的显著效益。根据 IT 市场研究机构 ISM（Information Systems Marketing）的研究，在客户关系管理系统上投入资金、时间和人力是有很大好处的，具体表现在以下 5 个方面，如图 3－20 所示。

1. 提升销售额

据统计，在实施客户关系管理的前 3 年内，每个销售代表的年销售总额至少增长 10%。之所以获得这样的收益，是由于客户关系管理使销售人员工作更有效，同时为财务金融策略提供政策支持，使门店的资源得到合理利用，从而提高门店的销售收入，改善市场营销效果。

2. 减少营销成本

在实施客户关系管理的前 3 年内，一般的市场销售费用和管理费用至少减少 5%。因为市场营销人员可以更有针对性地向目标客户发放他们所需要的资料，优化了业务流程，提高了快速响应和应变能力，从而减少了不必要的人力和财力的浪费，减少了营销成本。

3. 提高营销成功率

在实施客户关系管理的前 3 年内，市场成功率至少提升 5%。因为销售人员辨别和选择机会时可以更仔细，及时放弃不好的机会，将精力集中于具有高成功率的营销机会。

4. 增加单笔生意价值

在应用客户关系管理过程中，每笔生意价值至少增加 1% 的边际利润。因为销售人员可以与那些经过仔细选择的客户群更紧密地合作，这些客户群像注重折扣一样注重价值销售，所以销售人员趋向于更少打折。

5. 增加客户满意度

通过建立客户关系管理，客户满意率至少增加 5%。因为客户能更快获得所需信息，获得更好的服务，推动了门店文化的变革，为适时调整内部管理提供依据。

二、客户分级及其管理

客户分级是企业依据客户的不同价值将其区分为不同的层级，然后分别对不同层级的客户进行管理与服务的过程。

(一) 为什么要进行客户分级

1. 不同客户带来不同价值

尽管每个客户的重要性不言而喻，但由于购买力、购买欲望、服务维系成本等方面的差异，每个客户能给门店带来的收益是不同的。对门店来讲，有一些客户比另一些客户更有价值。

国外的一份统计资料表明，23% 的成年男性消费了啤酒总量的 81%，16% 的家庭消费了蛋糕总量的 62%，17% 的家庭购买了 79% 的即溶咖啡。也就是说，大约 20% 的客户消费了产品总量的 80% 左右，其余 80% 的客户只消费了产品总量的 20%。

二八原理告诉我们：20% 的客户贡献了 80% 的销售额，客户有大小，贡献有差异。每个客户带来的价值是不同的，有的客户提供的价值可能比其他客户高 10 倍、100 倍，甚至更多，而有的客户并不能给门店带来多少利润，甚至会吞噬其他客户带来的利润。为了更好地服务不同性质的客户，特别是 20% 的关键客户，提升运营效率与效果，客户分级就显得尤为重要了。

2. 门店资源的合理分配

按照经济学的理论，市场中的资源是有限的，门店是市场中的主体之一，其资源更是有限的，无论多大的门店，其能使用的资源都普遍具有稀缺性。如何将门店有限的资源应用到能使门店获利最大化这个刀刃上，是门店管理战略制订的关键，这就需要门店明确地将资源用在关键客户、能为门店创造大的盈利的客户身上，满足他们的需求，从而实现门店盈利的最大化，实现门店资源的合理配置，达到经济性的要求。现实中有些门店对所有客户一视同仁，无论是能带来盈利的好客户，还是无法带来盈利甚至会带来亏损的差客户都平等对待，其结果往往是成本增加、利润下降。

3. 提升客户服务水平的必然选择

这也是众多门店实施 CRM 的一个主要目标。CRM 系统整合与记录门店各个部门所接触的客户资料，并对这些资料进行统一管理。通过对这些客户信息的分析和挖掘，深入了解客户的需要，发现门店的高价值客户，从而向客户提供更加具有针对性、更加专业化的服务。

综合来讲，从理论与现实中的分析结果来看，必须依照客户为门店创造价值的大小对其进行分级管理，以实现门店资源的有效配置，达到效率和经济的目的。

清楚地了解客户层级的分布之后，即可依据客户终身商业价值来策划配套的客户关怀项目，针对不同客户群的需求特征、消费行为、期望值、信誉度等制订不同的营销策略，配置不同的市场销售、服务和管理资源，对关键客户定期拜访与问候，确保关键客户的满意度，借以刺激有潜力的客户升级至上一层，使门店在维持成本不变的情况下，创造出更多的价值和效益。

（二）如何对客户分级

门店对客户的分级要在开发客户之后判断客户价值的高低，用事实和数据来衡量。门店根据客户为门店所创造价值的大小，可以得到一个客户金字塔模型（如图 3－21 所示），给门店创造价值最大的客户位于客户金字塔模型的顶部，给门店创造价值小的客户位于客户金字塔模型的底部。

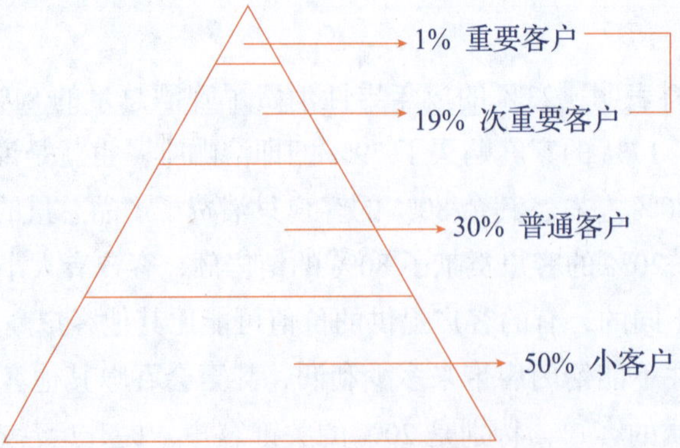

图 3－21　客户金字塔模型

1. 关键客户

关键客户是门店的核心客户，一般占门店客户总数的20%，门店80%的利润靠他们贡献，是门店的重点服务对象。关键客户由重要客户和次重要客户构成。

（1）重要客户。

重要客户是客户金字塔中最高层的客户，是能够给门店带来最大价值的一小部分客户。重要客户往往是产品的重度用户，他们对门店忠诚，是门店客户资产中最稳定的部分；他们为门店创造了绝大部分的和长期的利润，而门店对此却只需支付较低的服务成本；他们往往对价格不敏感，也乐意试用新产品，还可帮助门店介绍新客户，为门店节省开发新客户的成本；他们不但有很高的当前价值，而且有巨大的增值潜力，其业务总量在不断增大，未来在增量销售和交叉销售等方面仍有潜力可挖。

重要客户是最有吸引力的一类客户，可以说门店拥有重要客户的数量决定了其在市场上的竞争力。

（2）次重要客户。

次重要客户是除重要客户以外，给门店带来最大价值的前19%的客户。次重要客户也许是门店产品和服务的大量使用者，或者是中度使用者，但是他们对价格的敏感度比较高，因而为门店创造的利润和价值没有重要客户创造的那么高，他们也没有重要客户那么忠诚。为了降低风险，他们会同时与多家同类型的门店保持长期联系，他们也在真诚积极地为本门店介绍新客户，但在增量销售和交叉销售等方面可能已经没有多少潜力可供进一步挖掘。

2. 普通客户

普通客户是除重要客户与次重要客户之外的为门店创造最大价值的客户。普通客户包含的客户数量较大，但他们的购买力和忠诚度能够带来的价值却远比不上重要客户与次重要客户，不值得门店去特殊对待。

3. 小客户

小客户是客户金字塔中最底层的客户，是除了上述三种客户以外剩下的大部分的客户。小客户数量大，一般个体购买量不多，带来的价值远远比不上关键客户和普通客户。

客户数量金字塔和客户利润金字塔的对应关系如图3－22所示，体现了客户类型数量分布和创造利润能力之间的关系。门店应该为利润贡献最大的关键客户提供最优质的服务，配置最强大的资源，并加强与这类客户的联系，从而使门店的盈利能力最大化。

（三）客户的分级管理

客户分级管理通常是指门店在依据客户带来价值的多少而对客户进行分级的基础上，有针对性地对不同级别的客户进行相应的管理，同时积极提高各级客户在客户金字塔中的级别。

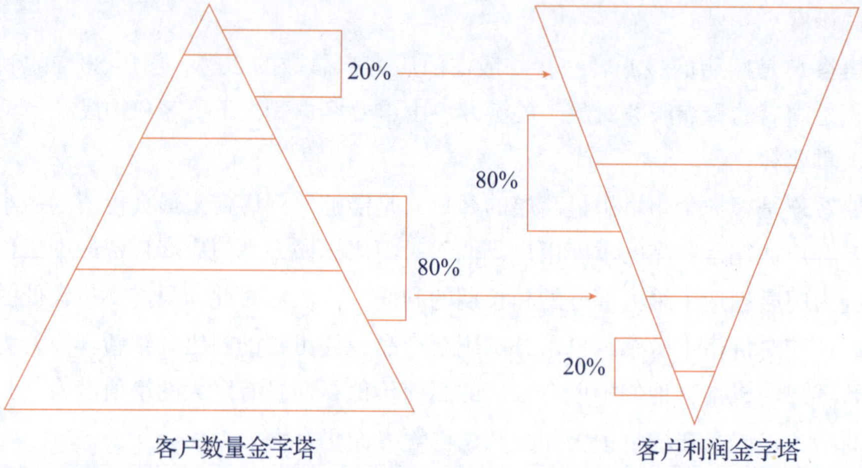

图 3 - 22 “客户数量金字塔”和“客户利润金字塔”的对应关系

1. 关键客户的管理

关键客户是门店可持续发展最重要的保障之一，因而关键客户的管理，在门店管理中处于重要的地位。关键客户管理得成功与否，对门店经营业绩具有决定性的影响。一般来说，门店花了很大的代价才使与关键客户的关系进入稳定良好的状态，而竞争者却总是瞄准这些客户，并伺机发动进攻，而一旦失去关键客户，会使门店的生产经营受到很大伤害。因此，门店必须认真维护好与关键客户的关系，只有牢牢抓住关键客户这个龙头，才能保证门店持续稳定地发展，才能使门店保持竞争优势。关键客户管理的目标是提高关键客户的忠诚度，并且进一步提高关键客户给门店带来的价值，为此要做到如下几个方面：

第一，关键客户服务机构要为门店高层管理者提供准确的关键客户信息，协调技术生产。首先，企划、销售、运输等部门应根据关键客户的要求设计不同的产品和服务方案；其次，关键客户服务机构要负责联系关键客户，利用客户数据库分析每位关键客户的交易时间，注意了解关键客户的需求和采购情况，及时与关键客户就市场趋势、合理的库存量进行商讨；最后，关键客户服务机构要关注关键客户的动态，强化对关键客户的跟踪管理，对出现衰退和困难的关键客户要进行深入分析，必要时伸出援手。

当然，关键客户的服务是一项涉及多部门且要求非常细致的工作，需要门店各部门无边界协同，各个部门和员工以整体利益为重，主动承担责任，追求协同效率和效果的最大化。

第二，集中优势资源，服务于关键客户。即为了进一步提高门店的盈利水平，按照帕累托定律的反向操作，就是要为 20% 的客户付出 80% 的努力，门店要将有限的资源用在前 20% 的最有价值的客户身上，用在能为门店创造 80% 利润的关键客户身上，好钢用在刀刃上。首先，门店应该准确预测关键客户的需求，主动提供售前、售中和售后的全程、全面和全档次的服务，包括专门定制的精细化的服务，甚至邀请关键客户参与门店产品或服务的研发决策，从而更好地满足客户的需要。其次，要集中优势兵力，加大对关键客户的服务力度，如在销售旺季到来之前，协调生产运输部门，保证在旺季对关键客户的产品供应，避免出现因缺货导致关键客户的不满。当出现货物供应紧张时，要优先保证关键客户的需要。最后，门店要增加关键客户的财务利益，为其提供优惠价格和折扣，提供灵活的支付条件和便利的支付方式，甚至允许关键客户在一定时间内赊账，目的是奖励关键客户的忠诚，提高其流失成本。

第三，通过沟通和感情交流，密切双方的关系。门店应利用一切机会加强与关键客户的沟通和交流，让关键客户感觉到双方之间不仅仅是买卖关系，还是合作关系、双赢关系，要有计划地拜访关键客户，经常性地征求关键客户的意见，及时有效地处理关键客户的投诉或者抱怨，充分利用多种手段与关键客户进行沟通。

总之，门店与客户之间的关系是动态的，门店识别关键客户也应该是一个动态的过程。一方面，现有的关键客户可能因为自身的原因或门店的原因而流失；另一方面，又有新的关键客户与门店建立关系。因此，门店既要对关键客户的动向做出及时反应，避免现有关键客户的流失，又要及时对新出现的关键客户采取积极的行动。

2. 普通客户的管理

根据普通客户给门店创造的利润和价值，对于普通客户的管理，主要强调提高客户级别和控制服务成本两个方面。

针对有升级潜力的普通客户，要努力培养其成为关键客户。门店可以通过引导创造，增加普通客户的需求，鼓励普通客户购买更高价值的产品或者服务，如饭店鼓励客户消费更贵的菜等，来提高普通客户创造的价值，提高其贡献度。为此，门店要设计鼓励普通客户增加消费的项目，如一次性购买或累计购买达到一定标准的客户给予相应级别的奖励，或者让其参加相应级别的抽奖活动等，以鼓励普通客户购买更多的产品或服务。

针对没有升级潜力的普通客户，可降低服务成本。门店可以采取维持战略，在人力、财力、物力等方面不增加投入，甚至减少促销努力，以及要求普通客户以现款支付甚至提前预付。另外还可以缩减对普通客户的服务时间、服务项目、服务内容，甚至不提供任何附加服务，以降低服务成本。例如，航空公司用豪华轿车接送能带来高利润的关键客户，而普通客户则没有此待遇。

3. 小客户的管理

长尾理论（如图 3 - 23 所示）告诉我们，不要忽视众多小客户的集体力量。将长尾理论运用到客户分级管理当中，就是要把握住 80% 的长尾客户（即相对于大客户而言的小客户）。虽然他们购买力不强，消费行为不活跃，但是全部集中起来，可能会创造出比大客户所创造的价值更大的价值。因此，门店应重视并且运用更有效的手段管理小客户，从而为门店带来更大的利润。

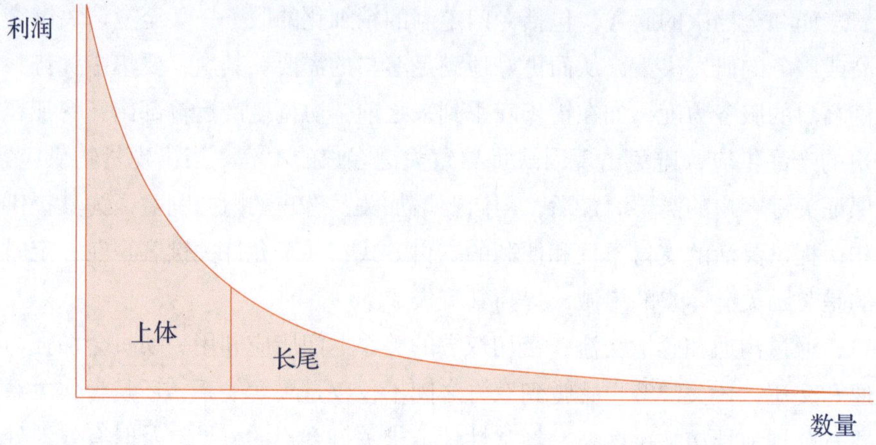

图 3-23 长尾理论

首先，针对有升级潜力的小客户，要努力培养其成为普通客户甚至关键客户。门店应该给予有升级潜力的小客户更多的关心和照顾，帮助其成长，挖掘其升级的潜力，那么伴随着小客户的成长，门店的利润就可以不断地提高。

其次，针对没有升级潜力的小客户，可以提高服务价格，降低服务成本。小客户不等于坏客户，对于没有升级潜力的小客户，有的门店的做法是坚决剔除，不再与其联系和交易，但是这种做法过于极端并不可取，小客户帮助门店创造和形成规模优势，在降低门店成本方面功不可没。聚沙可以成塔，集腋可以成裘，保持一定数量的小客户是门店实现规模经济的重要保证，是门店保持市场份额、保持成本优势、遏制竞争者的重要手段。

4. 淘汰劣质客户

实践证明，并非所有的客户关系都值得保留，劣质客户会吞噬、蚕食门店的利润。与其让他们消耗门店利润，还不如及早压缩、减少甚至终止与其业务往来以减少利润损失，使门店的资源能够投到其他客户群体中去。

总之，门店针对不同级别的客户采取分级管理和差异化的激励措施，可以使关键客户享受门店提供的特殊待遇，并激励他们努力保持这种尊贵地位，同时刺激有潜力的普通客户向关键客户看齐，鞭策有潜力的小客户向普通客户甚至关键客户看齐，这样就可以使门店在其他成本不变的情况下产生可观的利润增长，这就是对客户进行分级管理的理想境界。

知识拓展

基于 RFM 模型的顾客分类

客户价值分析模型简称 RFM 模型，是衡量客户价值和客户创利能力的重要工具与手段。RFM 模型通过一个客户的近期购买行为、购买的总体频率以及交易金额，来描述该客户的价值状况。

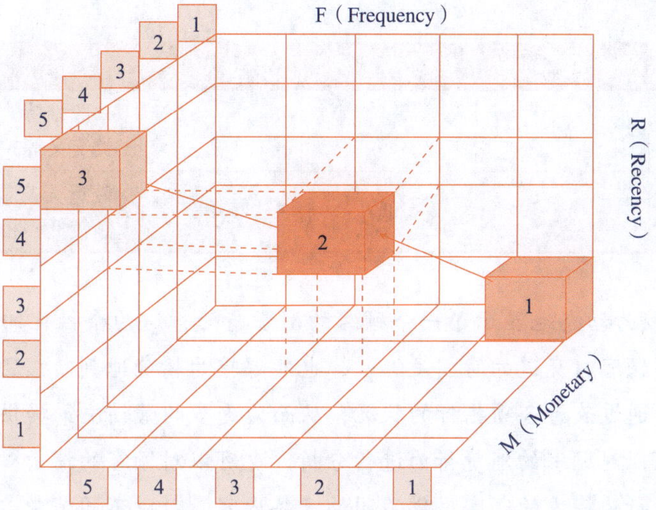

RFM 模型

- R（Recency）：顾客最近一次交易时间的间隔。R 值越大，表示顾客交易发生的日期越久，反之则交易发生的日期越近。
- F（Frequency）：顾客在最近一段时间内交易的次数。F 值越大，表示顾客交易越频繁，反之则表示顾客交易不够活跃。
- M（Monetary）：顾客在最近一段时间内交易的金额。M 值越大，表示顾客价值越高，反之则表示顾客价值越低。

以上 3 个指标再分别细分出 5 个维度，这样就能够细分出 5×5×5 = 125 类顾客，再根据每类顾客精准营销。125 类顾客显然已超出普通人脑的计算范畴，更别说针对 125 类顾客量体定制营销策略了。实际运用中，我们只需要把每个维度做一次两分即可，这样在 3 个维度上我们依然得到了 8 组顾客。

基于 RFM 模型的顾客分类

类型	R（越低越好）	F（越高越好）	M（越大越好）	特征
重要价值顾客	低	高	大	优质顾客，提高顾客满意度，以便增加留存
重要保持顾客	高	高	大	最近未购买，需要做触达，以防流失
重要发展顾客	低	低	大	高需要顾客，挖掘顾客特征，提高购买频率
重要挽留顾客	高	低	大	潜在有价值顾客，需要重点挽留
潜力顾客	低	高	小	有潜力发展成优质顾客，消费升级
有推广价值新客	低	低	小	新客，有推广价值

续表

类型	R（越低越好）	F（越高越好）	M（越大越好）	特征
一般维持顾客	高	高	小	一般维持，需要深挖特征（品类交叉等）
流失顾客	高	低	小	最近无交易且频率、交易金额较低，相当于流失

RFM 模型较为动态地显示了一个顾客的消费行为，这为个性化的沟通和服务提供了依据。如果与顾客打交道的时间足够长，也能够较为精确地判断该顾客的长期价值甚至是终身价值，通过改善 3 项指标的状况，从而为更多的营销决策提供支持。

顾客分类可以对顾客的消费行为进行分析，也可以对顾客的消费心理进行分析。企业可以针对不同行为模式的顾客提供不同的产品内容，针对不同消费心理的顾客提供不同的促销手段等。

典型业务决策

顾客细分	典型业务决策
重要价值顾客	倾斜更多资源，VIP 服务，个性化服务，附加销售
重要保持顾客	DM 营销，提供有用的资源，通过续订或更新的产品吸引他们
重要发展顾客	交叉销售，提供会员忠诚计划，推荐其他产品
重要挽留顾客	重点联系或拜访，提高留存率
潜力顾客	向其销售价值更高的产品，要求评论，吸引他们
有推广价值新客	社区活动，提供免费试用，提高顾客兴趣，创建品牌知名度
一般维持顾客	积分制，分享宝贵的资源，以折扣推荐热门产品 / 续订，与他们重新联系
流失顾客	恢复顾客兴趣，否则暂时放弃无价值顾客

三、客户关系管理的思路

（一）以营销思想和信息技术为两翼

1. 客户关系管理必须以营销思想为支撑

不论时代怎么发展，科学技术如何进步，客户关系管理都必须以客户为中心，以营销思想为支撑，通过了解和掌握客户需求，为客户提供个性化的优质服务以满足客户需求，并且不断提高客户的满意度和忠诚度，从而提高门店的经营效率，实现销售收入的增长、市场份额的增加，以及门店盈利能力和竞争力的提高。

2. 客户关系管理必须以信息技术为支撑

虽然过去传统的客户关系管理可以不依赖信息技术，但在信息技术如此发达和重要的今天，客户关系管理必须以信息技术等科技为支撑，充分利用数据库、数据挖掘、人工智能技术、应用集成技术、移动和互联网技术等现代技术，不断改进和优化与客户相关的全部业务流程，实现电子化、自动化运营。当然，不管采用什么样的信息技术，客户关系管理的目标还是建立并保持与客户之间的关系，挖掘市场机会，规避经营风险，获得稳定的利润。

实例分享

数字化营销，不止于以客户为中心

过去的营销活动都是“以产品为中心”策划与开展的，只要企业产品做得足够好，再广泛持续地投入广告，受众逐步了解与关注产品，并形成品牌记忆，最终会主动地去购买与使用产品。

随着市场经济的深入发展，市场逐渐转向“以客户为中心”，谁抓住客户的需求，谁就能在竞争中制胜，即营销活动也要以客户为中心策划与执行。

然而，随着互联网的出现与飞速发展，其对各行业中的企业及其营销活动都产生了十分重大的影响。所以，现代企业的营销仅仅“以客户为中心”还远远不够，还需要打造“以客户为中心的数字化场景”，与客户之间建立一条“快速的数字化通道”，留存好与客户之间互动的数字化数据，形成企业客户的私域数据库。

此时，仍旧依靠粗放式的广告与客户建立连接已然失效，因为互联网时代信息爆炸式增长，客户很难在茫茫的信息流中发现企业的产品。过去常常说“产品不够，营销凑”，今天还可接着说“营销不够，技术凑”。今天的互联网技术足可以推动企业营销由传统（广告）营销升级为数字营销，把线下业务搬到线上完成业务在线，把线上渠道融合线下渠道完成用户协同，最终完成对用户的智能化个性服务。

从文字到图片、从音频到视频、从 PC 互联网到移动互联网，数字化技术自出现以来一直以其独特的效率优势和迅雷不及掩耳之势，全方位地渗透到我们的日常生活与工作当中。工作和生活应用都在线了，人们在互联网的时间越来越多，而互联网上的用户人群更是通过个性、兴趣、观念等被细分成了无数社会群体。产品、广告、渠道、品牌需要更加扁平化，去迎合新一代消费者所崇尚的群体和个性化。

随着 5G 时代的到来和普及，未来将会是一个更加扁平化、更加个性化的用户主权时代。时代的进步与发展，自然要求企业转变经营思维，进行数字化营销，逐步地积累企业自有的用户数据，搭建企业的私域流量池，利用 CRM、CDP 等技术手段实现精准营销，打造以客户为中心的个性化场景，与客户建立更直接、更有温度的连接链路，从而降低营销成本，提升企业营销效果。

资料来源：数字化营销，不止于以客户为中心．(2020-10-27)［2021-08-08］. https://baijiahao.baidu.com/s?id=1681710420283517254&wfr=spider&for=pc.

（二）客户的选择

客户关系的建立就是要让潜在客户和目标客户产生购买欲望并付诸行动，促使他们尽快成为门店的现实客户。为此，门店应做到以下两点：

第一，当没有客户关系时，门店要主动地、努力地建立客户关系，不能守株待兔。

第二，为了便于建立客户关系，也为了便于日后的客户关系维护，门店在建立客户关系之前必须对客户进行选择，不能盲目。

客户状态可以划分为五种：潜在客户、目标客户、现实客户、流失客户、非客户，如图 3-24 所示。

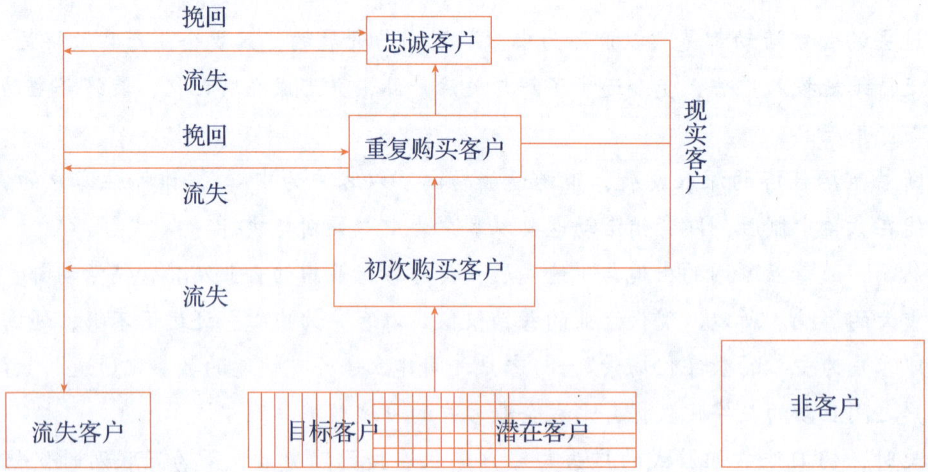

图 3-24　客户状态示意图

1. 潜在客户

潜在客户是指对门店的产品或服务有需求和购买动机，有可能但还没有产生购买的人群。例如，准妈妈很可能就是婴幼儿产品的潜在客户。

2. 目标客户

目标客户是门店经过挑选后确定的力图开发为现实客户的人群。例如，劳斯莱斯把成功人士作为自己的目标客户。

潜在客户与目标客户的区别在于：潜在客户是指有可能购买但还没有购买的客户，目标客户则是门店主动"瞄上"的尚未有购买行动的客户，属于门店"单相思"的对象。当然，潜在客户和目标客户是可以完全重叠或者部分重叠的。

3. 现实客户

现实客户是指已经购买了门店的产品或者服务的人群。

按照客户与门店之间关系的疏密，可以将现实客户分为初次购买客户、重复购买客户和忠诚客户。

（1）初次购买客户（新客户）是对门店的产品或者服务进行第一次尝试性购买的客户。

（2）重复购买客户是对门店的产品或者服务进行了第二次及以上购买的客户。

（3）忠诚客户是对门店的产品或者服务持续地、指向性地重复购买的客户。

4. 流失客户

流失客户是指曾经是门店的客户，但由于种种原因，现在不再购买门店的产品或服务的客户。

5. 非客户

非客户是指那些与门店的产品或服务无关或者因种种原因不可能购买门店的产品或服务的人群。

（三）客户关系的维护

在建立客户关系之后，门店还必须维护好客户关系。

俗话说："打江山易，坐江山难。"同样地，虽说建立客户关系不易，但维护客户关系更难。随着经济与科技的发展，门店之间的产品或者服务的差别也越来越小，市场由卖方市场向买方市场发展，客户的选择余地越来越大，客户流失的风险越来越大，因此留住客户变得越来越难。

客户关系的维护是门店通过努力来巩固并进一步发展与客户长期、稳定关系的动态过程和策略。客户关系维护的目标就是要实现客户的忠诚，特别是要实现优质客户的忠诚，避免客户的流失。

1. 维护客户关系的方法

（1）建立客户档案。

要维护好客户关系，第一步要建立健全客户档案，所谓"好记性不如烂笔头"，不管你有多么聪明的大脑也不可能记住每一个客户的每一个细节。客户档案的内容不仅限于客户的姓名、年龄等，还要包括客户的爱好、家庭情况以及购买的产品类型、使用情况、年限等，越详细越好，这些对于后期维系客户会有非常重要的作用。

（2）拉近与客户的距离。

要想维护客户关系，就要经常与客户联系，多来往关系自然会变好。可以采取电话、短信、微信、QQ 等各种聊天方式与客户取得联系，谈谈他们购买的产品用得如何，聊聊他们的爱好等。

（3）建立客户信誉。

在与客户的交往中一定记得不要轻易许诺，承诺了的事情一旦无法兑现将会降低你在客户心目中的信誉度，所以当客户提出任何要求时，你要多用诸如"我尽量帮你想办法""我帮你打申请报告看领导能不能批"等不肯定的语句，给自己留有周旋余地。当然，事后你还是要想尽一切办法满足客户的要求，这样客户在心目中对你就建立了良好的信誉度，以后就能放心与你合作了。

2. 维护客户关系的原则

（1）互惠互利原则。

销售也是要讲究策略的，很多产品门店是会给业务人员提供优惠的，所以业务人员在跟客户交涉过程中，可以先按市场价来谈，当产品赢得了客户的满意后，在保证利润的前提下可以适当让利给客户，使客户感受到你的诚意，愿意与你合作。其实让利策略如果运用得当，对买卖双方长期合作有百利而无一害。

（2）及时跟踪原则。

门店并不是把产品销售出去就万事大吉了，现在市场上的同类产品很多，竞争相当大，产品销售出去后还要做好后续跟踪，是不是好用，有没有什么问题需要及时解决，以及有些什么功能还可以加以完善等，让客户从心里觉得门店并不是纯粹为了赚钱而销售，而是把产品质量放在第一位的。

（3）利益共享原则。

发展每一笔业务都要记住利益是要共享的，每一次合作的成功都是为下一次合作打下一个良好的基础，如果违背了这一原则，带来的后果就是客户会慢慢流失。

（4）用心倾听原则。

在维护客户关系的过程中，一定要耐心听取客户的意见，并能及时判断客户所要表达的意思，即使遇到不好沟通的客户也要平心静气，积极想办法帮他解决问题，这样客户会从心底里感激，也有利于建立和维护长期合作的关系。

（5）灵活掌控原则。

在维护客户关系的过程中，要把主动权掌握在自己的手中，不能因为客户的三言两语就乱了方寸。此外，要刚柔并济、善始善终，做到真正用心想客户所想、急客户所急。

实例分享

顾客办了会员卡，却很久不来消费，为啥？

四、客户关系管理在可视化数据分析中的应用

（一）CRM 营销与大数据的发展

面对客户的多样化、层次性、个性化需求，大众化营销已失去优势。在数据繁多混乱、市场营销执行力下降的同时，海量数据中隐藏着用户习惯、市场变化、技术走势等有价值的信息，这些信息能够为 CRM 营销带来帮助。

互联网的普及与大数据时代的来临，使数据运算效率和利用效率都有了极大的提高，海量的数据和信息改变着整个世界。CRM 在大数据时代因其便捷性而占据一席之地。CRM 的出现意味着门店运行观念的变化，它改变了以往以门店为中心的惯例，开始更加关心客户，以客户为中心。

在大数据时代，CRM 随着技术的变革而迅速发展。如今，CRM 的发展使不同门店

与不同客户圈建立联系成为可能。作为最有效的 CRM 系统之一，分析型 CRM 因为拥有不同的解决方案而备受市场青睐。

（二）CRM 与大数据加速走向融合

大数据技术让各种类型的数据变成能够快速获得的信息。CRM 作为客户关系管理系统专家，可以帮助门店获得客户资源的管理平台，从容面对大数据时代的到来。大数据、移动应用、CRM 走向融合，移动应用和社交网站也将会更深入融合到企业级解决方案之中，甚至可能成为企业级应用的新入口。越来越多的门店已经或者正在考虑向移动业务平台转型。移动应用对门店业务的渗透，不仅将为传统的管理服务内容注入新的内涵，同时整合了移动应用的管理服务，也是服务提供商提升服务能力和竞争力的重要方向。在这样的环境下，服务提供商的角色也将发生相应的转变。

1. CRM 将带动大数据市场快速成长

按照 CRM 的经营理念，门店应制订 CRM 战略，进行业务流程再造，才能据以实施 CRM 技术和应用系统，从而增强客户满意度，培育忠诚客户，达到实现门店经营效益最大化的目标。在门店的日常工作中，一般的客户关系管理至少要涵盖 4 个层面：运营管理、销售管理、客户服务和技术支持（如图 3－25 所示），以保证门店能适时地与客户密切交流，处理好人、流程、技术三者的关系。

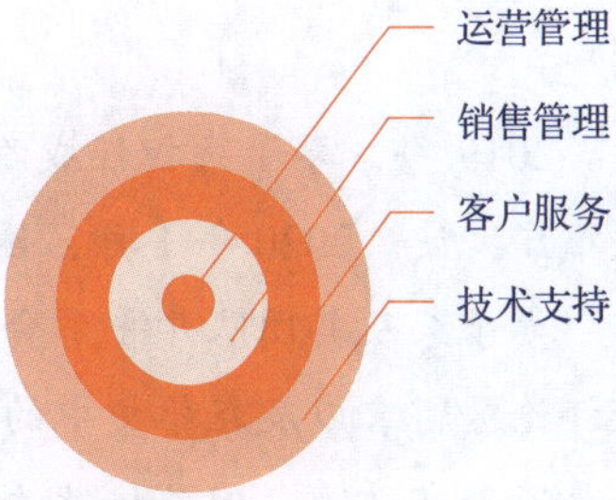

图 3－25　客户关系管理的四个层面

因此，客户关系管理不仅是一个管理理念，更是一套人机交互系统和解决方案，其中贯穿着系统管理、企业战略、人际关系合理利用等思想，能帮助门店更好地吸引潜在客户和留住最有价值的客户。

2. 把握行业趋势，抢占市场先机

随着数据源呈现指数级增长，信息的数量及复杂程度快速扩大，从海量数据中提取信息的能力正快速成为战略性的强制要求。我们可以看到，由于数据的爆发式增长，门店能够从这些海量的数据中快速获得战略决策信息是制胜的关键。为了傲立于不断发展的信息浪尖，大数据的挖掘和分析尤为重要。

在蓬勃发展的中国市场环境中，大数据所带来的机遇前所未有，这将是中国市场的营销者们预期取得大回报的最佳时机，这也正是 CRM 服务商发展的良机。作为以数据为本、以分析为先的 CRM，如此庞大的数据摆在面前势必不能放过。

面对这样的行业发展趋势，相信不管是传统 CRM 服务商还是像八百客这样的国内先行者都在对行业趋势进行探索，然而机会难得，众厂商需加快步伐抢占先机。云计算的烽火未熄，大数据烟花又到，大数据必将成为 CRM 产业的催化剂，使之成为多元化大数据时代营销者的全新利器。

知识拓展

“孩子王”是如何打好“数字化”这张王牌的？

思政园地

口碑胜于一切：李子柒的口碑营销

李子柒，微博知名美食视频博主，微博签约自媒体人，被誉为“东方美食生活家”。2019年中国新闻周刊年度影响力人物、年度文化传播人物。

2016年年初，李子柒开始拍摄手作视频，前期视频从编导、摄像、出演、剪辑都由自己完成。作品题材来源于中国人古朴的传统生活，以中华民族引以为傲的美食文化为主线，围绕衣食住行4个方面展开。李子柒作品中传达出积极向上、热爱生活的态度。

2019年，李子柒担任成都非遗推广大使；同年12月，担任中国农村青年致富带头人推广大使。2020年1月，她持续捐赠抗击新冠肺炎医疗用品。

李子柒及其团队几乎不会在标题或者微博正文来介绍和传播活动，他们更多地采用在评论区留言以及在推文中的结尾提出活动。因此，从表面看上去会认为该动态仅仅是其普通动态之一，但是该做法是符合李子柒个人形象的，使得受众对李子柒更加怀有正面情绪，此举利大于弊。

李子柒将田园乡野美食化作文化载体，表达和展现文化精神。镜头一次次地推敲琢磨，食物步骤的一次次练习，都表现出中华人文精神和中华传统美德，自强不息，勤奋向上。中华优秀传统文化源远流长、博大精深，李子柒在传播时是与时俱进的，用新媒体进行播放，海内外的人都可以了解观看。

共青团中央官方微博曾对她做出如下评价：致敬每一名为梦想拼搏的年轻人，致敬每一名兢兢业业不负时光的少年。祖国因你的勤奋而自豪，奔跑吧。

资料来源：繆葭．李子柒的口碑营销研究．（2020-02-06）[2021-08-08]．https://www.36kr.com/p/1725075947521.

通关练习

一、知识素养

1. 什么是顾客画像？
2. 顾客画像有何作用？
3. 如何构建顾客画像？
4. 如何做好顾客的分级管理？

5. 会员数字化运营指标有哪些？

6. 如何进行会员生命周期管理？

7. 如何做好会员流失率分析？

8. 简述客户关系管理的概念和作用。

9. 如何做好客户关系的维护？

10. 简述客户关系管理在可视化数据分析中的应用。

二、实践操作

1. 请对你所在学校（企业）的同学（同事）消费情况做一个调研，给他们绘制顾客画像。

2. 请对本地的某一家大型连锁企业进行实践性调研，描述其如何在本地区对其大客户进行管理。

3. 调研本地一家连锁超市，结合其发展现状完成以下操作项目：

（1）分析连锁超市如何对客户进行分级管理。

（2）分析连锁超市在客户关系管理中如何运用数字化技术。

模块四

门店 QSC 建设与现场管理

学习目标

知识目标

- 掌握 QSC 标准的定义；
- 了解制定 QSC 标准的意义；
- 掌握制定 QSC 标准的原则和要点；
- 了解 QSC 标准执行与监督的流程；
- 了解 GRPI 高绩效团队模型的要素；
- 掌握门店员工成长通道的设计分类和设计步骤；
- 掌握门店现场人、货、设备的管理要点；
- 掌握 5S 现场管理方法与操作要点。

能力目标

- 能够制定门店现场的商品质量、服务质量、卫生清洁方面的工作标准；
- 能够监督、评价现场服务人员的具体工作，提高 QSC 水平；
- 能够根据团队建设的“5P”要素，对员工队伍的基本建设进行管理；
- 能够根据门店运营需求，做好员工队伍储备计划和管理；
- 能够熟练掌握门店常用设备的使用和养护方法；
- 能够根据门店运营需求，做好商品的订货、收货和存货管理。

思政目标

- 培养学生爱岗敬业的精神和责任心；
- 培养学生良好的职业习惯和精益求精的工匠精神；
- 培养学生坚定的信念和积极主动的工作态度。

知识导图

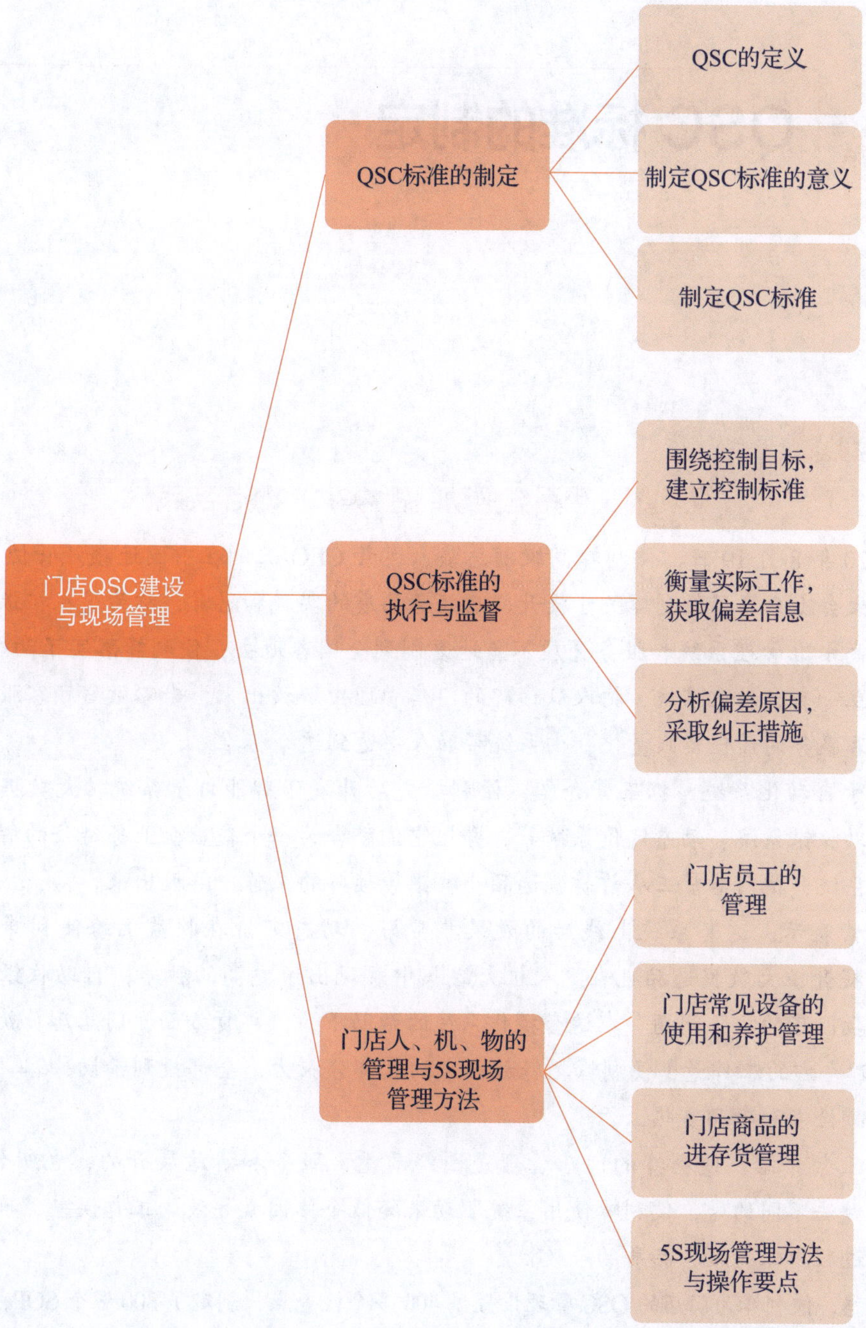
门店QSC建设与现场管理
QSC标准的制定
QSC的定义
制定QSC标准的意义
制定QSC标准
QSC标准的执行与监督
围绕控制目标，建立控制标准
衡量实际工作，获取偏差信息
分析偏差原因，采取纠正措施
门店人、机、物的管理与5S现场管理方法
门店员工的管理
门店常见设备的使用和养护管理
门店商品的进存货管理
5S现场管理方法与操作要点

单元一 1 QSC 标准的制定

案例导入

便利蜂：用系统推动门店 QSC 的最佳实践

2020 年 8 月 19 日，便利蜂高级副总裁、运营 CEO 王紫在中国连锁经营协会 2020 便利店大会上分享了便利蜂关于提升门店经营品质的实践和思考，称为了在扩张中依然做到把高水准管理系统和服务毫厘不差地复制到全国各地去，便利蜂落实了两个事情：一是建立一套自动化系统，把人从琐碎的门店管理中解放出来，专心做好顾客服务；二是把顾客服务的最佳实践量化，由系统帮助人去达到这个标准。

关于自动化系统，据王紫介绍，便利蜂先后开发了智能订货系统、大数据选品系统、自助收银系统、动态定价系统等，并把它们整合为一个覆盖全业务链条的智能便利店操作系统，把门店员工从订货、选品、收银等琐碎的工作中解放出来。

王紫表示，这套系统上线后的效果非常好，动态定价在收益上给便利蜂带来了 30% 的提升，大数据选品也在“人机大战”中表现出了更高的胜率，自助收银解决了绝大多数门店的排队问题。在这套操作系统的帮助下，仅订货方面，门店店员就节省了 3 个小时左右的工作量，便利蜂把释放出来的这部分人力，全部投到亲切待客、清洁卫生、效期检查和食品复热上。

据王紫介绍，便利蜂的门店管理是围绕质量、服务和清洁展开的，也叫作 QSC。和传统做法不同的是，便利蜂使用系统驱动来降低个体因素导致的工作误差，确保在快速开店过程中保持服务品质的一致性。

据悉，便利蜂为门店的 QSC 管理设置了 400 多个检查点，制定了 300 多个 SOP，用以严格、详细、系统化店员的操作，并应用了人工智能、大数据和自动化等技术帮助员工落实。

资料来源：千钧万博（北京）信息技术有限公司. 便利蜂运营 CEO 王紫：动态定价在收益上带来了 30% 的提升.（2020-08-19）[2021-03-07]. https://baijiahao.baidu.com/s?id=1675448038938325734&wfr=spider&for=pc.

思考：

1. 便利蜂在门店扩张的同时，是如何保证服务品质的？
2. 门店 QSC 管理对于企业有什么样的作用和价值？

一、QSC 的定义

QSC（Quality、Service、Cleanliness）是商品质量、服务质量、清洁状况的简称，指门店对于品质、服务、清洁的统一管理。

（一）商品质量

广义的商品质量是一个综合性的概念，它涉及商品本身及商品在流通过程中受到的诸因素影响。从现代市场观念来看，它是商品内在质量、外观质量、社会质量和经济质量等方面内容的综合体现。狭义的商品质量是指商品具有满足明确和隐含需要能力特性的总和。

（二）服务质量

服务质量既由服务的技术质量、职能质量、形象质量和真实瞬间构成，也由感知质量与预期质量的差距所体现。门店的服务质量是指服务工作能够满足被服务者需求的程度，是门店为使目标顾客满意而提供的最低服务水平，也是门店保持这一预定服务水平的连贯性程度。

（三）清洁状况

清洁状况是一个门店最基础卫生清洁的具体体现，它不仅包含从业人员的卫生和健康管理，还包括作业环境、售卖环境、展示环境以及设施设备的清洁、消毒和维护保养等。

对门店实施 QSC 管理，就是要做到给顾客提供最优的产品品质、服务和清洁，以提高顾客满意度，从而提高门店的营业额。

二、制定 QSC 标准的意义

（1）将门店的商品质量、服务质量和清洁卫生保持在统一且较高的水准上，有助于提高顾客的满意度。

（2）建立统一品牌形象，提升品牌知名度。

（3）帮助门店进行方便有效的管理，在不同的市场上采用相同的管理方式，可以大大降低管理难度，并且提高可靠性，而且这种相同的管理方式是可以迅速复制的，因此，在开发新的市场时就可以大大缩短时间。

（4）采用标准化的产品和服务，可以使频繁流动的顾客无论在什么地方都可以买到相同的产品和服务，提高顾客对产品的满意度，增加顾客的忠诚度。

（5）降低成本，增加盈利。产品和服务标准化能够实行规模经济，大幅度降低产品研究、开发、作业、销售等各个环节的成本，从而提高利润。

三、制定 QSC 标准

（一）制定门店商品质量的标准

1. 制定商品质量标准的原则

商品质量是企业的生命。对零售企业来说，零售商品和消费者的生活紧密相关，零售商品的质量关乎消费者的生活品质与生命安全。门店作为连接企业与消费者的直接窗口，在商品质量的管控上必然要把好最后一道关。

门店制定商品质量标准时应该遵循的原则是：确保从门店提供给顾客的是最安全优质的商品。一般零售企业零售的商品基本由供应商提供，商品的质量在由供应商进行保障的同时，零售商也要对其进行检验，以保证在售品的品质并做好质量记录。质量记录在反映商品质量和管理运营情况的同时，也能保证在质量事故发生后具有可追溯性，便于分析查找原因，制定改进措施，所以在做质量记录时一定要保证真实、有效且由专门的质量管理人员进行检查和整理。

2. 制定商品质量标准的要点

门店商品质量标准的制定可以从商品“入店到出店”的流程出发，注意以下几方面。

（1）进货时建立良好的品质供应系统。

门店商品质量控制多依托工厂和供应商，所以，门店在进货环节应依据国家标准和行业标准，与有正规经营资质的企业或公司进行洽谈合作，从源头上把控原材料和商品的质量。

（2）收货时严格质量检查，做好质量检查记录。

对商品进行收货时，门店的计量工具和检测标准必须要满足国家的规定。在商品入库之前，使用与供应商标准统一的计量和检测工具，由专职的检验人员来检验商品质量，保证售货区商品的品质，并有专人负责做好质量检查记录。

（3）在售过程中通过标准化的操作程序和质量检查制度来保证商品质量。

1）门店要重视商品入库后的标准化操作程序，以确保统一的商品质量。例如，烘焙店的面包制作流程要保持严格标准才能做出相同品质的面包，以使顾客在任何时候、任何连锁门店都能买到相同品质的面包。

2）门店要建立一套有关半成品和成品的质量检查工作制度。半成品检查内容包括：存贮条件是否有防护措施，过程标签信息是否清晰，标签内容包括半成品名称、作业时间、保质期等；成品检查内容主要包括：商品的外观检查、克重检查以及不合格商品的处理。每天在门店的运营期间，可以分多个时间段对门店的陈列商品进行品质检查，确认商品的作业日期、价格、色泽、规格、包装、表皮和外形等符合标准，若有不符合标准的商品，应及时在质量检查记录表备注栏标注出具体情况及跟进措施。

经由标准化的作业程序和严格的质量控制，力求供应新鲜质优的商品，使销售的商品均处于最佳状态，对于不符合质量标准的商品，绝不呈现给顾客。

（4）销售后通过质量跟踪调查制度做好售后工作。

通过质量跟踪可以了解顾客对门店商品的总体评价。门店应建立质保期内商品的质量问题投诉、信息反馈制度，设立质量跟踪卡，及时负责地处理顾客投诉并记录。通过质量跟踪，能更全面、更深刻地了解商品的质量状况，及时处理影响商品质量的各项不利因素，添加优化商品质量的积极因素，有针对性地加强商品的质量管理，从而保障和提高商品质量。

知识拓展

某品牌连锁药店门店药品质量管理制度

（二）制定门店服务质量的标准

1. 制定门店服务质量标准的原则

门店卖给顾客的不仅是商品，还有体验，这一切都要通过优质的服务体现出来。门店服务人员的一言一行就是最有效的品牌广告，比任何媒体、任何时段广告效用都大。他们的态度和行为能否满足顾客的要求，直接影响顾客的流量和商品的销量，因此要对门店服务人员在销售过程中的态度和行为进行规范。制定门店服务质量标准应遵循如下原则：

（1）要强化服务人员的服务意识。

意识是人的头脑对于客观物质世界的反映，是感觉、思维等各种心理过程的总和。服务意识是指服务人员发自内心，自觉主动做好服务工作的一种观念和愿望。服务意识是服务人员的一种重要意识，是他们对员工职责、义务、规范、标准、要求的认识。门店服务人员要强化服务意识，需要做到以下几点：第一，树立正确的服务观念，清醒地认识服务工作的意义；第二，热爱自己的本职工作，对门店具有归属感和责任心，有做好工作的主观愿望和创新精神；第三，尊重理解顾客，热情礼貌待客，想顾客之所想，急顾客之所急；第四，不断“充电”，学习、掌握服务知识，提高服务技能；第五，善于思考，善于观察，准确读懂顾客一言一行中所表达的含义且做出回应。

（2）要制定规范的服务流程和方法，落实到细节。

首先，工作要有程序、规范和标准，门店员工执行有章可循。其次，要建立服务质量控制机制和反馈机制。做好服务质量的跟踪，建立反馈机制，可以帮助门店员工审视服务细节的不足，及时修正服务偏差，提高顾客的满意度。

2. 制定门店服务质量标准的要点

制定门店服务质量标准主要关注以下两个方面：一是服务流程层面，即服务的递送系统，向顾客提供满足其需求的各个服务步骤有序、流畅。服务流程标准的建立，要求对适合这种服务流程标准的目标顾客提供相同步骤的服务。二是具体服务层面，即在各个服务环节中，服务人员所展现出来的仪表、语言、态度和行为等。

（1）服务流程标准化。

服务流程标准化着眼于整体的服务，采用系统的方法，通过改善整个服务体系内的分工和合作方式，优化整个服务流程，从而提高服务的效率，寻求服务质量的保证。

顾客在接受服务的过程中，一方面希望获得专业化的服务，另一方面也希望得到极大的便利，减少等候的时间。所以，在进行服务流程标准的设计过程中，要以向顾客提供便利为原则。例如，病人到医院看病，要经历排队挂号、排队就诊、排队付款、排队取药 4 个环节。即便每个环节的服务人员都工作得非常出色，也很难让病人满意。病人身体本来就已经很不舒服了，还要忍受这一系列烦琐的事情，即使由其他人代替，这也不是一个让人愉悦的过程。对于门店来说，应进一步优化服务流程，最大限度地满足顾客的便利需求。

（2）提供服务标准化。

门店服务通常是作业与消费同步进行的，这种同步性也意味着较高的顾客参与度，服务的质量与顾客满意度将在很大程度上依赖于“接触瞬间”。将这些“接触瞬间”提炼出可以标准化的部分对门店而言虽然是一个挑战，但也会成为服务的亮点。“接触瞬间”的服务标准化，主要体现在服务人员的仪表、语言、态度和行为等方面，下面简要介绍一下服务人员语言、动作和态度的标准化。

1）服务人员的语言标准化。

在服务的过程中，有效的沟通特别重要。沟通需要一定的技巧，例如服务人员要学会倾听、学会适时沉默，不仅要注重语言交流，还要注重非语言交流。

服务人员的语言标准化，首先应该包括一些基本的礼貌语言标准，比如顾客来了要说“欢迎光临”；顾客离店时，说“祝您愉快”或“欢迎您再次光临”；顾客讲“谢谢”时，要答“不用谢”等。其次，要根据行业不同的情况进一步细化服务用语。例如，在一次家具国际博览会前夕，一位教授针对营业员往往急于向顾客推销产品的现象，为一个家具公司设计了营业员与顾客沟通时的标准语言。他要求当顾客进店时营业员不要推销，而是先询问顾客住宅有多大面积？家庭装饰是什么风格的？喜欢现代型的还是传统型的家具？需要购买哪种档次的家具？将这些问题了解清楚后，再按照顾客的实际情况为其提供“量身定制”式的顾问推荐。博览会结束时，这家家具公司的订货量比往年多了好几成。正是这种标准化的前期询问使服务人员能够更好地把握顾客的真正需要，并将顾客需要的每一个细节都考虑进去，为后期的定制化服务做好了准备。最后，将一些关系到顾客切身利益的语言标准化。服务人员要将产品或服务的属性转化为功能或情感利益，这样可以使顾客能够更加明确地把握产品利益。如梅赛德斯表现出的“耐用”可以转化为“车会持久保持新面目，而且几年不用买车”，其价格的“昂贵”可以转化为“车帮助主人体现了尊贵，并且会带来周围人羡慕的眼光”。这些功能利益和情感利益才是顾客真正需要的，而表现这些利益的语言就非常有必要标准化，一方面可以纠正服务人员的推销误区，另一方面有助于产品在顾客心中建立质量可靠的形象。

2）服务人员的动作标准化。

对时间动作进行研究最早是由泰勒提出的，以期为人们工作的每一个构成环节制定一种科学方法，来代替旧有的只凭经验的工作方式，从而确定完成每项工作的最佳方式。

对标准动作的研究有一个非常典型的例子，动作研究专家吉尔雷斯夫妇通过对砌砖动作的分析研究，把每砌一块砖的 18 个动作减少到只有 5 个，而在特殊情况下只需要 2 个。UPS 运用泰勒的科学管理原理的工时研究，对送货司机的送货路线和动作都进行了时间研究，设计出精确的工作程序，包括开车门、向收件人递送包裹、记录等一系列细节动作。这虽然看起来有些刻板，但产生了良好的效果，使 UPS 平均每人每天取送包裹达 130 件，工作效率得到了大幅提高。

门店服务人员与顾客的接触过程中，其动作是非常有必要进行规范的，即对服务接触过程中服务人员动作进行标准化。一方面可以实现诸如 UPS 送货司机那样的高效率，另一方面能够以顾客所期望的动作标准来为其服务，在顾客心目中建立一个良好的服务形象，尽可能避免由服务人员的经验动作而带来顾客的不满。通过对服务人员工作时动作的观察和分析，将那些会引起顾客不满或误解的动作去掉，使剩余的动作都成为必要的、良好的、顾客不会反感的标准动作。例如，在酒楼前厅接待要站立服务，两手交叉在体前或交叉在背后，两脚成“V”字形或分开与肩同宽，身体正直平稳，顾客光临时向顾客鞠躬或点头问候；引导顾客入座时向顾客指示方向，行进中两眼平视，正对前方，身体保持垂直平稳，无左右摇晃，等等。

3）服务人员的态度标准化。

服务态度是服务人员对顾客的思想情感及行为举止的综合表现，包括对顾客的主动热情程度、敬重和礼貌程度。服务态度是衡量服务质量的一项重要标准和内容。提到服务人员的服务态度，就必须要提到沃尔玛的微笑服务。据报道，沃尔玛重庆店开业时，店内员工胸前都挂着现金，如果不微笑，顾客可以直接将现金取走。服务人员的态度标准不像语言标准、动作标准那样直观，不易实施和监督。因此，在制定该标准时，要对服务的检验提供依据，使其具有可追溯性，这样才能达到服务的统一。例如，如果旅馆将“服务细致周到”转化为服务员要在顾客允许的情况下为其提行李、在顾客进房时对房间内顾客必需的设备进行介绍、三分钟内为顾客打好热水等具体要求，这样自然就会体现出其服务细致周到，对服务员所提供的服务是否细致周到也有了判断的依据。

门店在向顾客提供服务的过程中，在着眼于服务的整体、采用系统的方法、标准化服务流程的基础上，根据行业特征和提供服务的特性从不同方面进行细节问题的标准化。当然，强调服务的标准化并不排斥个性化的服务，门店可以根据内部条件和顾客需求进行标准化和个性化的平衡。

知识拓展

××× 国际家具连锁服务标准化手册

（三）制定门店清洁卫生的标准

1. 制定门店清洁卫生标准的原则

在 QSC 系统中，清洁卫生标准是引导和推动门店清洁加工服务的需要，是加强卫生质量全过程控制的需要。清洁卫生标准体系定义了在清洁过程中所涉及的所有区域的清洁标准，包括清洁对象、清洁方法。麦当劳建立了一套在快餐连锁业公认的清洁高标准体系，麦当劳创始者克拉克就曾说：“如果你有时间偷闲，那么你一定会有时间去做清洁。”

制定门店清洁卫生标准，原则就是为员工和顾客创造一个干净、整洁、舒适的工作或购物场所和空间环境。

2. 制定门店清洁卫生标准的要点

（1）保持个人卫生。

建立门店个人卫生检查制度，对工作人员的个人卫生情况坚持定期检查，内容有：个人必须持有完整的健康证；男性不得留过长的胡须和头发；女性当班时必须将头发盘起，指甲必须保持干净且长度适中。工作人员随时洗手是确保个人卫生的一个最简单、有效的措施，也是最容易被忽视的，可以根据实际情况，在工作人员经常出入的地方设置洗手池。对于经常接触食品等入口商品的工作人员，戴一次性手套和口罩是必要的，但应注意及时更换手套、口罩等。

（2）划分清洁区域。

门店中设有外场的收银、导购等一般工作区，内场有半成品暂存、制作、内包装等清洁作业区位。针对服务区域卫生要求的不同，QSC 系统应设计每个区域的清洁任务，建立相应清洁执行表。另外，门店内要严格区分清洁作业区和一般工作区。例如，凡进入清洁作业区的人员一律按规定使用消毒液洗手，穿上专门的衣服和鞋子，戴上帽子、口罩和手套。

（3）落实清洁制度。

清洁制度中应设定时清、日清、周清这 3 个基本要求，包含清洁次数、频率、环节，同时根据岗位的服务区域，严格执行店内《清洁程序表》和《日清周清月清表》，必要时应迅速地应对清洁卫生方面的突发状况。例如，门店店长应该重点以“干净整洁”为原则，每隔 30 分钟在门店内外四处巡视一次，并安排员工每隔 15 分钟在店内巡查一次，不放过任何角落。

知识拓展

某超市卫生清洁管理制度

单元二

2 QSC 标准的执行与监督

案例导入

连锁商超高速增长背后：售卖过期商品拷问内部管理

随着新冠肺炎疫情逐步稳定，线下消费日渐回暖，作为城市运转中的重要一环，连锁商超正加速恢复运行。数据显示，目前我国大型连锁超市、品牌便利店的复工率分别达 99.5% 和 95.4%，销售已超去年同期水平。然而，面对疫情和市场的双重考验，部分连锁商超的表现却不尽乐观。

2 月下旬，物美超市因销售问题口罩被推至舆论的风口浪尖。彼时，受新冠肺炎疫情影响，口罩成为紧俏商品，医用防护口罩更是严重脱销。而消费者在物美多点购买的 SAS N95 8617 Mask 口罩、Scotts Maksks ASTM 口罩以及 Prestige Ameritech Face Masks 医用口罩却均为过期、无生产日期等问题商品。据不完全统计，截至事发，物美已售出超 4 100 个问题口罩。

无独有偶，近日，深圳老牌零售人人乐（同"*ST 人乐"）也因销售过期商品引发媒体关注。据报道，消费者 3 月 28 日在西安人人乐紫薇店购物时发现多款在售食品均已过期，包括蛋糕、糙米、奶酪等，其中一款名为"妙芙"的欧式蛋糕已过期两个多月，且货架上 10 余盒同款蛋糕均为同一批次。面对消费者质疑，工作人员迅速收走过期商品，并承认将其上架系错误行为，但并未做出相关解释。

对此，业内人士指出，按照正常情况，过期的货品根本就不能收进来，更不能上架销售。究其原因，还是商超企业内部管理出现问题。

资料来源：金台咨询．连锁商超高速增长背后：售卖过期商品拷问内部管理．(2020-04-10)［2021-03-07］. https://baijiahao.baidu.com/s?id=1663541295969181486&wfr=spider&for=pc.

思考：

1. 老牌连锁商超爆出销售过期商品，体现了内部什么管理问题？
2. 企业制定了 QSC 标准后，应如何保障标准尽可能准确执行？

要想真正提高 QSC 水平和顾客满意度，需要在根据实际情况建立了 QSC 标准之后对标准进行严格的执行。要想 100% 地执行标准，必须加强管理监督。推动标准的落地实施，实际上属于管理职能中的“控制”。控制的过程包括 3 个步骤：（1）围绕控制目标，建立控制标准；（2）衡量实际工作，获取偏差信息；（3）分析偏差原因，采取纠正措施。管理职能的控制过程如图 4－1 所示。

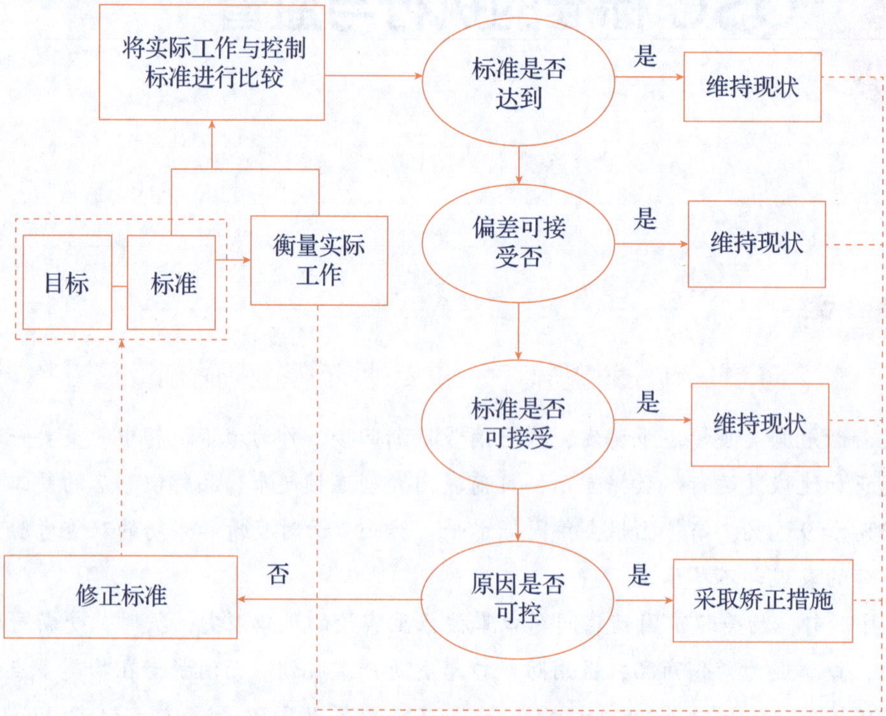

图 4－1　管理职能的控制过程

资料来源：斯蒂芬·罗宾斯．管理学．北京：中国人民大学出版社，2017.

一、围绕控制目标，建立控制标准

控制标准是围绕控制目标，为测定实际工作绩效而建立起来的测量标尺。对照控制标准，管理人员可以对工作绩效进行判断。目标和标准的错误往往会导致整个管理活动误入歧途，如有的医院以创收来衡量医生的工作绩效，这样就会引导医生乱开药；有的餐厅以客人点菜的数量决定员工的收入，这样就会引导员工盲目地向客人推销菜肴，导致客人不满。

控制标准可以分为定量控制标准和定性控制标准两大类。其中，定量控制标准包括 4 种：（1）时间标准，如工时定额、交货期等；（2）数量标准，如产品数量、合格品数量等；（3）质量标准，如产品等级、合格率等；（4）货币标准，如单位产品成本、销售收入、利润、业务人员每月的业务费用等。除了定量控制标准以外，还有一些难以定量的定性控制标准，如员工的服务态度、士气、管理人员的能力、团队的协作能力等。实际工作中为了便于掌握这些方面的工作绩效，有时候也会尽可能地采用一些可度量的方法，如产品等级、顾客满意度等指标就是对产品质量的一种间接衡量。

关于建立 QSC 标准的内容已经在上一单元详细介绍，这里不再赘述。

二、衡量实际工作，获取偏差信息

如果管理者不能及时准确地了解到一线实际发生的情况，就很难做出正确的判断，进而也很难做出正确的决策。依据控制标准，检查工作的实际执行情况，便可以判断是否产生偏差，以及存在什么样的偏差。管理人员常用的衡量实际工作的方法包括：观察法、报表和报告、专项会议、抽样调查等。下面简要介绍一下前两种方法。

（一）观察法

观察法能够为管理者提供有关实际工作的第一手资料，比如门店店长可以通过现场观察来了解门店 QSC 的实际水平，也可以通过与门店工作人员现场交谈来了解工作进展及存在的问题，进而获得真实而全面的信息。采用观察法获得的信息，相对来说会更深刻更有说服力，但由于时间和精力有限，管理者不可能对所有活动都进行观察。

（二）报表和报告

实际工作过程中，报表和报告能够提供大量的数据、图表，可以让管理者对关键指标一目了然。除了数据外，详细的书面报告和口头报告也可以帮助管理者获取更加详细的信息。这种方法简洁、方便，但是所获取的信息是否全面、准确则取决于这些报表和报告的质量。表 4－1、表 4－2 和表 4－3 所示为在商品质量、服务质量和清洁卫生方面的巡店检查表。

表 4－1　商品质量巡店检查表

检查门店：　　　　店长：　　　　值班经理：　　　　合格率：

序号	检查内容	是	否	所见事实
1	商品的标牌是否正确			
2	商品的质量是否合格			
3	商品的色泽是否正常			
4	商品是否有异味			
5	工具是否破损			
6	商品是否有缺陷			
7	商品的组织状态是否正常			
8	商品给人的感觉是否正常			
9	商品的品相是否正常			
10	所有成品是否在保存期限内			
11	所有原物料是否在保存期限内			
12	是否按公司的操作标准操作			

续表

序号	检查内容	是	否	所见事实
13	是否使用公司的商品			
14	店内是否售卖其他产品			
15	是否有非本区域专供物料			
16	食品冰柜中有无交叉污染的现象，储存容器是否干净完好，盖子能否密封			
17	储物架上所有商品是否按公司规定正确地储存，并先进先出使用			
18	所有商品是否做到离地、离墙保存			
19	商品的储存是否做到分类、分区域			

店长签字：　　　　　　　　　　　　区域督导员签字：
检查人签字：　　　　　　　　　　　检查日期及时间：

表 4－2　服务质量巡店检查表

检查门店：　　　　　店长：　　　　　值班经理：　　　　　合格率：

序号	检查内容	是	否	所见事实
1	顾客上门及离开时是否使用礼貌用语			
2	心情是否愉悦，礼貌用语讲得是否清楚			
3	是否主动促销商品			
4	是否做到微笑服务			
5	顾客招呼时是否有人应答			
6	是否给错商品			
7	是否亲切回答顾客的问题			
8	是否聚集嬉笑、聊天			
9	是否在第一时间给顾客正确地找零			
10	是否专心服务			
11	是否正确执行公司制订的促销企划案			
12	是否因自身原因造成顾客投诉现象			
13	收银流程是否正确			
14	是否按公司规定价格售卖商品			

店长签字：　　　　　　　　　　　　区域督导员签字：
检查人签字：　　　　　　　　　　　检查日期及时间：

表 4－3　清洁卫生巡店检查表

检查门店：　　　　　店长：　　　　　值班经理：　　　　　合格率：

序号	检查内容	是	否	所见事实
1	店面外围是否清洁，盆景是否维护良好			
2	招牌是否完整（标识、名称、字号）			

续表

序号	检查内容	是	否	所见事实
3	招牌是否按时间开启			
4	门窗是否清洁			
5	门窗挂饰是否整齐			
6	展台上是否保持清洁干燥			
7	地面是否清洁			
8	清扫用具是否摆放整齐且归位摆放			
9	各项设备是否清洁完好且无灰尘堆积			
10	员工服装是否整洁且规范			
11	员工指甲是否整齐，双手是否整洁			
12	有无蚊虫、苍蝇及蟑螂			
13	器具是否清洁			
14	店内是否有异味			
15	店内照明是否正常			
16	音响是否正常，音量是否适当			
17	各陈列及收银位置是否清洁整齐			
18	各展台是否有专用抹布（条件允许应该定时消毒）			
19	是否正确放置私人物品			
20	是否执行清洁及设备维护保养计划			
21	是否正确使用消毒水配置且及时更换			

店长签字： 区域督导员签字：

检查人签字： 检查日期及时间：

三、分析偏差原因，采取纠正措施

在对工作实际情况进行衡量以后就可以将衡量的结果与标准进行比较，发现实际情况与标准之间的偏差，重点分析产生偏差的原因是什么，如何针对偏差有的放矢，以及采取怎样的纠偏措施。

（一）分析衡量的结果，找出偏差产生的主要原因

一般来说，产生偏差的主要原因如下。

1. 标准执行不力

这主要指在执行过程中由于工作责任心不强、工作能力不足或者缺乏相应的监控而导致结果出现了偏差。

2. 标准本身制定得不合理

在标准制定的过程中，由于决策者的想法与实际不符，或者盲目乐观，把标准定得

太高；或者盲目悲观，将标准定得过低。这种情况下都需要及时对标准做出调整，以适应实际情况，确保管理目标真正实现。

（二）选择恰当的纠偏措施

根据出现偏差的原因，管理者可以从以下两个方面着手，选择具体的纠偏措施。

1. 修订原有标准

偏差较大可能是原有标准不切合实际，也有可能是内外部环境的变化使原有标准和现实情况之间产生了较大的偏差。不管是哪一种情况，都要对原有标准进行适当的调整或修订。

2. 改进工作绩效

如果仅仅是因为在标准实施过程中工作方法不当或者领导无方而导致偏差，管理者应根据分析结果有针对性地采取行动。比如顾客的满意度与目标产生偏差可能是由于员工的服务技能不足造成的，通过员工培训或者工作监督可以弥补偏差。

下面以门店的服务质量控制为例，简要介绍一下如何改进工作绩效。门店服务质量控制主要可以分为以下几个阶段：

（1）服务前期。要聚焦于顾客的要求，以便提供优质的服务设计。服务设计的好坏直接关系到顾客服务的成败，进行服务设计时可参考顾客价值和服务质量特性。

（2）服务过程的质量控制。可以借助顾客的等待时间、投诉次数等指标来考评服务的效果，利用固定周期绩效测评来缩短过程控制的时间，用控制图对服务过程进行把控，确保过程一直处于受控状态；当偏离正常状态时，利用鱼骨图等方法分析成因，以便制定应对措施。

（3）服务后的顾客满意度测评。通过顾客满意度测评、服务质量差距模型等工具从多个方面对服务质量进行综合评估。

（4）服务改进。顾客的需求是服务质量改进的动力和方向，通过改进服务过程、提高服务技能、缩小服务质量差距、增强与顾客的沟通等方法来促进服务质量的改进，增强顾客的满意度。

（5）服务补救。针对服务中的差错实行一系列的挽回措施，经过服务补救解决顾客的问题，给顾客提供可靠的服务，重新让顾客感到满意，增加顾客的忠诚度。

门店可以通过以下几个方面来帮助员工提高服务质量：

（1）完善绩效评估机制。采用合理高效的绩效考核体系，不仅能够鼓舞员工士气，提高其工作积极性，而且能够留住人才，增强人员的稳定性。门店需持续完善绩效评估机制，根据各岗位的特点，评估指标的选取要综合考虑效益以及员工的工作能力和态度。确定关键绩效考核指标可以帮助员工明确自己的发展目标，对员工自身的职业生涯规划形成一种有形的引导，也有益于门店的发展。

一般来说，门店在对员工进行绩效考核的时候，主要衡量两方面的内容：1）员工的技能水平和每月实际的业绩；2）员工及其所属团队完成的工作对门店整体经济目标的贡献程度。

（2）提高销售人员的服务能力。规范门店销售人员的服务行为，并制订相应的培训计划，按计划进行定期培训，提高服务能力。

（3）提高技术咨询和售后服务能力。技术咨询和售后服务应安排专业人员，以提高售后服务水平。例如，当顾客对产品质量和使用方法进行咨询的时候，服务人员应及时准确解答，确保顾客满意。

单元三 3 门店人、机、物的管理与 5S 现场管理方法

案例导入

永辉超市生鲜损耗率的控制是怎么做到的

永辉超市在人们心中就是生鲜产品的巨头。为了更好地迎合新零售，永辉超市做出了许多改变，给商家转型提供了参考。永辉超市主要是通过以下几方面控制生鲜损耗率的。

一、源头采购

选用源头直采，减少供应链时间的长度，不但能够节约产品成本，还能提升对生鲜损耗的把控。永辉超市生鲜购置有专业的运输队，在源头通告各种植户将商品送至集中地，开展拣选、去皮、削根、清理、封袋、装车等工作程序。

二、差异化冷藏

不一样的生鲜商品有不一样的冷藏环境需求，需要提供合适的环境以缓解生鲜代谢过程中所产生的损耗。

叶菜生鲜要站立存储；有创口的蔬菜、水果，其创口应朝下，以防冷气直吹。为了维持库房内的环境湿度，可在器皿上遮盖吸水能力好的湿的麻制厚布。针对鲜活类目，比如死鱼要立即捞出来，以防影响到其他活鱼。

三、分类销售

为了更好地维持商品的新鲜度，售卖时必须依据商品的品质开展调价，目的是维持

商品品质，减少商品损耗，在商品情况较好时将其销售出去，进而加速资金周转。

对品质不一的商品要迅速分拣，不可以统一销售。应适度掌握折扣机会，将品质较差的商品以低价销售。

对怕潮的生鲜类目，永辉超市会在发货产地开展除水处理。那样可确保装货运出的全是适合售卖的商品，既节约了物流成本，也减少了物流配送损耗。

资料来源：友数连锁．永辉超市生鲜损耗率的控制是怎么做到的？（2020-10-22）［2021-03-07］．https://www.yoshu.com.cn/news/show-4243.html.

思考：

1. 永辉超市是如何控制生鲜损耗率的？
2. 连锁商超企业应当注意哪些方面的商品损耗？

一、门店员工的管理

（一）门店团队建设

1. 门店团队建设的核心要素

每一个门店都有不同的岗位分工和岗位间的互相配合。门店店长都希望自己的门店团队充满战斗力，想要打造一支高绩效的团队就应当掌握团队管理的一些方法和技巧。

美国著名管理学家斯蒂芬·P. 罗宾斯（Stephen P. Robbins）提出了 5P 团队理论，他认为一个优秀的组织或团队主要由目标（Purpose）、人员（People）、定位（Place）、权限（Power）、计划（Plan）五大要素构成。在组建或管理一个门店团队的时候，这 5 个要素都是必不可少的。

（1）目标。

目标是一个团队最基本的要素，没有目标，团队则失去了存在的意义。目标是指团队要去解决什么样的问题或要完成什么样的任务。门店团队只有拥有共同目标才能取得成功。团队的共同目标使团队成员能够明确自身的角色和任务，能够形成对成员的有效激励，并使成员之间产生联系，促进团队成员之间的团结。

（2）人员。

人是构成团队最重要的因素。团队的目标需要通过人来实现，团队的计划需要人来制订和执行，团队的一切活动都离不开人，所以团队中人员的选聘和任用是团队建设十分重要的一个环节。门店团队中不同成员各自分工，如店长或值班经理负责计划的制订，员工负责实施，组长或店长负责监督、评价等各个环节的工作。团队管理者应该根据每个成员的特点和能力水平，安排和协调工作，实现优势互补和团队工作效率的最大化。

（3）定位。

这里的定位有两层含义：一是团队整体的定位，包括团队在企业中的位置，团队的类型，谁来选择和决定团队成员，以及团队最终对谁负责等；二是团队成员个体的定位，主要是指门店员工个体在团队中担任什么角色。团队整体定位会影响团队成员个体的定位。针对团队的定位，为团队制定一些制度，可以使团队更好地融入整个企业当中。

（4）权限。

权限是指为了保证职责的有效履行，任职者必须具备的，对某事项进行决策的权力范围和程度。在门店中，权责利的合理配置会影响整个团队的工作积极性及主动性。如果权责利不清楚，内部会出现相互推诿扯皮的现象。要想确定团队的工作权限，至少要厘清以下两个问题：（1）本团队的工作范围和工作重心是什么？（2）本团队在多大程度上可以自主决策？

（5）计划。

计划就是对团队成员的工作进行分配，让团队成员知道应该做什么，应该怎么做。团队目标需要通过一系列的具体行动方案才能得以实现，计划也可以理解为为了达成目标所采取的具体工作程序。在制订团队计划时要注意充分调动团队成员的参与意识并激发他们的积极性和创造性，以保证目标的实现。

以上这 5 个要素是构建一个高效团队所必需的，只有掌握其真意，并按其中规律构建和管理团队，才能保证团队的正常运转。

2. GRPI 高绩效团队模型

GRPI 高绩效团队模型是最早的关于团队有效性的模型，在 1978 年由 3 位学者 Irwin Rubin，Ronald Fry，Mark Plovnick 在他们合著的《任务导向的团队发展》（*Taskoriented Team Development*）中提出。这个模型非常简单，由 4 个部分构成：目标（Goals）、角色（Roles）、流程（Procedures）、人际关系（Interpersonal Relationships），然后取 4 个部分的首字母组合，简称 GRPI 模型，如图 4－2 所示。

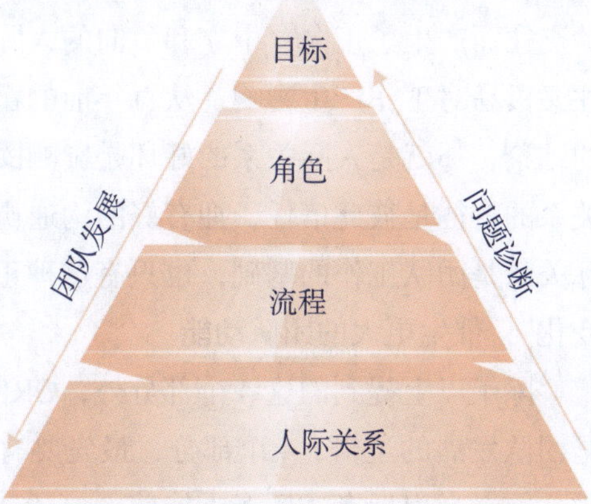

图 4－2 GRPI 模型

（1）目标。

目标是团队存在的前提，也是团队的核心使命。组建一个团队，通常就是为了目标的达成。关于目标有 3 个重要的内容，一是目标必须是明确的、可量化的、可达成的，通常来说就是要符合 SMART 原则，只有通过这种精致描述的目标才算是目标。没有挑战性、模糊不清、没有时间约束的目标对于团队来说就是缺乏航向，随时都有触礁的风险。二是目标必须被清楚传达，被束之高阁的目标也不叫目标。团队要产生高绩效，团队成员就必须是往一个方向使力，所以让每一个人都清楚方向在哪里也是非常重要的。作为团队的领导者，最重要的一个职责就是把目标告诉团队成员。在企业里，有整个组织的使命，对于团队而言，也应该有团队的使命。三是团队成员是否认同这个目标，不认同目标的成员在团队内部往往成为惰性力量，他们会阻碍、制约目标的达成，对于这样的人，团队要有识别、清除的能力。

（2）角色。

角色是关于团队任务分工所产生的安排。一般来说，门店往往会有各个岗位的工作描述，这就是简单的关于角色分工的安排。但问题是，现在工作的变化往往不会那么稳固，所以团队的领导者根据工作总目标，及时、快速地进行角色分工显得尤为重要。这里需要考虑两个问题，一是如何对任务进行角色分工，特别是新技术的不断发展，也在不断挑战我们的工作模式，要求积极响应外部变化，以效率作为原则，以团队目标达成作为依据，所以对工作内容进行分配显得尤为重要；二是在任务分工的基础上，如何匹配合适的人到合适的岗位上。人们经常会说，要招“对的人”。这里的“对”，就是指适人适岗，让正确的人在正确的岗位做正确的事。

（3）流程。

流程包含两个部分，一是工作流的走向，团队成员之间是如何协作的，任务是如何流动的；二是决策机制，遇到重大问题的决策，冲突的处理和化解。高绩效的团队成员之间不一定是相互认可的，但他们一定可以找到一种机制来转化各自的不同点，以寻求解决问题的方法。流程的复杂性与团队规模的大小有关系，团队人数越多，维持有效团队流程的复杂性就越高，但正因如此也就越需要通过流程的管控来保证团队的有效性。

（4）人际关系。

人际关系是指团队成员之间互动而形成的情感性的指向。团队成员因为工作中的互动交往而产生了正向、中立和负向的人际关系。这种关系本身是非工作性的，但彼此交往又极易对工作产生影响。从百年前的霍桑实验，到谷歌的亚里士多德计划，都有明确的结论，那就是人际关系的好坏是影响团队是否产生高绩效的一个重要因素。好的人际关系的特征是彼此信任，拥有好的沟通机制，以及弹性灵活的处理方式。这种正向的人际关系是团队工作的基础，也只有这种正向的人际关系才能在团队成员之间产生“化学变化”，催生更大的团队动能。

除了以上提到的这 4 个部分外，GRPI 模型中还包含着两条逻辑。其一，从上到下，是团队发展的逻辑，4 个部分，最先要有目标，然后是角色，再是流程，最后是人际关系，前者牵引后者，后者支持前者，环环相扣，相互作用形成有机整体。对于新建的团队来说，形成了一条关于团队发展的逻辑线。其二，是问题诊断线，从下到上，先看人，再看流程、角色，最后是团队目标。对于已经成熟的团队而言，最容易产生问题的是人，所以对于人际关系的诊断是第一位的。

GRPI 是一个非常简单的模型，常常在团队初建的时候使用。当然对于成熟的团队，也可以对照这样的模型来做个全盘检视。

（二）门店员工成长通道设计

门店员工成长通道是指门店员工职业发展和职业晋升的路线，是员工获得工作满意并实现职业理想和达到职业生涯目标的主要途径。从门店自身实际特点出发，推行科学有效的员工职业发展通道设计与管理，是门店人力资源管理的一项重要内容，也是门店形成核心竞争力的主要途径之一。通过门店员工成长通道的设计和管理，可以让门店更加了解员工的潜能，可以让员工更加专注于自身未来的发展方向并为之努力。员工、门店主管以及人力资源部门应共同参与设计门店员工成长通道。员工提出自身的兴趣与倾向，门店主管对员工的工作表现进行评估，人力资源部门则负责评估其未来的发展可能。现代人力资源管理的目标是提高员工的工作和生活质量，满足他们成长和自我实现的需要。门店的管理者应该搭建员工自我实现的平台，建立多种提升通道，让员工与门店共同成长。

1. 员工成长通道设计的种类

员工成长通道设计的种类有以下几种。

（1）横向职业通道。

这种模式采取工作轮换的方式，通过横向调动来使工作具有多样性，使员工焕发新的活力、迎接新的挑战。虽然没有加薪和晋升，但员工可以增加对门店各工作岗位的了解，提升自己对门店的价值。当门店没有足够多的高层职位为每个员工提供升迁机会，而长期从事同一项工作使人倍感枯燥无味，影响员工工作效率时，可采用此种模式。

（2）双重职业通道。

这种模式是在为普通员工进行正常的职业通道设计时，为专才另外设计一条职业发展的通道，从而在满足大部分员工的职业发展需要的同时，满足专业人员的职业发展需要。其模式是：管理生涯通道——沿着这条道路可以通达高级管理职位；专业生涯通道——沿着这条道路可以通达高级技术职位。在这种模式中，员工可以自由选择在专业技术通道上或是在管理通道上发展，两个通道同一等级的管理人员和技术人员在地位上是平等的。这种模式适用于拥有较多的专业技术人才和管理人才的企业。

（3）多重职业通道。

这种模式就是将双重职业通道中对专业技术人员的通道设计分成多个技术通道，为专业技术人员的职业发展提供了更大的空间。多重职业通道为员工提供了更多的职业发展机会，也便于员工找到与自己兴趣相符、真正适合自己的工作，实现自己的职业目标，同时也增加了企业效益。

2. 员工成长通道设计的基本步骤

员工成长通道的设计主要包括职类、职层和职级 3 个方面。职类一般也叫职业发展序列，依据不同性质的企业，可以形成不同职业的划分。比如，在零售企业，其职位一般可以划分为管理类、技术类、营销类、操作事务类等类型。在合理划分出职类的基础上，再根据企业的实际情况，设计划分职业发展的等级，即职层、职级。职层是指在职业发展通道中的不同阶段，依据对企业的贡献、承担的职责及能力的不同而进行的层次划分，同一职层可以划分为若干个职级。职级是依据在同一职层内从业人员的能力素质的差异进行能力区分而设置的等级。

（1）建立门店员工三维岗位发展通道。

所谓三维岗位发展通道是指门店构建起一个X-Y-Z轴的岗位体系，员工可以在这个三维空间中有序发展。其中，X轴表示同一个岗位的纵深发展，员工随着个人经验、学识、技能的不断提高，可以从初级工向中级工、高级工、技师、高级技师晋升，薪资水平也根据相应等级提升；Y轴表示岗位等级的晋升，可以从普通员工向专责、主任、部门主管等职位晋升；Z轴表示岗位系列，员工可以在管理、销售、技术等不同系列之间调整轮换，寻找最合适的匹配系列，在每个系列中，同样按照X-Y轴的纵深发展或者向上晋升。按照这种思路，每个职位对应于相应的薪酬标准和培训发展机会，这有助于员工寻找自己的定位，同时又有一定的发展空间。三维岗位发展通道的建立，拓宽了员工的岗位成长通道，有利于员工根据个人的能力特点和水平得到有序的发展。

（2）建立员工资质升级通道。

员工资质升级通道是指门店根据员工的学历、职称、技能等级、职业资格4个资质要素的升级，实现员工薪酬升级、培训发展的通道。门店建立员工职称（技能等级）考评体系，定期对员工的职称、技能等级进行评定，借助这个考评，员工在日常工作中将通过自学积累业务知识，不断创造业绩来促进职称（技能体系）的晋升；同时，门店鼓励员工利用业余时间参加学历教育和职业资格的考取认定。员工取得某个资质要素，就能得到对应资质等级的薪酬标准。以上4个资质要素的升级不仅可以鼓励员工自身成长，还可以为门店积累大量的知识储备，促进门店业务水平的不断提升。

（3）建立员工技术职能评优通道。

技术职能评优通道一般包括内部通道和外部通道，内部通道是门店建立的内部岗位练兵和比武平台，定期组织不同工种、不同专业、不同岗位的练兵和比武竞技；外部平台指的是门店选拔员工参加行业和国家相关部门组织的技能技术竞赛。通过技术职能评优通道，每年均可以产生一系列各工种、各专业、各岗位的带头人和业务能手，带头人和业务能手按照不同等级享有不同的荣誉、待遇和权威。员工技术职能评优通道的建立，大大鼓励了员工立足本岗位，埋头苦干，埋头钻研，真正成为业务专家。

（4）建立员工绩效评价成长通道。

员工绩效评价成长通道指的是门店根据员工月度绩效考核结果和年度考核结果，设置不同成长方式的一种通道。按照员工在门店内部的成长周期和月度、季度、年度等关键点对员工进行考核，考核结果直接和员工的薪酬待遇、培训发展、岗位调整挂钩。绩效评价成长通道可以使员工在注重个人资质和业务技能提升的同时，也注重横向的迁移应用，这将有助于提升门店的整体绩效。

实例分享

连锁超市员工成长通道的设置

高职学生毕业后，在连锁超市的主要成长通道如下：

〇营运人员—营运科长—营运经理—店长

〇票据员工—票据员工主管—经理

〇客服部员工—客服主管—客服经理

〇采购部专员—品类采购专员—采购经理—采购总监

〇行政专员—行政组主管—行政组经理

（三）门店员工队伍储备计划与管理

门店员工队伍的储备是指为了门店的长远发展战略，在准确把握门店的战略目标和人力资源规划后，通过对人才从层次、数量、结构上进行设计优化，并实行长期性、持久性、针对性的人才库存与培养，从而保证门店员工能够满足门店长远发展目标的需求。员工储备需要从门店未来的发展目标出发，对门店人员配备的现状进行深入的分析，明确门店人员的层次、数量、结构与环境的关系。员工队伍储备可以使门店在激烈的竞争中占据人才优势，通过优秀人才带动门店发展，从而获得持续的竞争优势。

1. 员工队伍储备的动因

（1）未来人才的稀缺程度可能加大。首先，随着产业调整引起的产业结构变化，社会对人才的需求发生了结构性变化，在人才供给不足和相对滞后的条件下，对特定人才的需求增加使人才的稀缺程度加大。其次，经济发展对人才所应具备的素质要求更高，从而使得具有高智商、高学历、高素质、高技能的优秀人才更加难得。

（2）未来吸引人才的难度可能加大。具有人才优势的地区（或行业）因其良好的经济氛围、优厚的待遇、较成熟的人才成长环境等，对人才具有极大的吸引力；而人才弱势地区（或行业）往往缺乏这些人才成长和发挥作用的条件，对人才缺乏吸引力，从而使人才由人才弱势地区（或行业）向人才优势地区（或行业）流动。人才领域的“马太效应”（强者越强，弱者越弱），使人才弱势地区（或行业）越来越难以吸引人才。

（3）未来吸引人才的成本可能增加。由于人才竞争的加剧，各个企业为了吸引人才而为人才提供了比较优厚的待遇，使未来吸引人才的条件逐渐提高，吸引人才的成本增加，提前进行人才储备所需的成本要比将来吸引人才所需的成本要低得多。

（4）人才储备可以为人才的使用创造条件。因为不确定储备的人才是否能在未来发挥作用，这种不确定性可能给企业带来损失。企业未来的前景和走向也是不确定的，因此也无法确定未来需要什么人才，从而不愿进行人才储备。但如果没有人才储备就无法支持企业未来的正常发展，因此企业应该进行人才资源规划，引进人才，进行人才储备。

2. 人才储备的特征

（1）储备的人才现在仅作为一般人员使用，未体现出独特的价值。

（2）储备的人才是为了在未来使用。

（3）储备的人才在未来是否必然使用是未知的，因此具有一定风险。

3. 储备途径

（1）内部人才培养。

内部人才培养包括建立内部晋升机制和工作内容设计两个方面。

内部晋升可以把组织发展形成的岗位空缺留给内部员工，使员工与门店共同获得发展，增加员工尤其是优秀员工对门店的忠诚度。譬如A公司的营销组织体系包括营销副总、区域经理、办事处主任、业务代表等几个层次，随着华南市场的开发列入公司计划，公司总部可以调任某些业绩较好的区域经理或副经理甚至某些优秀的办事处主任负责华南地区的市场开发，同时一些表现优异的业务代表也可以被提升到办事处主任的岗位上来。

员工工作内容设计得合适与否直接关系到内部人才培养的质量。在一个运作良好的人力资源体系中，人才培养不只是人力资源部一个部门的事，各部门的各级经理都应担负起人才培养的重任，同时把人才培养的效果作为对他们业绩考核的重要依据。各级经理应针对本部门人员的不同特征和岗位的不同要求，为他们设计有针对性的工作内容，并进行持续的跟踪考核，根据考核结果对工作内容进行调整。通过建立层层负责的人才培养制度，对员工进行有针对性的人力资源开发，可以使优秀员工在实际工作锻炼中快速成长起来。

（2）招聘。

招聘应该是有一定预见性的，而不是出现人员短缺时才进行的应急行为。人才招聘可以通过常规的招聘会、报纸广告等进行；也可以建立人才信息库，通过对企业内部和外部人才的关注和经常性沟通，及时补充人才，保证关键性岗位有适度的人才储备。

（3）培训。

由于市场竞争压力增大和知识更新的加快，需要对人员进行不断的系统的培训。否则，不但新员工不能适应新岗位的工作，即使是门店的骨干员工也会因知识老化被淘汰出局。人力资源部门应从工作分析开始，根据各岗位的不同要求和员工的差距进行业务和技能的培训，同时针对市场的竞争情况和知识的发展，采取多种培训方式对员工进行知识的完善和更新。

（四）门店员工日常管理

门店的经营，无论是制作加工产品、操作设备、销售商品还是服务顾客，都需要通过人来完成。因此要保障门店的正常运转，首先要做好人员的管理与统筹工作。店长对门店工作人员的日常管理主要有以下几个方面。

1. 出勤状况

零售业是微利润行业，人员的安排通常很紧凑，每日几乎都有人轮休。如果出现突然有人休假或者缺勤的现象，自然会影响工作效率，导致出货、补货、服务等业务都会出现问题。因此，店长需要对员工出勤人数、休假人数等状况非常清楚，只有这样，才不会影响门店整体的运营。

2. 服务质量

店长在对员工的日常管理中还要加强对员工服务质量的管理和控制。门店员工专业的服务规范、有效的顾客服务流程不仅是门店服务形象的直接体现，也是实现顾客满意度的重要工具。要增强员工的服务意识，对其进行教育与培训，并且必须认识到培训是控制服务质量的重要手段。

3. 工作效率

店长要通过培训，综合提升员工的职业技能和综合水平，通过有效的激励和绩效考核机制，提高员工的工作积极性，保持员工工作的高效率，进而提高门店的经营业绩。

4. 门店标准化的工作流程和规章制度的遵守

各项工作流程和规章制度是门店经营标准化的前提。门店员工只有严格按照标准执行，才能保证提供的商品和服务的高质量与稳定性。店长必须重视对门店工作人员在工作流程和规章制度方面的培训，并且严格控制他们的行为，一旦发现偏差要及时纠正或调整，确保门店经营的规范化，进而降低管理成本和提高顾客的忠诚度。

二、门店常见设备的使用和养护管理

为了确保门店经营活动的顺利开展，设备与设施的安全完好非常重要。因此，门店在经营过程中要做好设备与设施的日常养护和维修工作，建立严格的规章制度，依靠严格的管理规定，确保设施与设备的正常运行。

门店的每一个工作人员都要具备安全使用、保养与维护电器设备的强烈意识，对店内使用最广泛的空调、冷冻冷藏设备、日光灯等电器设备的功能、正确使用方法及如何进行维护具备基本的常识。

（一）空调设备的使用与维护

1. 空调的主要功能

空调即空气调节器（Air Conditioner），是指用人工手段，对建筑或构筑物内环境空气的温度、湿度、流速等参数进行调节和控制的设备。空调的各个功能其实都是用来改变室内空气质量的，以使人们在舒适的环境下工作和生活。

（1）温度调节。

一般来说，门店内的温度夏天保持在 25℃～27℃，冬天保持在 18℃～20℃是比较合适的。适宜的温度，能吸引顾客进入门店并愿意多逗留一些时间。如果温度不适宜，不仅员工感觉到工作环境不友好，而且可能引起顾客的不适，无法保证顾客良好的购物环境和购物情绪。

（2）湿度调节。

湿度调节即调节空气中水蒸气的含量，空气过于干燥或过于潮湿都会使人感到不舒服。一般来说，相对湿度在冬季为 40%～50%、夏季为 50%～60% 较为适宜。

（3）空气流速调节。

空气流速调节是指加快或减慢空气对流的速度。人处于适当的低速流动的空气中比在同样温度下静止的空气中要感觉凉爽、舒适。一般来说，室内以 0.1 ～ 0.2 米 / 秒变动的低速气流对人体最为适宜。

（4）空气质量调节。

空调可以通过清除空气中的尘埃，分解空气中的有害化学物质，保证一定的氧气含量来达到改善门店空气质量的目的。

2. 空调的使用与维护

（1）开机前的维护。

空调开机前要做一次全面的“诊断”，查一查空调设备是否有“毛病”，根据清查结果，在专业技术人员的指导下，做好维护清洗工作。维护清洗要到位，应包含室外机和室内机的外壳、机体、过滤网，然后开始试运行，观测制冷速度和效果。

（2）开机过程中的维护。

空调开机后视环境条件、气候条件、开机时数、周围灰尘、空气洁净度、房间是否干净等诸多因素决定开机过程中的维护次数。环境条件欠佳、天气炎热、空调机陈旧、空调开机时数长，则空调开机过程中的维护次数就增多，通常一个半月左右维护一次。若环境条件好、空调机比较新、空气中灰尘少、空调开机时数合理并与电风扇交替使用，则可以适当延长维护周期。维护应认真、仔细，不留死角，操作符合规范，提高制冷速度、制冷效果。

（3）关闭后的维护。

天气转暖，空调机开启，天气转凉，空调机关闭，这是常年规律。空调关闭前应对室外机、室内机做一次全面仔细的检查。保养、维护、清洗要一环扣一环，不能脱节。完成上述环节后，套好空调机机罩，防止灰尘污染，防止空调机滴水与进水，保持洁净，准备来年再用。

（4）一般时段空调的保养。

1）观察室外机架有无松动现象，清洁室外通风网罩内的异物。同时，清除通风口的杂物，保证通风口畅通无阻。

2）室内外换热器表面清洗，提高换热器的效率。清理室内换热器时，应小心拿下面板，用小毛刷轻轻刷洗，再用柔软的抹布擦拭，这样能达到清除灰尘和可繁殖病菌的有害积聚物的目的。由于散热片是很薄的铝质材料，受力后容易变形，因此刷洗时要小心。

3）清洗过滤网上的积灰。在清洗过滤网的时候，首先切断电源，再打开进风栅，取出过滤网，用水温不超过 40℃的清水清洗，然后用干布擦净。注意不能用化学洗涤剂清洗过滤网。

4）清洗排水部分的污垢和积聚物。排水部分容易沉积污垢，必须定期进行彻底消毒，保证排水通畅，防止细菌繁殖。

5）检查其他。包括检查易耗损件，如导风转板、光触媒等部件，以及供电线路、插头插板、开关等的状况。

（5）特殊时段空调的保养。

在3～5月和9～11月温度适中的季节里，人们一般让空调处于非工作状态。在不使用空调的季节，首先应当断掉空调器的电源，但最好一个月开机一次，以防止长时间不使用导致机内润滑油凝结。同时，为保证空调的长期高速运转及延长使用寿命，在暂停使用和开始使用空调的时候，还得注意对空调的恰当养护。

1）使用季节结束后，可在让空调暂停使用之前，选择一个晴天将空调设为送风状态，开机运转半天左右，使空调内部完全干透；同时还应将滤尘网、室内机、室外机清洗干净。

2）使用季节开始前，检查室内和室外机组的进风口、出风口有无障碍物，以免降低空调的工作效率；安装好滤尘网，避免因灰尘进入机器内部而损坏机器或引发故障；遥控器的清洗要用干布，清洁后装入两节型号相同的新电池。

（二）冷冻、冷藏设备的使用与维护

门店的冷冻设备主要有冷冻柜、冰箱和冷冻储藏库等，其温度大多设定在–23℃～–18℃，主要用于较长时间低温冻结保存原料或成品。

门店的冷藏设备主要有冷藏冰箱和冷藏保鲜库，温度大多设定在0℃～10℃，主要用于短时间保鲜储藏一些蔬菜、瓜果、豆、奶制品等原料和半成品及成品。

1. 各式冷冻、冷藏设备的主要功能

（1）小型冷库。

小型冷库是用来冷却、冷冻或冷藏各类食品，保持食品原有的营养成分、味道及色泽，防止食品腐败变质的专用制冷设备。按其冷藏或冷冻温度的高低可分为高温冷库和低温冷库。高温冷库实际上就是冷藏间，一般采用冷风机或冷却排管制冷，高温冷库的库温一般为0℃～10℃，主要储藏水果、蔬菜、蛋类、牛奶、熟食品和酒等。低温冷库是结冻冷藏间，其制冷形式与高温冷库相同，低温冷库的库温一般为–23℃～–18℃，主要储藏肉类、鱼虾、家禽等。由于其冷藏空间大，食品经速冻后保存期较长，所以不仅可供平时食品保鲜储存，还可用来储备一定量的食品原料，如一些当前市场紧俏的食品原料。

（2）冷藏柜。

冷藏柜的容量比冷库的小得多，但比电冰箱的要大。冷藏柜占地不大，使用方便，是门店冷藏少量食品的主要设备。

（3）电冰箱。

冷藏电冰箱仅用于冷藏食品，它的冷藏室温度在0℃～10℃。

冷冻电冰箱只有一个冷冻室，冰箱内的温度可以保持在–18℃以下，可用于食品较长时间的冷冻。

冷藏冷冻电冰箱是用途最广的，它由一个冷冻室和一个（或几个）冷藏室组成，既

可冷藏食品又可对食品进行冷冻，有的还有速冻功能。

（4）兼带工作台的冰箱。

这类冰箱上面是不锈钢工作台，下面是冰箱，在冷菜间、配菜间等工作地点经常见到，具有使用方便、易于清洁、节省空间等优点。

（5）冷藏食品陈列柜。

冷藏食品陈列柜实际上是冷藏电冰箱的一种，其特点是用特制玻璃当门，可看见内部的陈列食品。有的陈列柜四周都用玻璃，柜门两边有照明灯管，从外面可以直接看到内部储存的食物。这种陈列柜一般温度在 2℃～5℃，多用于储存水果、糕点、冷菜及酒水等食品。

2. 冷冻、冷藏设备的维护和保养

（1）需要专人管理。

（2）不要频繁开启冷库门，开启时间不要过长，最好规定开启时间。

（3）冷库内食品堆放应上架，且货架可自由拼接，以便于使用。

（4）物品堆放要留空隙，便于冷空气流通。

（5）为保证制冷效果，冷库蒸发器附近不要塞满物品。

（6）食品要等冷却后再放入冰箱或冷库。

（7）设备使用一段时间后，要进行彻底清洗，以免积存污物，滋生细菌。

（8）经常观察和测试冷库、冰箱的温度，以便发现潜在的问题并及时排除故障。

（9）冰箱摆放时应远离热源，避免阳光直射或放在过于潮湿的环境，也不能将冰箱放在闷热而不通风的房间内。

（10）冰箱在搬运或运输时，不能倒置或过分倾斜及碰擦，搬运时倾斜角度不能大于 45°。

（11）定期请专业人员检查冷冻、冷藏设备是否有冷气泄漏，以免污染食品及环境。由于冷冻、冷藏设备构造精细复杂，操作时稍有不慎，设备就会发生故障而影响食品质量，造成浪费。因此，为了减少损失，要及时排除故障。

（三）日光灯的保养、清洁与常见故障的排除方法

日光灯是门店中最主要的照明设备，适宜的光线不仅关系到门店的经营形象，也影响顾客购物的心情。

1. 日光灯的保养与清洁

（1）不要过于频繁地开关灯，否则会导致灯管的两端过早地变黑，影响灯管的输出功率。

（2）如果电压很低，灯管的两极会在点亮的开始阶段发射出钨，从而让灯管内部产生许多点状的污染物，成为灯管损坏的原因之一，所以，建议尽量在高电压的条件下开灯。

（3）注意保持环境通风，以便降低灯管的温度，延长灯管的寿命。

（4）灯管发热容易吸引灰尘，清洁时要关闭电源，然后尽量让室内空气流通，用拧

干了的抹布沾上一点清洁剂轻轻地擦拭，然后再使用干净的干布把清洁剂擦干净。如果条件允许，可以使用防静电掸子来清除灯管表面的灰尘，然后用干的抹布擦拭脏污，不可太过用力。

2. 日光灯的常见故障及其排除方法

表 4－4 列举了日光灯的常见故障及其排除方法。

表 4－4 日光灯的常见故障及其排除方法

故障现象	可能原因	排除方法
灯管不发光	1. 电源没有接通； 2. 灯管灯丝烧断（针对电子镇流器）； 3. 灯具接插件接触不良； 4. 镇流器损坏； 5. 灯管漏气（针对冷阴极镇流器）； 6. 启辉器损坏（针对电感镇流器）。	1. 检查镇流器是否获得了 220V 电源，若没有，检查配电系统。 2. 用万用表测量灯管的灯丝电阻是否正常，若不正常则说明灯管损坏，更换灯管。 3. 检查接插件是否氧化，尝试重新安装这些零件。 4. 更换镇流器，一般来说电感镇流器不太容易坏，而电子镇流器的故障率相对较高。 5. 更换灯管。 6. 将启辉器短路一下，灯管应该启辉发光，这说明启辉器发生了开路性故障，更换启辉器即可，启辉器接触不良的现象也很常见。
灯丝立即烧断	1. 镇流器损坏； 2. 灯管漏气。	1. 检查电路接线，查看镇流器是否与灯管灯丝串联在电路中，否则会因电流过大而烧毁灯丝。如接线正确，再用万用表检查镇流器是否短路，如短路，说明镇流器已失去限流作用，无疑要烧毁灯丝，应更换或修复后再使用。 2. 若镇流器未短路，通电后灯管立即冒白烟，随即灯丝烧毁，说明灯管严重漏气，应更换新的灯管。
两端亮中间不亮	1. 灯管漏气（针对电感镇流器和常见的普通电子镇流器）； 2. 启辉器损坏（针对电感镇流器）； 3. 谐振电容击穿（针对常见的普通电子镇流器）； 4. 灯丝烧断（针对电感镇流器）。	1. 针对电感镇流器，若灯管两端出现闪烁的橙红色光，则说明灯管严重老化或者漏气，可以尝试更换灯管；针对电子镇流器，若两端灯丝持续而稳定地发出橙红色光，没有闪烁现象，则有可能是灯管漏气，但也不排除是镇流器谐振电容击穿，可以尝试更换灯管。 2. 灯管两端出现稳定的没有闪烁的橙红色光，并且通电情况下拆下启辉器，灯管可以正常点亮，这说明启辉器存在短路性故障（大多是启辉器内双金属片粘连，或启辉器内部电容击穿），更换启辉器即可。 3. 针对电子镇流器，若出现灯丝发红但灯管不启动现象，可以尝试更换镇流器。 4. 一端发光，另一端不发光，有可能是发光的这一端的灯丝已经烧断了，此时的发光并不是灯丝在发光，而是灯丝断裂处的气体被击穿从而发光，此时电流很小，因此另一端灯丝可能不发光。这种情况需要更换灯管。

续表

故障现象	可能原因	排除方法
螺旋形光带	灯管质量问题，镇流器工作电流过大。	新灯管接入电路后，刚启动即出现打滚现象，说明灯管内气体不纯以及灯管在出厂前老化不够。遇到这种情况，只要反复启动几次即可使灯管进入正常工作状态。如果新灯管启动数小时后才出现打滚现象，反复启动也不能消除，则属灯管质量问题，应更换灯管。若换上新灯管后仍出现打滚现象，则应用交流电流表串入镇流器回路，检查镇流器能否起到限流作用，如果发现电流过大，就应更换新的镇流器或修复后再使用。
关灯后有微光	1. 开关接线错误； 2. 余辉现象。	1. 首先检查线路，看开关是否错接在中性线上，若接在中性线上，由于灯管与墙壁间有电容存在，会使灯管断电时仍有微光，当用手触摸灯管时，辉光可能增强。这种情况，只要将开关改接在相线上就可消除辉光现象。如果改接后仍有辉光现象，则应检查开关是否漏电。如发现开关漏电，一定要修复或换新，否则会严重影响灯管的使用寿命。 2. 如果接线无误，但关闭电源后灯管依然发出微弱的光，并且数分钟后自动消失，这就是灯管的余辉现象。余辉现象是正常现象，无须多虑。
灯管两端发黑	1. 灯管老化； 2. 附件不配套； 3. 开关次数过于频繁。	1. 当灯管点燃时间已接近或超过规定使用寿命，灯管两端发黑是正常的，说明灯丝所涂覆的电子发射物质即将耗尽。发黑部位一般在离灯管两端 50～60mm 范围内。此时灯管虽然依然可以发光，发光强度也低于正常亮度了，应该考虑更换灯管。 2. 如果新灯管使用不久两端严重发黑，是由于灯丝上电子发射物质飞溅得太快，吸附在管壁上的缘故；也有可能是灯管质量不好；还有可能是镇流器有问题导致灯丝电流太大。 3. 荧光灯开关的次数过于频繁，荧光灯的启动电流很大，会加快灯管老化。

三、门店商品的进存货管理

进货与存货是门店销售的基础，这两项工作将直接影响门店的经营绩效。门店的进货作业管理主要包括订货、进货、收货、退换货和调拨等作业。门店的存货管理主要包括仓库作业管理、盘点作业管理、坏品处理作业管理等。要使进货与存货作业完善和效率化，门店必须与总部密切配合，采用现代化的管理方式，严格按照总部设计的作业程序操作，最终达到降低门店的管理成本、提高经营绩效的目的。

（一）商品进货作业管理

1. 订货作业管理

订货作业是指门店依据订货计划向总部配送中心或总部指定的厂商及自行采购单位

进行点叫货物的活动。

一般来说，连锁门店总部会对各个门店统一规定每天的订货时间，以保证订货作业的计划性。可采用的订货方式有人工、电话、传真、电子订货系统等多种形式。随着我国连锁经营规范化的发展，越来越多的连锁门店采用电子订货系统（Electronic Ordering System，EOS）。订货信息汇总总部或传达厂商后，由总部来配送商品或由厂商直接配送。订货要有计划，注意适时和适量，各类别商品的订货周期、最小订货量都必须有事前计划。这样，一方面可以提高工作效率，另一方面可以保证货源供应正常。

门店的订货作业流程如图 4-3 所示。

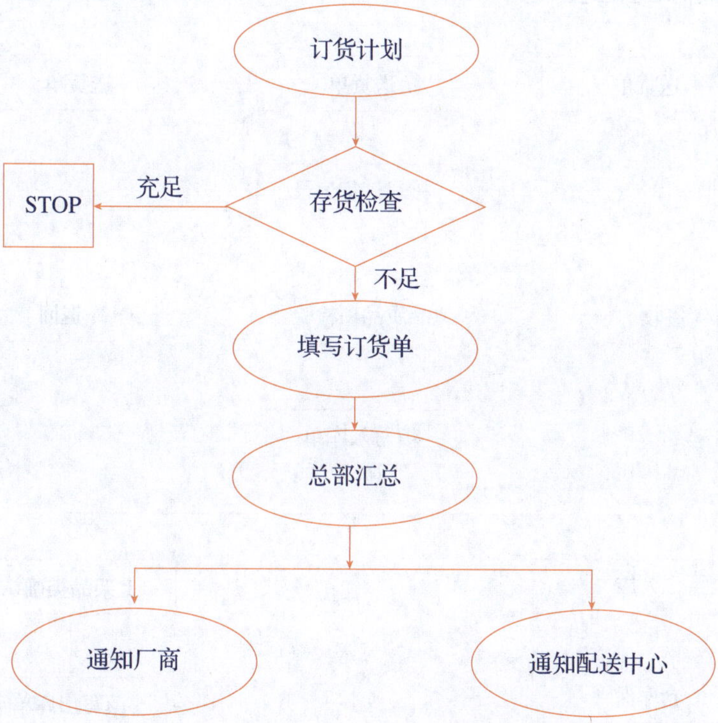

图 4-3 门店的订货作业流程

门店在订货作业中应注意的问题如下：

（1）存货检查：订货人员根据制度，应随时注意检查仓库的存货，若存货低于安全存量，或遇门店搞促销活动，或节假日之前，都应考虑订货，及时发出订货单（如表 4-5 所示）。

表 4-5 订货单

门店名称： 商品类别： 制表日期：

品种	货号	供应商编号	规格	数量	单价	金额期	购进方式	提货方式	订货日期	到货日期

（2）适时订货：不能因为门店缺货而流失了应有的营业额。

（3）适量订货：订货量的决定非常复杂，须考虑的因素主要包括：商品每日的销售量、订货至送达门店的前置时间、商品的最低安全存量、商品的规定订货单位等。

2. 进货作业管理

进货作业是依照订货单由供应商或配送中心将商品送达门店的作业。进货作业对于供应商或配送中心来说就是“配送”，而对于门店来说，其作业的重点就是验收。门店的进货作业流程如图 4－4 所示。

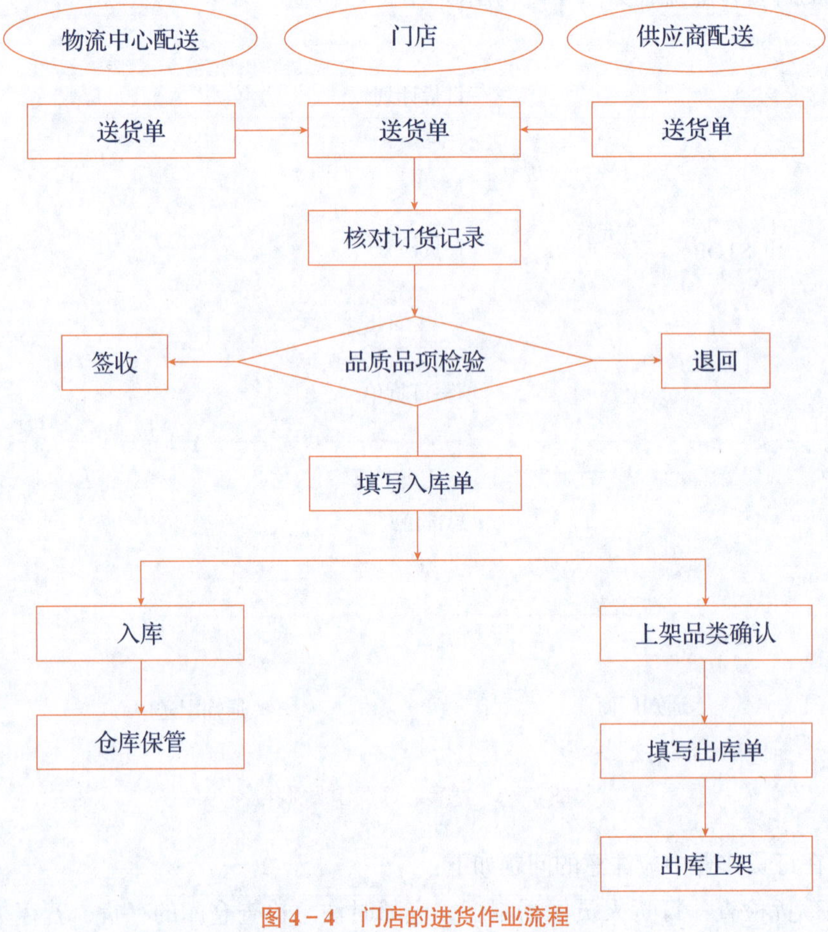

图 4－4　门店的进货作业流程

进货作业流程应注意的事项如下：

（1）进货要严格遵守连锁企业总部规定的时间；

（2）先办退货再办进货，以免需退还商品占用门店的仓位；

（3）验收单、发票要齐备；

（4）商品整理分类要清楚，并在指定区域进行验收；

（5）验收后有些商品可根据需要直接上架，有些商品则存入内仓或进行再加工后再上架。

3. 收货作业管理

收货作业必须要遵循诚实原则、数据一致原则、次序优先原则、摆放区域原则和操作安全原则。收货的相关表单有日常收货记录表、收货清单、每周供货商差错记录表。

收货作业的规范如下：

（1）编制收货进程表（按天和小时），同时按指定的出入口进入；

（2）将进货单位和货物排序，验收人员进行有序收货；

（3）核对进货单据与订货单上所列的商品品名、规格、金额是否相符；

（4）核对进货单据与实物是否相符；

（5）清点购进的每一件商品；

（6）对无生产日期、无生产厂家、无具体地址、无保质期，商品标准不符合国家有关法规的商品拒收；

（7）对变质、损坏、过保质期或已接近保质期的商品拒收；

（8）商品验收合格后方可在进货单据上签字、盖章；

（9）发现短少时，要求供应商出具补偿担保。

收货作业程序如图 4－5 所示。

4. 退换货作业管理

退换货的原因：品质不良、订错货、送错货、过期品、代销商品、总部明确的滞销品等。

办理退换货作业应注意的事项如下：

（1）退、调商品也要清点整理，妥善保存，一般整齐摆放在商品存放区的一个指定地点，而且这些商品应分类摆放；

（2）填写退换货申请单，注明其数量、品名及退换货原因；

（3）迅速联络总部办理退换货；

（4）退换货时确认扣款方式、时间及金额。

5. 调拨作业管理

调拨发生的原因如下：

（1）门店销售量急剧扩大而存货不足；

（2）供应商送货量明显不足；

（3）顾客临时下大量订单。

调拨作业流程如图 4－6 所示。

调拨前的注意事项如下：

（1）若临时接到大量订单，最好先联系其他门店，确认可调拨数量是否足够，不要随意接单而影响连锁企业的声誉；

（2）商品调入与调出，须在店长同意的前提下进行；

（3）安排好调拨车辆和工作人员。

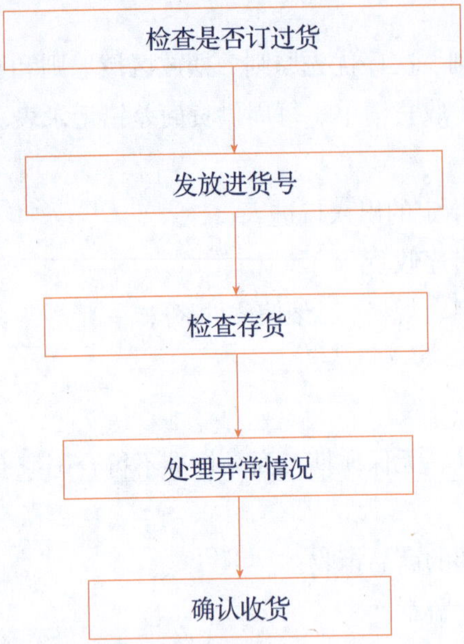

图 4－5　收货作业程序

图 4－6　调拨作业流程

调拨时的注意事项如下：

（1）填写调拨单，并签名确认；

（2）调出和调入时均需由双方门店验收检查并确认；

（3）调拨单一式两联，分别由调出门店和调入门店保管；

（4）调拨单需定期汇总送至总部会计部门，以配合账目处理。

（二）商品存货作业管理

1. 仓库作业管理

仓库作业管理是指门店商品储存空间的管理作业。一般而言，门店配送能力能跟得上的话，最好不设内仓而实施无仓库经营商品，即零库存。

仓库作业的注意事项如下：

（1）库存商品要进行定位管理，将不同的商品依分类、分区域管理的原则来存放；

（2）区位确定后应制作一张配置图，张贴在仓库入口处，以便存取；

（3）商品存放不可直接接触地面，应用货架放置；

（4）要注意仓储区的温度和湿度控制，保持仓储区通风良好、干燥、不潮湿；

（5）仓库内要设有防水、防火、防盗等设施，以保证储存商品的安全；

（6）商品储存货架应设置存货卡，商品进出要遵循先进先出的原则；

（7）仓库管理人员要与订货人员及时沟通，以保证到货商品的顺利存放；

（8）仓储存取货原则上应配合门店销售的实际需要，要做到随到随存、随需随取，但考虑到效率与安全，有必要制定作业时间；

（9）商品进出库要做好登记工作，以便明确保管责任；

（10）仓库要注意门禁管理，无关人员不得随便入内逗留，且仓库人员下班后须上锁。

2. 盘点作业管理

盘点就是定期或不定期地对门店内商品的实际数量进行全部或部分的清点，以掌握盘点周期内的真实经营业绩，以利于及时采取措施改善和加强管理，减少和降低损耗。盘点是加强经营管理的必要手段和措施，也是衡量门店经营管理水平的标准之一。通过盘点可以计算出门店真实的存货、费用率、毛利率、货损率等经营指标。盘点的结果可以说是一份门店经营绩效的成绩单。

盘点制度是由连锁门店总部统一制订的，其内容一般包括：

（1）盘点的周期。包括定期盘点和不定期盘点两种。

（2）盘点的原则。包括实地盘点原则和售价盘点原则等。

（3）盘点的方法。

（4）盘点的组织落实：盘点作业通常由各门店自行负责组织落实，在盘点当日原则上不允许任何人提出休假。

（5）账务处理的规定。

盘点作业的注意事项如下：

（1）店长在平时要教育和引导员工了解商品盘点的重要性与必要性；

（2）应做好与盘点有关的工具、场地的准备；

（3）把实施盘点作业的组织分配图及盘点范围告知有关人员，并于盘点前再作说明；

（4）盘点时配合实际需要，可成立临时机动支援小组，以达到盘点工作的时效性；

（5）有关盘点区域事前应予妥善划分；

（6）商品在盘点展开前应集中整理，以便于盘点的实施；

（7）在盘点商品时，心理上应同处理现金般谨慎；

（8）在实施盘点时，盘点人员应按照负责的区位，依序由上而下或由左而右展开盘点；

（9）盘点时最好两人一组，一人盘点一人记录，并注意复诵以避免错误，同时可以采用复点方式，盘点人与记录人彼此互换工作，以求盘点的正确性；

（10）使用盘点表时要详细地加以记录，避免念错、听错、写错等现象发生；

（11）盘点表上的数字书写要注意正确性及清晰性，以利于盘点后的整理工作。

3. 坏品处理作业管理

坏品指的是门店在销售或储存过程中产生的过期商品、包装破损不能再销售的商品，或因门店停电、水灾、火灾、保管不善等造成的瑕疵品。

坏品处理作业的注意事项如下：

（1）查清坏品产生的原因并尽快处理；

（2）必须登记详细坏品情况；

（3）出现坏品的责任在门店，门店必须反省；

（4）不可退换的坏品不可任意丢弃，必须做好记录、集中处理。

坏品处理作业流程如图 4－7 所示。

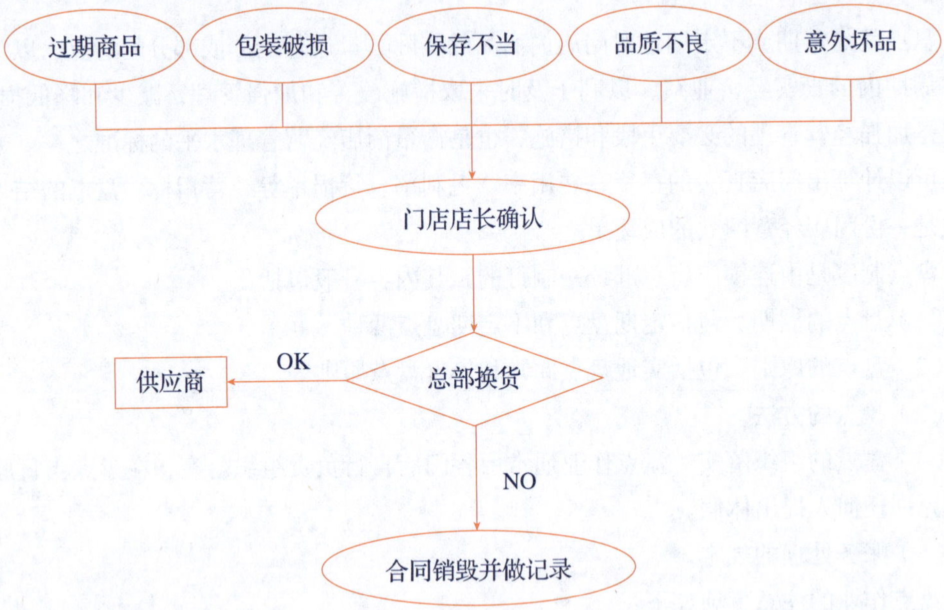

图 4－7　坏品处理作业流程

四、5S 现场管理方法与操作要点

日本企业在推行现场管理活动中，将其长期实践的成功经验总结成 5 个词：整理（Seiri）、整顿（Seiton）、清扫（Seiso）、清洁（Seiketsu）、素养（Shitsuke），简称“5S”。5S 堪称最基础的管理项目，易于理解，便于执行。5S 现场管理方法是一种现代企业管理模式，又被称为“五常法则”。

（一）整理

首先，把需要与不需要的人、事、物分开，这是开始改善作业现场的第一步。其要点是对作业现场的现实摆放和停滞的各种物品进行分类，区分什么是现场需要的，什么是现场不需要的。

其次，对于现场不需要的物品，诸如用剩的材料、多余的半成品、多余的工具、报废的设备、员工的个人生活用品等，要坚决清理出作业现场。这项工作的重点在于坚决把现场不需要的东西清理掉。

整理的目的如下：

（1）改善和增加作业面积；

（2）现场无杂物，行道通畅，提高工作效率；

（3）减少磕碰的机会，保障安全，提高质量；

（4）消除混放、混料等差错事故；

（5）减少库存量，节约资金；

（6）改变作风，提高工作兴趣。

（二）整顿

整顿就是把需要的人、事、物加以定量、定位。通过前一步整理后，对作业现场需要留下的物品进行科学合理的布置和摆放，并进行明确标示，以便用最快的速度取得所需之物，在最简捷的流程下完成作业。

整顿活动的要点如下：

（1）物品摆放要有固定的地点和区域，以便于寻找，消除因混放而造成的差错。

（2）物品摆放地点要科学合理。例如，根据物品使用的频率，经常使用的物品应放得近些（如放在作业区内），偶尔使用或不常使用的物品则应放得远些（如集中放在车间某处）。

（3）物品摆放目视化，使定量装载的物品做到过目知数，摆放不同物品的区域采用不同的色彩和标记加以区别。

作业现场物品的合理摆放有利于提高工作效率和产品质量，保障作业安全。这项工作已发展成一项专门的现场管理方法——定置管理。

（三）清扫

清扫是指把工作场所打扫干净，设备异常时马上修理，使之恢复正常。

清扫活动的要点如下：

（1）自己使用的物品，如设备、工具等，要自己清扫，而不要依赖他人，不增加专门的清扫工。

（2）对设备的清扫要着眼于维护保养。清扫设备要同设备的点检结合起来，清扫即点检；清扫设备要同时做设备的润滑工作，清扫也是保养。

（3）清扫也是为了改善。例如，当清扫地面发现有飞屑和油水泄漏时，要查明原因，并采取措施加以改进。

（4）清扫的目的是清除“脏污”，保持现场干净、明亮。

（四）清洁

整理、整顿、清扫之后要认真维护，使现场保持最佳状态。清洁是对前三项活动的坚持与深入，从而消除发生安全事故的根源，创造一个良好的工作环境，使员工能愉快地工作。

清洁活动的要点如下：

（1）作业环境不仅要整齐，而且要做到清洁卫生，保证员工身体健康，提高员工劳动热情。

（2）不仅物品要清洁，而且员工本身也要做到清洁，如工作服要清洁，仪表要整洁，及时理发、刮须、修指甲、洗澡等。

（3）员工不仅要做到形体上的清洁，还要做到精神上的“清洁”，待人要讲礼貌，要尊重别人。

（4）要使环境不受污染，进一步消除混浊的空气、粉尘、噪声和污染源。

（五）素养

素养即努力提高人员的修养，形成严格遵守规章制度的习惯和作风，这是“5S”活动的核心。没有人员素质的提高，各项活动就不能顺利开展，开展了也坚持不了。所以，开展“5S”活动，要始终着眼于提高人员的素质。

素养活动的要点如下：

（1）制定服装、仪容、识别特征标准。

（2）制定共同遵守的有关规则。

（3）制定礼仪守则。

（4）教育训练（新进人员强化5S教育、实践）。

（5）推动各种精神提升活动（晨会、礼貌运动等）。

知识拓展

推行5S现场管理方法的价值

思政园地

海底捞的“老鼠门”事件

2017年8月25日，海底捞北京劲松店被曝光后厨老鼠在乱窜，漏勺掏下水道。一时间，这一事件在餐饮圈引起了大面积的关注和讨论。就在众说纷纭之际，海底捞给出了正面回应，大大方方地承认了错误，这一回应距事件发生不过短短几个小时。

海底捞回应：问题属实，我们十分愧疚！

食品安全问题一直都是餐饮企业的生命线，海底捞董事长张勇就曾经说过，“海底捞可能有两种死法：第一种是管理出问题，如果发生，死亡过程可能持续数月乃至上年；第二种是食品安全出问题，一旦发生，海底捞可能明天就会关门，生死攸关。”

所以，在事件发生后，下午两点半左右，海底捞官方微博上就发布了《关于海底捞火锅北京劲松店、北京太阳宫店事件的致歉信》，大方承认问题属实，没有辩解和推脱责任，没有任何套路，表示愿意接受批评和监督。

随后，海底捞发布通报再次回应该问题，称北京劲松店、太阳宫店停业整改，全面彻查，并组织所有门店排查。

此外，通报称涉事停业的门店干部和员工无须恐慌，该类事件的发生，更多的是公司深层次的管理问题，主要责任由公司董事会承担。

面对问题，海底捞反应神速，不回避，敢承担，后续整改措施落实到具体责任人，又把事故主要责任揽到了董事会，既安抚了员工又树立担当形象，堪称危机公关典范。

关于海底捞火锅北京劲松店、北京太阳宫店事件的致歉信

尊敬的顾客朋友：

您们好！

今天有媒体报道我公司北京劲松店、北京太阳宫店后厨出现老鼠、餐具清洗、使用及下水道疏通等存在卫生安全隐患等问题。经公司调查，认为媒体报道中披露的问题属实。卫生问题，是我们最关注的事情，每个月我公司也都会处理类似的食品卫生安全事件，该类事件的处理结果也会公告于众。无论如何，对于此类事件的发生，我们十分愧疚，在此向各位顾客朋友表示诚挚的歉意。

各位顾客及媒体朋友可以通过海底捞官方网站（www.haidilao.com）上的"关于我们-食品安全-公告信息"或海底捞微信公众号（ID：haidilaohotpot）"更多-关于我们-食品安全-管理公告"查询我们已往对于该类事件的处理结果。

这次海底捞出现老鼠，以及暴露出来的其他在卫生清洁方面的问题，都让我们感到非常难过和痛心，今天，媒体的朋友也为我们提供了照片，这让我们十分惭愧和自责，我们感谢媒体和顾客帮助我们发现了这些问题。

我们感谢媒体和公众对于海底捞火锅的监督并指出了我们工作上的漏洞，这暴露出了我们的管理出现了问题。我们愿意承担相应的经济责任和法律责任，但我们也有信心尽快杜绝这些问题的发生。我们也已经布置在海底捞所有门店进行整改，并会后续公开发出整改方案，也希望所有的媒体和支持海底捞的顾客监督我们的工作。

再次感谢社会各界对海底捞的关心与监督。

四川海底捞餐饮管理有限公司

2017 年 8 月 25 日

关于海底捞火锅北京劲松店、北京太阳宫店事件处理通报

海底捞各门店：

今天有媒体报道我公司北京劲松店、北京太阳宫店后厨出现老鼠、餐具清洗、使用及下水道疏通等存在卫生隐患等问题。经公司调查，认为媒体报道中披露的问题属实。

公司决定采取以下措施：

1、北京劲松店、北京太阳宫店主动停业整改、全面彻查；并聘请第三方公司，对下水道、屋顶等各个卫生死角排查除鼠；责任人：公司副总经理谢英；

2、组织所有门店立即排查，避免类似情况发生；主动向政府主管部门汇报事情调查经过及处理建议；积极配合政府部门监管要求，开展阳光餐饮工作，做到明厨亮灶，信息化、可视化，对现有监控设备进行硬件升级，实现网络化监控；责任人：公司总经理杨小丽；

3、欢迎顾客、媒体朋友和管理部门前往海底捞门店检查监督，并对我们的工作提出修改意见；责任人：公司副总经理杨斌；联系电话：4009107107；

4、迅速与我们合作的第三方虫害治理公司从新技术的运用，以及门店设计等方向研究整改措施；责任人：公司董事施永宏；

5、海外门店依据当地法律法规，同步进行严查整改；责任人：公司董事苟轶群、袁华强；

6、涉事停业的两家门店的干部和职工无需恐慌，你们只需按照制度要求进行整改并承担相应的责任。该类事件的发生，更多的是公司深层次的管理问题，主要责任由公司董事会承担；

7、各门店在此次整改活动中，应依据所在国家、地区的法律法规，以及公司相关规定进行整改。

四川海底捞餐饮股份有限公司

2017 年 8 月 25 日

但这一事件在网络上持续发酵，对于全国火锅连锁巨头海底捞来说，无疑是给品牌形象带来了巨大的损失。问题暴露了管理上的漏洞。目前，海底捞发展非常迅速，在2014年之前，海底捞以每年5～8家店的速度扩张，而在2014年之后，开店速度几乎是之前的6倍左右。而这次出现的后厨的一系列卫生安全事件，折射的正是在快速扩张之下，海底捞门店管理失控。

1. 门店员工操作流程不规范

在这一次的媒体报道中提到了两个细节：

一是海底捞后厨洗碗间的员工将用来清扫地面、墙壁和下水道的扫帚和簸箕，用于清理洗碗机和储物柜，并且在清扫工作完成后，员工将簸箕和抹布放入洗碗池内清洗，扫帚放在洗碗机传送带上面沥水。

二是后厨下水管道堵塞，配料房的工作人员使用供顾客吃火锅时使用的漏勺来清理堵塞的垃圾杂物。漏勺使用完毕后，被放入装餐具的锅中一起清洗。

海底捞的员工在清理后厨的过程中，出现的这两个细节就直接暴露出其员工操作流程的不规范。

2. 门店店长、后堂经理等管理层麻木

海底捞这两家门店后厨出现的一系列问题，和门店店长、后堂经理等管理人员的管理麻木有非常大的关系。

首先，在报道中称，在员工出现使用漏勺清理下水管道等不规范的举动时，后堂经理只是看了一眼随后转身离开。

其次，卧底的记者称，入职第一天，就在后厨发现老鼠的踪迹，有的老鼠甚至会爬进装着食物的柜子里。而在暗访近两个月的时间里，海底捞劲松店请除鼠公司清理过一次老鼠，但没过几天，又有老鼠出现。

针对这一细节，有过多年店长经验的餐饮人表示："一般来说，餐厅出现老鼠和蟑螂是很正常的事情，的确也没有办法根除，所以好一点的餐厅除鼠次数都在每月一次。但是像海底捞这两家门店是属于鼠患比较严重的，这种情况，店长应该及时通报，应该再增加除鼠的次数。"

3. 质检部门检查不到位

海底捞后厨出现的一系列问题，除了门店员工、后堂经理、门店店长的失误之外，还有质检部门的缺失也是一个重要的原因。比如，卧底记者在海底捞劲松店和太阳宫店的时候，都发现洗碗机虽然每天会打开清洗，但都只是清洗表层，内部的油污并没有祛除。记者打开洗碗机的机箱盖，可以看到传送带一侧沾满了油渍，洗碗机内壁沾满了油渍和腐烂的食物残渣，洗碗机内的蓄水池满是黄色的污水。记者把洗碗机蓄水池里的水排净后发现，蓄水池内壁沾满了的油脂，用手可以刮下厚厚的一层。蓄水池内还可以清晰地看到一些掉落的碗盘，上面早已沾满了油脂。这些现象，都暴露出海底捞质检部门的检查工作做得不到位。

小结：

海底捞作为全国餐饮行业里的标杆出现食品安全问题，影响的不仅仅是自身品牌形象，更可能波及整个餐饮行业。就如很多网友评论的那样："连海底捞都存在食品卫生、安全的问题，那么，其他不那么知名的餐厅就可想而知了。"

食品安全监管只会越来越严，不仅这些处于风口浪尖的大企业大品牌，任何一家餐厅都要警钟长鸣，时时自查自检，而且要打持久战。食品安全是餐饮企业最大的风险，也是最大的机会。

资料来源：王依．海底捞反思：老鼠事件是由深层次管理问题导致．（2017-08-26）［2021-03-07］．http://www.360doc.com/content/17/0826/00/33186841_682168138.shtml.

通关练习

一、知识素养

1. QSC 管理主要包括哪几个方面？
2. 制定 QSC 标准对门店营运有什么价值？
3. 简述门店制定商品质量标准的原则和要点。
4. 简述门店 QSC 标准执行与监督的流程。
5. 团队建设的"5P"要素是什么？
6. 简述门店员工成长通道设计的分类和设计步骤。
7. 门店现场的人员日常管理要点主要有哪些？
8. 门店现场的设备管理要点主要有哪些？
9. 门店现场的库存管理要点主要有哪些？
10. 什么是 5S 管理？其操作要点有哪些？

二、实践操作

1. 有一天，两位顾客到某连锁超市买东西。其中一位顾客对一件特价商品表现出较浓的兴趣，就问促销员可不可以介绍一下。促销员没有回答。顾客再问了一次，促销员态度很冷淡地说："产品上面介绍都有。"顾客看到促销员如此态度，生气地扭头走了。

（1）如果你是促销员，你会如何接待顾客？

（2）如果你是门店店长，你会如何给促销员做好培训，提高服务质量？

2. 一天下午，某商场所在社区停电，整个商场供电不足，灯光昏暗，交接班人员都在岗位上，人非常多。这种环境为那些利欲熏心、意图不轨的人提供了难得的机会。家电部 A 科长便趁此时机，将不知从哪里弄来的发票拿到家电售后服务中心，声称有顾客要退货，而商品正在卖场试机，让家电售后服务中心人员提供退货小票。随后，他又利用职务之便开好退货单，并冒充顾客在退货单上签了名，然后让毫不知情的售后科长 B 某签了字。B 某也未仔细询问，在没见到顾客及实物的情况下，草草地签了名，并通知服务台人员办理退款手续。服务台人员询问："为什么退货？" A科长答复："顾客刚买的单，现在无货。" 服务台人员也未再仔细询问，便到收银台办理了退款手续。就这样，一台价值928元的TCL DVD影碟机退货款便轻易地被A科长装入了腰包。

事后，某员工提醒B科长："退货商品和单据怎么都没返回？" B科长这才有所警觉，马上上报主管，核对计算机库存及实物，发现影碟机库存少一台。

资料来源：新浪博客．不翼而飞的影碟机．（2014-07-13）［2021-03-07］．http://blog.sina.com.cn/s/blog_ba593ff90101h06s.html.

（1）请对此案例中影碟机丢失的原因进行分析。

（2）如何杜绝此类事件的发生？

模块五

门店销售目标管理

学习目标

知识目标

- 了解门店区域功能划分和商品位置配置原则；
- 熟悉不同业态商品陈列的方法和技巧；
- 了解门店经营趋势的影响指标，能够依此制定门店销售目标；
- 掌握制订门店营销活动、推广计划的方法；
- 掌握分析门店经营指标的方法。

能力目标

- 掌握门店出入口、通道、收银区域等产品标识设计要求；
- 能够根据消费者的购买行为，对商品进行分析和调配；
- 能够为门店制订经营周期内的销售计划；
- 掌握门店营销活动方案设计和实施推广计划；
- 能够根据门店营销活动方案做好活动的跟踪和总结，进而对门店员工做出激励；
- 能够熟练制定门店经营目标，并对经营业绩及时做出分析与总结。

思政目标

- 培养积极主动面对挑战的心态与能力；
- 树立满足人们日益增长的美好生活需要的服务理念。

知识导图

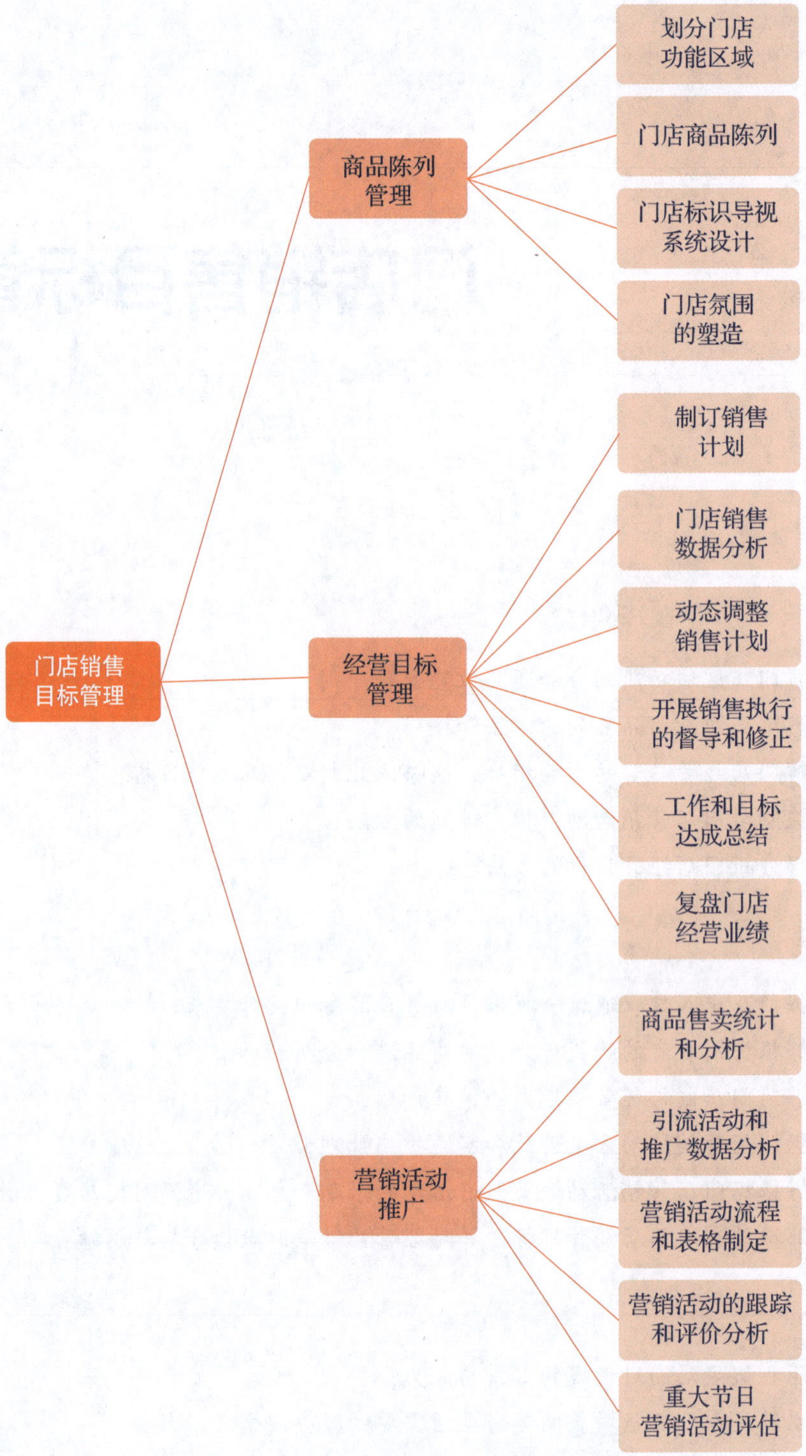
门店销售目标管理
商品陈列管理
划分门店功能区域
门店商品陈列
门店标识导视系统设计
门店氛围的塑造
经营目标管理
制订销售计划
门店销售数据分析
动态调整销售计划
开展销售执行的督导和修正
工作和目标达成总结
复盘门店经营业绩
营销活动推广
商品售卖统计和分析
引流活动和推广数据分析
营销活动流程和表格制定
营销活动的跟踪和评价分析
重大节日营销活动评估

单元一

1 商品陈列管理

案例导入

请同学们先回答下列问题：进入门店

1. 消费者的眼睛先看哪一边？

2. 消费者的眼睛爱看哪一边？

3. 消费者的眼睛喜欢商品堆放的多还是少？

答案是：

1. 先看左侧。一般来说，消费者进入门店后，眼睛会不由自主地首先向左侧看，然后转向右侧，这是因为人们看东西一般是从左侧转向右侧的。

2. 爱看右侧。消费者会印象性地看左侧的东西，安定性地看右侧的东西。

3. 喜欢商品多。消费者进入门店最关心的就是商品，如果货架上商品琳琅满目、非常丰富，消费者的精神就会为之一振，产生较大热情，购物信心大增，购物兴趣高涨。相反，如果货架上商品陈列稀疏，消费者就容易泄气，一旦产生这种心理，便会对解囊消费造成极大阻力。

生活习惯、色彩、形态等都会左右和吸引消费者前进的步伐和方向，有计划地陈列规划可以引导消费者在门店中的前进步伐。

资料来源：https://max.book118.com/html/2020/0903/8117135026002140.shtm.

思考：

1. 服装专卖店入口区域模特站台应摆放在哪里？
2. 怎样结合消费者的购物习惯，合理规划门店的布局？

一、划分门店功能区域

（一）门店区域的划分

一般情况下，门店区域划分要与品牌的推广、营销策略相符合。一个区域设置完整的门店，通常划分为导入区、销售区、休息区、服务区。

1. 导入区

导入区俗称门店前档，一般特指位于门店最前端的橱窗、头档流水台等，该区域往往是消费者第一眼看到的，也是门店留给消费者的第一印象。其作用主要是为了展示品牌的风格、商品的最新资讯及品牌的营销信息。所以，导入区的光亮度要高，陈列的商品色彩要尽量亮，这样容易吸引消费者的眼球，留下良好的印象，从而提升进店率。某服装门店导入区如图 5-1 所示。

图 5-1　某服装门店导入区

2. 销售区

销售区一般特指门店中部，指门店的货架、高柜、中岛柜等的组合（见图 5-2）。销售区是门店的核心区域，消费者往往在这些区域停留的时间最长，在这些区域的选购时间最长，销售人员在这个区域进行产品销售活动的概率也最高。销售区又可根据消费者关注程度的不同，细分为靓区、A 区、B 区等。

图 5-2 某便利店销售区

靓区为黄金区，是消费者关注度最高的区域，通常是流水台及门店两侧靠近门口的第一组货架。这是消费者最先看到或是走到的区域。这个区域通常陈列当季流行款、主推款、新品或形象款等。

A 区通常位于门店中部的中岛、货架、高柜等陈列组合，适合陈列库存量较大的款式、大众经典款、次新款。

B 区通常位于门店后部，是消费者到达概率较低或常被忽略的区域，适合陈列易于识别的款式或色彩鲜艳的商品。

3. 休息区

顾名思义，休息区是供消费者休息的地方。以服装门店为例，通常设置于靠近试衣间的位置，或者靠近镜子的位置，如图 5-3 所示。这个区域不仅可以让消费者得以歇脚，也是门店展示品牌形象、再次推荐、了解消费者深度需求的好地方。一般休息区会放置沙发、茶几、杂志、画册、POP、水、饮品等。尤其是在一些高端品牌门店，或者面积比较大的门店，此区域的设置就更重要，往往体现了品牌所倡导的生活方式和理念。有些门店甚至专门为 VIP 客人设置单独的 VIP 区域，提供水、茶、咖啡、按摩椅等。自然，这个区域周围陈列的货品也都是 VIP 专享的高端产品系列。

4. 服务区

服务区一般由收银台、试衣间、仓库组成。试衣间是消费者决定是否购买的最后环节，常设于门店后部，原因是：消费者试衣要穿过卖场，可提升在门店的深度接触率，增加二次消费的可能性。收银台是销售环节的终点，也是培养消费者忠诚度的起点，一般设置在门店的后部，与试衣间距离接近，便于销售。仓库是卖场不可或缺的一个部

图 5－3　某服装门店休息区

分，方便销售人员及时拿取货品。某服装门店收银台如图 5－4 所示。

图 5－4　某服装门店收银台

（二）门店区域划分的操作技巧

1. 死角盘活

没有完美的门店，任何一个门店都有可能出现死角。死角往往是消费者不易走到的角落，把门店死角盘活有很多种方式。一般情况下，在这些位置，可以采用装镜子、放海报、摆放模特、做点挂、做主题式场景陈列、摆放富有品牌个性化的陈列道具、陈列特殊商品等来吸引消费者。

同时，通过死角位置的突出陈列，还可以延长消费者在门店的动线，从而提升消费者在门店的深度接触率。

2. 清晰划分门店区位

展示位：位于客流通过的方向，视觉扫描第一接触的位置。例如橱窗展示，如图 5－5 所示。

图 5－5　某品牌门店橱窗

第一陈列位：位于客流视觉停留在店内时最容易接触到陈列商品的位置。例如头档流水台，靠近门口两侧的第一个货架。

第二陈列位：位于次客流通过的方向，视觉扫描易接触的位置。

销售位：位于导购和消费者最容易接触到的商品陈列的位置。

连带销售位：位于消费者在决定购买的环节最容易接触到的商品陈列的位置。例如卖场的试衣间附近、镜子附近、收银台附近的位置。

3. 充分利用各区位的特点进行差异化应用

展示位：陈列当季新款，并结合 POP、饰品等突出当季的陈列氛围。

第一陈列位：陈列当季形象款、主推款等。

第二陈列位：陈列当季特色商品、季节性畅销品。

销售位：陈列常年畅销品、最想卖的商品、库存充足的商品。

连带销售位：陈列各类易于连带销售的小商品、基本款、方便配搭的款式等。

实例分享

Zara 不仅仅是陈列（节选）

二、门店商品陈列

陈列是通过对商品、橱窗、货架、道具、模特、灯光、音乐、POP 海报等，进行有组织的规划，从而达到营销目的的一种手段。

（一）陈列的作用

1. 展示商品

商品陈列要起到让消费者眼睛一亮的感觉。商品陈列要具有生动化状态，即充分利用生动化的物料，如吊旗、漂亮的价格标签、气球、灯箱等，商品高低陈列、错落有致，保证商品陈列的立体化效果，并通过良好的陈列氛围，吸引消费者，进而让消费者愿意留下来，在门店里多停留一段时间，从而提升成交率。

2. 提升品牌形象

商品陈列是促成终端销售的最好机会之一。调查表明：消费者最后做出购买决定87% 取决于该商品陈列的科学性与显眼度。而商品陈列又是最为廉价、最为基本的促销方式。它不需要门店投入大量费用，只需要认真分析商品特点、消费者的购买习惯等，从审美的角度对商品的摆放进行设计，就可能获得更大的效益。良好的商品陈列不仅可以方便、促使消费者购买，而且可以借此提高商品及其品牌的形象。

3. 营造品牌氛围

一个门店的整体氛围包含橱窗装饰、商品陈列摆放、光源、色彩搭配、POP 等，这些是构成一家门店好氛围的关键要素。例如，服装商品本身不会说话，但我们可以利用陈列手法、造型艺术和灯光让其“活”起来，如某运动装品牌，运用动感的模特、色彩鲜艳的冲浪板，构成了一幅年轻人夏季在海边冲浪运动的快乐情景，这种展示生动而有趣地给消费者提供一个身临其境的联想空间。

4. 提升销售额

好的陈列和差的陈列，对销售额的影响非常大，这是众多品牌和商家极度重视商品陈列的原因之一。好的商品陈列可以引起消费者的购买欲，并促使其采取购买行动。据统计，门店如能正确运用商品的配置和陈列技术，销售额可以在原有基础上提高 10%。

（二）陈列的原则

1. 陈列的安全性

保证陈列的稳定性，保证商品不易掉落，应适当地使用盛装器皿、备品。

2. 陈列的易观看性

一般情况下，人的眼睛向下 20° 是最易观看的。人的平均视觉是由 110° 到 120°，可视宽度范围为 1.5 ～ 2m，在门店内步行购物时的视角为 60°，可视范围为 1m。

3. 陈列的易取性、易放回性

消费者在选购商品的时候，一般是先将商品拿到手中从所有的角度进行确认，然后再决定是否购买。当然，有时消费者也会将拿到手中的商品放回去。如果所陈列的商品不易取、不易放回，也许就会仅因为这一点便丧失了将商品销售出去的机会。

4. 陈列的舒适性

（1）清洁感。

不要将商品直接陈列在地板上。无论什么情况都不可将商品直接放到地板上，注意去除货架上的锈、污迹，有计划地定期进行清扫。对通道、地板也要时常进行清扫。

（2）鲜度感。

保证商品质量良好，距超过保鲜期的日期较长，距生产日期较近。保证商品不带尘土、伤疤、锈，并使商品的正面面对消费者。

（3）新鲜感。

富有季节感的装饰，符合季节变化，不同的促销活动使门店富于变化，不断创造出新颖的门店布置。设置与商品相关的说明看板，相关商品集中陈列。通过照明、音乐渲染购物氛围。演绎使用商品的实际生活场景，演示实际使用方法以促进销售。

（三）陈列方法

1. 海报陈列

（1）形象海报（POP，门口的推广 POP）。

制作方法：喷绘。

使用范围：门店收银台后的形象墙、橱窗。

使用方法：粘贴在固定的区域，注意海报要平整，中间不能有气泡，要保持清洁。

（2）高货架海报。

制作方法：喷绘。

使用范围：货柜旁边及高架。

使用方法：粘贴在固定的灯箱上，然后把灯箱固定在货架上。

（3）门口吊牌。

制作方法：喷绘、写真。

使用范围：门店入口处。

使用方法：粘贴在固定的 KT 板上，然后用丝线把 KT 板固定在卖场的门楣上。KT 板的正反两面都贴上相同的宣传品。

（4）减价标。

制作方法：印刷、手绘。

使用范围：圆形展台、T 形流水台、隔板及饰物区。

使用方法：涂改成与商品相同的价位，置于专用的价格牌内，按道具的摆设要求对齐陈列。

2. 橱窗陈列

橱窗是门店有机的组成部分，不是孤立的，因而在构思橱窗的设计方案时必须要把橱窗放在整个门店中去考虑。另外，橱窗的观看对象是消费者，我们必须要从消费者的角度去设计规划橱窗里的每一个细节。橱窗设计前需要考虑消费者的行走视线，不仅要考虑消费者正面站在橱窗前的展示效果，也要考虑消费者侧向通过橱窗所看到的效果；不仅要考虑消费者静止时的观看角度和最佳视线高度，还要考虑橱窗由远至近的视觉效果，以及穿过橱窗前的“移步即景”的效果。在夜晚还要适当地加大橱窗里的灯光亮度。

橱窗是门店的一个部分，在布局上要和门店的整体陈列风格相吻合，形成一个整体，特别是通透式的橱窗，不仅要考虑和整个门店的风格相协调，更要考虑和橱窗最靠近的几组货架的色彩相协调。橱窗的陈列要和门店的营销活动相呼应。

3. 卖场陈列

卖场中要考虑主、副通道的设置。主通道没有经过、副通道又较难走的专柜，消费者短少是必然的。因此要将专柜设在既能从主通道上看得见又能从副通道走过去的位置。

卖场前场应当陈列当季最需要的主推款；中场陈列平销品种；后场陈列促销品种。特殊时期，可根据促销主题调整位置。

知识拓展

视觉陈列焦点三要素：VP、PP、IP

（四）陈列技巧

门店陈列设计的目的就是让消费者在店内购物的过程中尽可能地经过更多区域，看到更多产品，同时降低消费者在购物过程中的体力消耗，让消费者的购物兴致、新鲜感和兴奋感保持在较高水平。

1. 遵循右行习惯

大多数人习惯用右手、靠右边行走。如果没有特别指引，消费者进入门店通常也是喜欢往右边走，流动方向大多是逆时针方向。因此，右边的第一组货架上的产品就容易给消费者留下深刻的第一印象，第一印象区就要设置一些新品。此外，靠右的门店设计中应少拐角，不能有障碍物，除出入口外，店内一般是形成一个流动的闭环，如图 5－6 所示。

2. 遵循趋光性规律

在门店内，消费者的目光会很容易被灯光照度强的物体、诱人的灯光氛围吸引。

一般来说，消费者不愿走到店内的角落里，如果尾端光线很暗淡，消费者更会产生

图 5－6　遵循右行规律陈列

不安全的感觉，所以我们要使该区域的亮度比其他区域的平均亮度高 2 倍。这也是诱客深入的一个窍门——利用死角，做到死角不死，如图 5－7 所示。

图 5－7　利用光线陈列

总之，一个好的动线设计能够引导客流量到店里的每一个位置，确保门店的平效和总体产出最大化。

3. 遵循趋色性规律

聚人气、引人流，是门店经营的永恒话题。色彩运用得当能提高客流量。

色彩本身并无冷暖的温度差别，是视觉色彩引起人们对冷暖感觉的心理联想。不同波长色彩的光信息作用于人的视觉器官，通过视觉神经传入大脑后，经过思维，与以往的记忆及经验产生联想，从而形成一系列的色彩心理反应。

图 5-8　巧妙利用色彩陈列

例如，服装店可以利用色彩带来的心理效果来克服门店狭长的缺点。黄色、红色等色调会令人产生“前进心理”，催人前行，如图 5-8 所示。

4. 满足消费者追求便利性心理

通常消费者喜欢方便、无压力的购物环境和简便的购物流程，因而路线是否顺畅、路线的宽度是否适宜会直接影响消费者的购买欲望。

如果路线太宽，不但浪费门店宝贵的空间，也会由于消费者距离商品远而影响其购买兴趣。如果路线太窄，则会使消费者相互拥挤产生不愉快的感觉，进而影响购买兴趣。最有效的空间利用，也就是终端的布局，要遵循把空间充分利用起来的原则，满足消费者追求便利性的心理需求，如图 5-9 所示。

图 5-9　陈列便利性

5. 满足好奇性心理

人在无明确目的搜寻的情况下，看到特别的、有个性的陈列会产生兴趣。有特色的动线设计一般容易让人记住，也就是所谓的具有明显记忆点，能够提升消费者进店的欲望并延长停留时间。

新颖的陈列（如图 5－10 所示）很容易引起消费者的好奇心，使其想要进来“看看”，而一个店的消费者越多，进来的人会更多；店里要是没人，大家反而不敢进来——本来想进去的，看到店内一个人都没有，那就要考虑考虑了。

图 5－10　陈列新颖性

三、门店标识导视系统设计

（一）门店标识导视系统的概念

门店标识导视系统通常是指在门店内外所有能帮助促销的广告及其他可以提供商品相关信息的服务、指示、引导等标识的组合。

通过对标识、定位、导引、动线的建立（即人们通常所理解的功能＋形象），配合门店的营销主题，建立公共形象沟通语言，使得消费者能够在门店中轻松购物。

（二）门店标识导视系统的设计原则

1. 准确性

标识信息应该准确、完整，不能错误引导消费者或致使消费者的理解与实际位置出现偏差。

2. 简洁性

标识应该简单明了，使得消费者易于快速、准确理解信息。

3. 连续性

在到达目标位置之前，应在每个交叉口或消费者容易迷失方向的位置连续做出标识，这不仅是一种形式的重复与延续，也加强了消费者的知觉认知和记忆。

4. 易识性

标识信息应醒目、清晰，易于被消费者识别。

5. 一致性

同类别或同一个目标位置的标识应具有一致性，包括颜色、字体、规格等表现方式，便于消费者识别。

6. 兼容性

标识应符合国家或国际标准的规定，并尽量与消费者已有的概念、认知、习惯一致。

（三）门店标识导视系统的分类

1. 门店公告类标识系统

门店公告类标识系统是告知消费者门店经营内容、工作流程、企业文化的宣传告示。

（1）消费者须知类。

消费者须知类，即明确告知消费者相关的门店服务内容、作业流程等的标识，如图 5 - 11 所示。

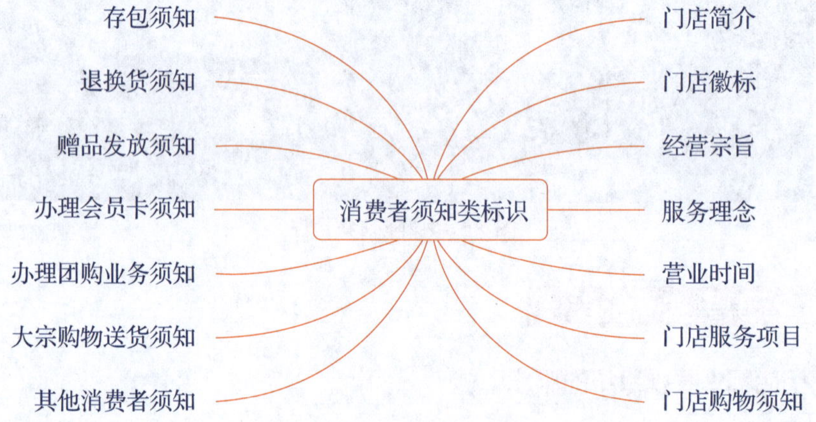

图 5 - 11　消费者须知类标识

（2）消费者提示类。

提示消费者正确的方向及安全购物的标识，如图 5 - 12 所示。

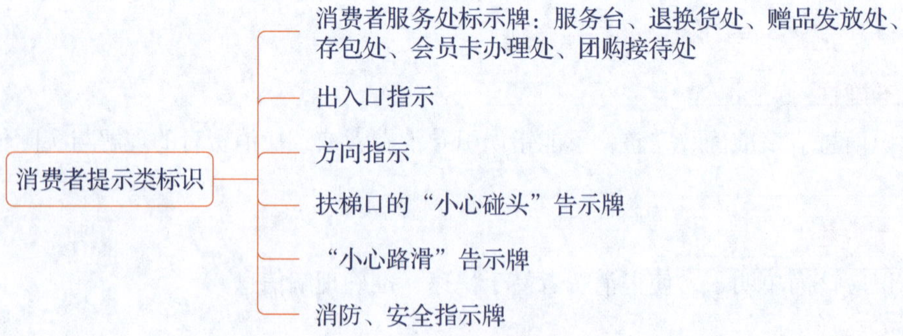

图 5 - 12　消费者提示类标识

（3）办公区域公告类。

办公区域公告类是指悬挂于办公区域内的，与门店员工密切相关的标识，如图 5 - 13 所示。

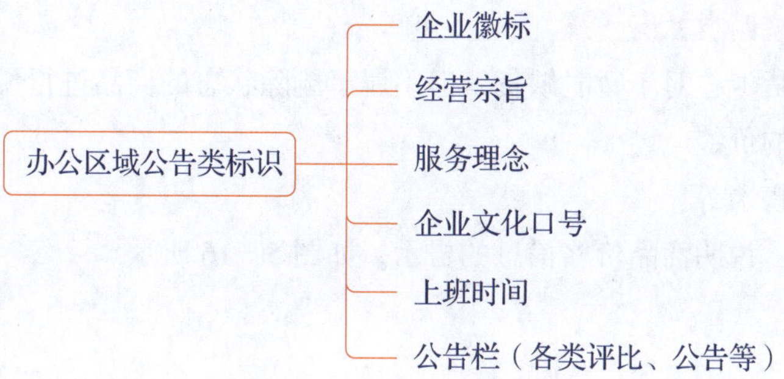

图 5－13 办公区域公告类标识

（4）对外公告类（如图 5－14 所示）。

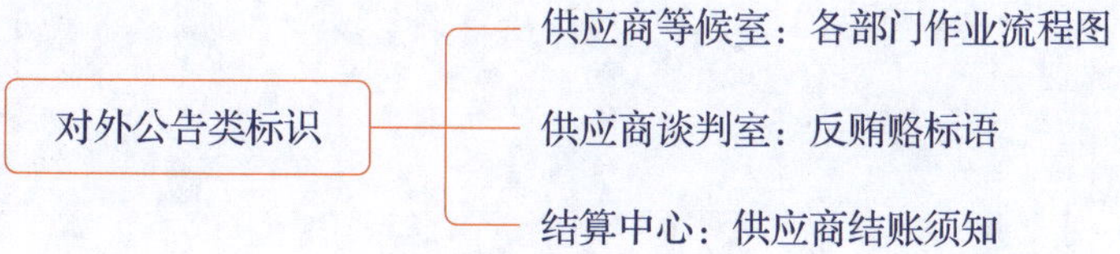

图 5－14 对外公告类标识

2. 商品说明类标识系统

商品说明类标识系统是指告知消费者与商品相关的宣传告示，如图 5－15 所示。

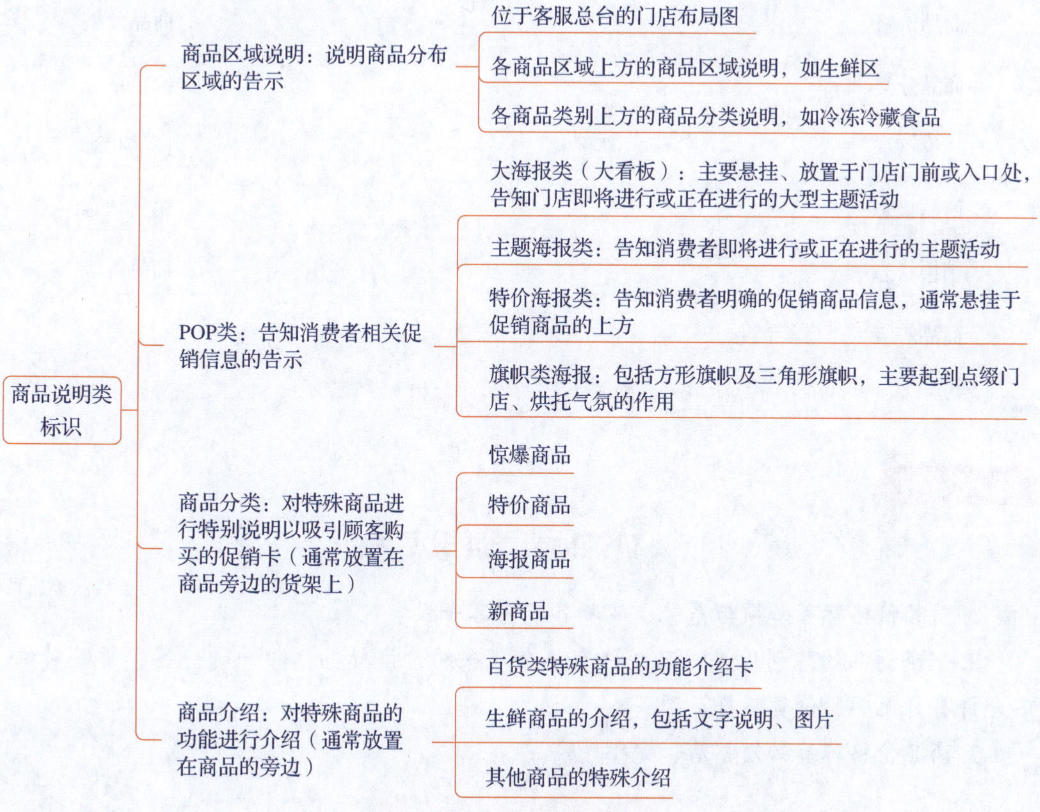

图 5－15 商品说明类标识

3. 商品销售说明类标识系统

（1）暂时缺货卡：对于暂时缺货，但不属于删除状态的商品进行说明。如放置在缺货商品的货架上的价签。

（2）整组销售卡等。

（3）价签类：说明商品价格信息的告示，如图 5－16 所示。

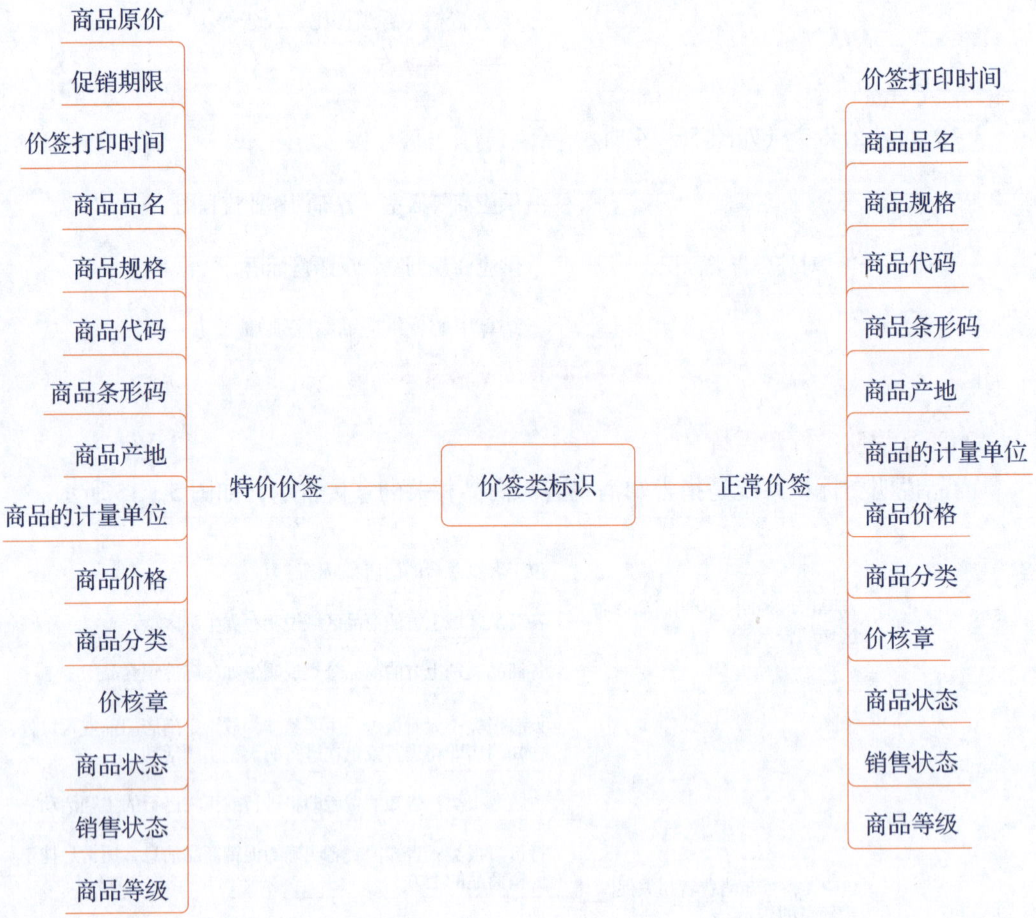

图 5－16　价签类标识

知识拓展

价格标签管理规定

1. 商品价格标签必须与系统、实物各项内容一致。

2. 一个商品的陈列位置，只允许有一个正确的价格标签，即一货一签、货签对位，不允许有货无签、价货不符。

3. 商品价格标签必须整洁、完整。

4. 在日常工作中，应加强对价格标签的维护，避免丢失。特价期间，正常价签应集中分类存放，不得随意丢弃。

5. 因员工工作失误导致价签错误及价签损失的，按相关规定处理。

6. 损坏或无法使用的价签，需销毁后方可丢弃。

7. 价格标签在丢失或破损的情况下应马上更换。

资料来源：https://max.book118.com/html/2016/0301/36589288.shtm.

四、门店氛围的塑造

（一）环境塑造及灯光管理规范

灯光是产品展示的有效工具，良好的灯光可以营造温馨、舒适的购物氛围，对消费者的消费体验有着重要的影响作用。良好的灯光效果可以营造出独特视觉体验，能将产品陈列特点有针对性地表现出来。

店内照明应使门店富有个性化与艺术气息，通过各种光线的交叉性照射消除视觉死角，保证陈列的最佳效果，从而凸显品牌的特色与商品的魅力。

店内的基础照明须保持一定的明亮度，使消费者在选购时能看清楚。通常门店照明采用冷光和暖光相结合，注意确保所有灯具正常运作。

作为重点照明的各种射灯需要有效地投射到需要突出展示的商品特定位置区域。

门店的灯光管理要注意以下几点：

（1）店内的灯光效果整体要明亮，光线充足，不可偏重于某一处或某一区域。

（2）若有某处灯源有损坏现象，需及时修理，不可拖延。

（3）衬托环境的（无实质照明用途的）灯光，必须开启。

（4）开店前和闭店后，员工在店内摆放商品时可开部分灯具，保证照明即可。

（二）促销氛围的塑造

门店适当播放有利于营造购物氛围的音乐，可以选择能让人心情舒畅、愉悦欢快的音乐，注重与品牌文化的相关性和结合性。可以播放企业或品牌宣传片，进一步给消费者灌输企业或品牌的强势和优势。在节日促销活动期间，门店播放的音乐要精心选择。

注意事项：

（1）不可播放低俗、劣质的曲目。

（2）播放音乐时，音量不宜过大，不可影响导购员与消费者的交谈。

（3）播放的曲目节奏不宜过快，通常以轻音乐或演奏曲目为主；节日里播放的音乐要符合节日气氛。

单元二

2

经营目标管理

案例导入

4 个月打造 1 300 家数字化门店，波司登如何完成从 0 到 1 的蜕变？

2020 年 4 月，波司登与阿里云、奇点云达成合作，搭建数据中台，助力数字化转型升级。中台精准营销场景引导成交金额、全店成交占比及投入产出比持续提升……调补货效率提升 60%；销售预测准确率达 70%，以数据赋能消费者研究、商品企划、商渠匹配、产销协同、商品智能运营等业务场景，业务创新，降本增效，硕果喜人。从小步快跑到迭代升级，波司登这家有四十几年历史的大型传统服装企业，走出了一条教科书式的数字化转型之路。

波司登线下门店

2019 年 12 月，波司登首次把数据中台提上议程，并于 2020 年 4 月正式启动。对于波司登来说，这是大势所趋，也是水到渠成。当完成数据中台基础能力建设后，波司登开始着手以数据赋能整个业务链条，包括企划、订货、生产、铺货、销售、售后等环节。围绕商品运营，阿里云、奇点云与波司登共创并沉淀出了四大业务模型，大幅提升了运营效率。

1. 商渠匹配：在“对的店”遇见“对的商品”

消费者在哪里，波司登就在哪里。而所处商圈消费者的画像又决定了这家店的商品结构。例如，一家位于我国北方某住宅区的波司登门店与一家位于南方城市某商业休闲区的波司登门店，其主打款的选择、不同风格款式的库存必然有所不同。

商渠匹配智能应用综合消费者画像（性别比例、主题偏好、消费水平等）、商圈气候、历史销量等数十个维度，匹配服饰主题风格、尺码、颜色等指标，细化到每个渠道、每家店铺，提供自动化、智能化的铺货。

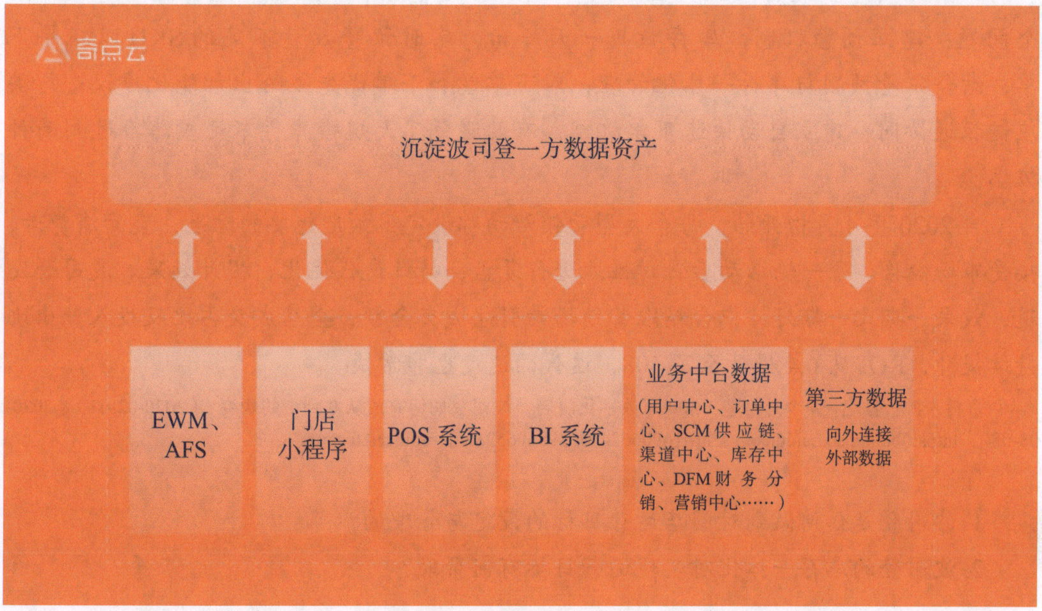

波司登数字化改造基础

2. 销量预测：智能预测销量，动态调节库存

从导入期（新品上市）到成长期、成熟期，及最后的退市期，销量预测贯穿商品全生命周期。为了以更精准的库存覆盖更全面的需求，减少库存积压，提升售罄率，项目组搭建了“智能销量预测”：小到预测每一阶段每个款式、尺码的销量，大到预测单个渠道的总销量，实时输出结果，并以此为依据进行调补货、下单生产、营销促销等商品洞察和运营动作。

波司登综合了气温、节日、折扣、店态（大众店、旗舰店、奥莱店等）、渠道、历史销量等多个影响因子，与阿里云、奇点云共同合作完成了一套匹配波司登品牌产品的预测算法，并不断迭代精进，让销量预测越来越准。

3. 库存一体化：共享全国库存，自动调货补货

2020 年，波司登全国货品全被收归总部进行管理，形成了一个巨大的虚拟库存。这对总部的管理水平、响应速度和精确度提出了更高的要求：如何让仓库与门店之间的库存调配更及时、准确、高效，同时降低调补货成本？如何从全国一体的角度考虑，降低库存积压，提升售罄率？

打通多级库存数据后，以一体化库存为基础，项目组创新搭建智能调补货系统，自动化提供调货、补货建议，实现了仓库、门店调补货 100% 自动化。

同时，基于数据中台的计算能力和经优化重构的算法模型，调货、补货的计算性能与准确度大幅提升。原来需要约 4 小时才能完成全国 4 000 家门店的补货动作，现在只需要 1 小时。

4. 产销协同："预知"需求，下单及时、不囤积

产销协同一直是传统服饰企业的难题，而波司登借助数据智能的力量解决了这个问题：建立预警机制，库存数据一天一出，实时预警数量不足的 SKU 以指导下单；结合销量预测与库存一体化管理，对下单量和下单优先级给出智能化建议；与供应链拉通协同，建立自动快速下单机制，有效避免了大规模库存不足或库存过剩两种极端。

自 2020 年 4 月初开始，每个大型营销活动都设定了预期想要的结果，直面消费者，接受市场检验。每一轮活动后针对性地进行复盘，持续迭代优化，提升效果。波司登发现，效果一期比一期好，中台精准营销场景引导成交金额、全店成交占比及投入产出比持续提升，ROI 从 6.4 提升至了 508，迭代的速度也非常快。

资料来源：佚名．4 个月打造 1 300 家数字化门店，波司登如何完成从 0 到 1 的蜕变？（2020-02-03）［2020-08-08］．https://baijiahao.baidu.com/s?id=1690667495639869652&wfr=spider&for=pc.

思考：

1. 波司登是如何做到对门店运营目标的设定与管理的？
2. 波司登的库存一体化对实现运营目标有何帮助？

一、制订销售计划

（一）销售计划的内容

销售计划是指在进行销售预测的基础上，设定销售目标额，进而为能具体地实现该目标而实施销售任务的分配作业，随后编写销售预算，从而支持未来一定期间内的销售配额的达成。销售计划是各项计划的基础。

销售计划的内容包括以下几个方面：

1. 市场分析

市场分析即专家性总结，是门店所做决策的指导性纲要。文字要求简明扼要且具有高度的概括性。它主要是对门店的产品、竞争状况、消费行为特点及过往销售史、现状

和未来发展的高度概括与总结。

2. 门店的销售目标

门店的销售目标是指门店在一定时期内所要实现的理想状况。门店的销售目标可分为定性目标和定量目标两种。

（1）定性目标：通常是指门店的市场形象、店员的服务质量、市场竞争地位等目标。

（2）定量目标：通常是指门店所经营商品的市场占有率、营业收入的额度、利润、投资回报率等目标。

3. 门店的销售行动计划

门店的销售行动计划是指为了实现门店既定目标而制订的各种可实施性计划，为实现目标所制订的具体行动步骤和周密的布置，也就是门店日常工作的指导书。

一个良好的销售行动计划应明确地规定销售活动的内容、主要负责人、活动的开始和结束日期、活动的费用预算、活动的日程安排以及绩效的评估方法等。

（二）制订销售计划可达到的效果

（1）明确门店销售计划及其发展方向，通过销售计划的制订，理清销售思路，为具体开展销售活动指明了方向，从而实现销售计划从主观到理性的转变。

（2）实现数字化、制度化、流程化等基础性营销管理。销售计划不仅量化了销售目标，而且还通过销售目标的合理分解，细化到每个人和每一天的工作任务。

（3）整合门店的营销组合策略。通过销售计划，确定新的营销执行的模式和手段，为市场的有效拓展提供了策略支持。

（三）制订销售计划要遵循的原则

（1）销售计划的拟订要贯彻和落实企业营销的整体战略，具有相对稳定性，同时，根据市场的变化要具有一定的灵活性。

（2）销售计划的拟订要从实际出发，事先做好市场调查和产品分析，并着眼于门店的未来发展。

（3）销售计划的拟订要充分考虑到销售淡季或营业较差时期的目标。

（4）销售计划不仅要强调计划的可执行性，更应强调计划结果的可控性。

（四）制订销售计划的步骤

（1）分析营销现状。

（2）确定销售目标。

（3）制定销售策略。

（4）评价和选定销售策略。

（5）综合编制销售计划。

（6）对计划加以具体说明。

直通职场

思维导图教你7步搞定销售计划

二、门店销售数据分析

在制订销售计划和目标时，门店经营的历史数据应该成为科学制订计划和目标的基础。在门店的经营管理过程中，会产生大量的经营数据，这些数据信息是门店研究销售规律，制订订货、补货、促销计划，调整经营措施的基本依据。某些经营理念好的品牌企业已经对所有终端门店安装了专业的销售软件并进行联网，在企业营销中心还配备了专业的数据分析员，进行及时的数据分析并提出对策。加强门店销售数据的采集与管理，并进行合理、正确、有效的实时性分析，有助于门店逐渐克服以经验营销导致的局限性或对经验营销者的过度依赖性，并成为科学决策的关键和提升品牌与门店的市场认识能力、市场管理能力和市场适应能力的重要前提。

（一）分析门店销售数据的意义

1. 有助于正确、快速地做出市场决策

门店经营需要根据市场趋势、销售时段等的特点不断调整销售计划。在门店营销活动过程中，只有及时掌握门店销售及市场消费者需求情况及其变化规律，才能根据消费者对营销方案的反应，迅速调整商品组合及库存、调整产品价格、改变促销策略，抓住商机，提高商品周转速度，减少商品积压。

2. 有助于及时了解销售计划的执行结果

详细全面的销售计划是门店经营成功的保证，而对销售计划执行结果的分析是调整销售计划、确保销售计划顺利实现的重要措施。通过对门店销售数据的分析，可及时反映销售计划的完成情况，有助于营销人员分析销售过程中存在的问题，为提高销售业绩及服务水平提供依据和对策。

3. 有助于提高连锁企业营销系统运行的效率

数据的管理与交流是连锁企业系统正常运作的标志。经营活动过程中的每一个环节都是通过数据的管理和交流而融为一体的，缺少数据管理和交流，往往会出现经营失控，如货品丢失等。而门店与门店之间的数据交流的缺乏，则会导致交流信息的不准确和相互间的货品信息、管理信息的闭塞与货品调配的凝滞。

（二）常用的销售数据分析工具

1. 柱状图

柱状图主要用于销售收入、毛利的同比增长对比，可以非常直接地看出比较指标的

同比增长幅度。

绘制柱状图应注意图的颜色、底色与图内数据柱、同比线的颜色要形成鲜明的对比，方便从图中清晰地看出增长趋势。图中的字体要清晰工整，尽量不要用斜体字，如图 5－17 所示。

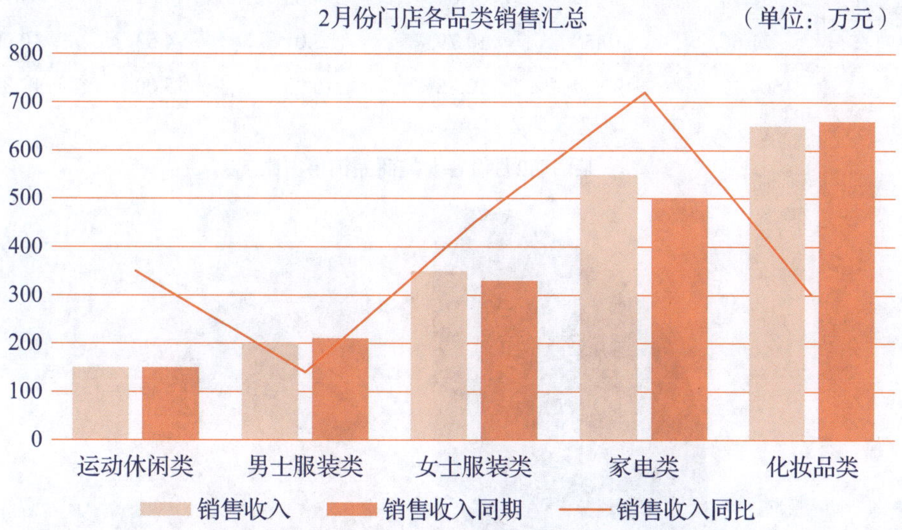

图 5－17 柱状图示例

2. 饼状图

饼状图的要素包括：

（1）标题：概括介绍图形的主旨，表明图形所描述的对象是什么。

（2）数据：图形中的统计数值，包括计量单位。

（3）图例：具有图形语言的功能，表明图中各类别的具体含义。

饼状图的优点是能够将各种数据直观地综合到同一个图中，可以从图中清晰地看出各部分的比重值。例如，依据表 5－1 的数据可以绘制出如图 5－18 所示的饼状图。

表 5－1 某门店 2 月份大类商品销售分析　　（单位：万元）

大类	销售收入			毛利润		
	本月	同期	同比 ±%	本月	同期	同比 ±%
化妆品	117.64	90.95	29.35%	22.51	19.64	14.61%
珠宝首饰	300.48	340.87	–11.85%	26.69	33.19	–19.58%
钟表	86.41	61.87	39.66%	16.78	11.33	48.10%
男女鞋	127.40	145.55	–12.47%	27.06	29.87	–9.41%
女装	281.96	239.26	17.85%	56.73	47.81	18.66%
男装	130.43	146.20	–10.79%	27.43	31.72	–13.52%
休闲装	42.07	51.72	–18.66%	7.70	8.71	–11.60%
运动装	94.25	84.20	11.94%	16.38	14.13	15.92%

续表

大类	销售收入			毛利润		
	本月	同期	同比 ±%	本月	同期	同比 ±%
羊绒羊毛	34.65	52.83	-34.41%	8.95	11.37	-21.28%
箱包皮具	36.96	37.35	-1.04%	9.80	6.81	43.91%
针织内衣	21.66	19.55	10.79%	5.01	4.53	10.60%
家电	564.19	499.94	12.85%	16.93	15.00	12.85%

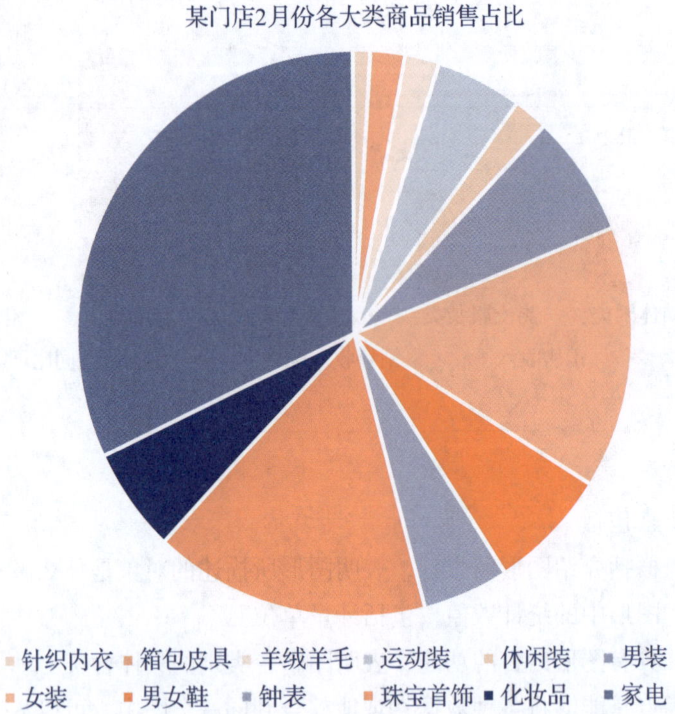

图 5-18 饼状图示例

3. 折线图

折线图是用一个单位长度表示一定的数量，根据数量的多少，描出各点，然后把各点用线段顺次连接起来的图形。折线图不但可以表示出数量的多少，而且能够清楚地表示出数量增减变化的情况。

折线图一般用于销售收入、毛利润、平效、人效数据的发展趋势分析。例如，依据表 5-2 的数据可以绘制出如图 5-19 所示的折线图。

表 5-2 2020 年 1—12 月某门店百货类商品销售额 （单位：万元）

月份	销售额			毛利润		
	本月	同期	同比 ±%	本月	同期	同比 ±%
1 月	16 2 836.7	86 496.37	88.26%	30 085.89	16 180.09	85.94%

续表

月份	销售额			毛利润		
	本月	同期	同比 ±%	本月	同期	同比 ±%
2月	82 075.63	97 555.75	-15.87%	13 909.63	18 311.77	-24.04%
3月	87 643.25	61 682.63	42.09%	15 101.43	10 970.06	37.66%
4月	87 008.21	61 032.46	42.56%	14 718.08	10 616.13	38.64%
5月	92 526.42	76 681.81	20.66%	15 868.43	13 280.01	19.49%
6月	94 893.39	66 225.85	43.29%	18 655.20	11 842.10	57.53%
7月	79 973.03	60 634.81	31.89%	12 894.01	10 099.16	27.67%
8月	79 966.63	63 499.84	25.93%	13 166.86	10 557.85	24.71%
9月	103 232.90	76 294.05	35.31%	17 955.48	13 252.85	35.48%
10月	115 777.80	97 712.65	18.49%	20 509.42	17 103.25	19.92%
11月	96 193.29	81 641.51	17.82%	17 633.57	14 984.31	17.68%
12月	126 971.75	9 695.37	15.69%	23 287.2	17 519.22	16.80%

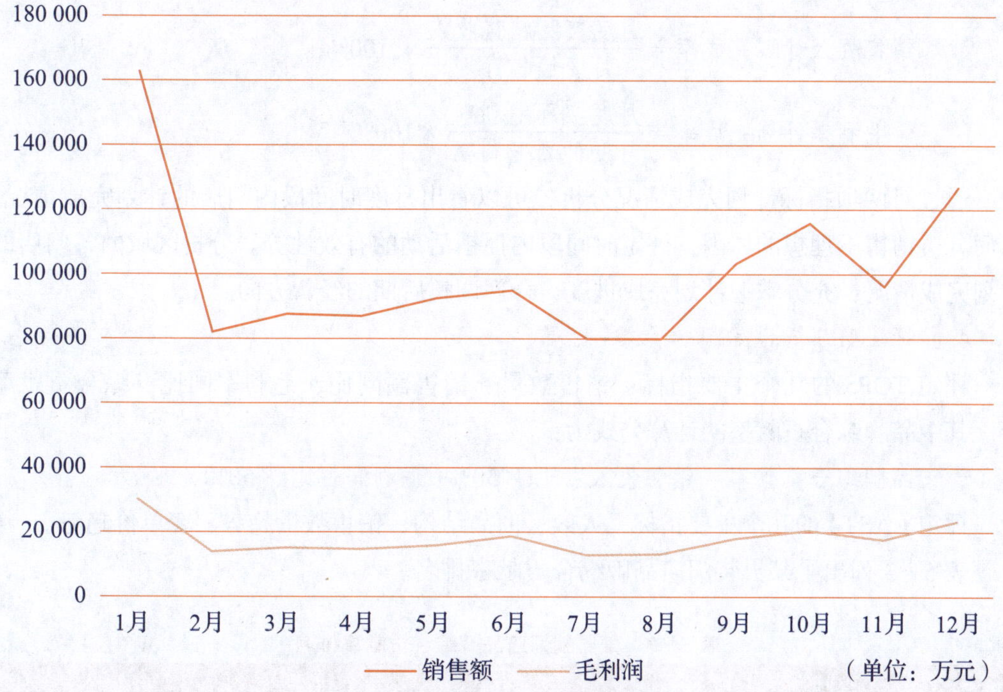

图 5－19　折线图示例

（三）常用的门店销售数据分析指标

1. 销售环比

环比，就是现在的统计周期和上一个统计周期比较。销售环比适用于对短时间内增长的趋势进行分析。由于与前一个月的节日、假日、促销活动不一致，以及每个门店顾客群消费习性不同，因此建议门店采用同比的方式，分析销售、客流的增长情况。

2. 销售同比增幅

同比，就是今年某一时期数据与去年同期数据的对比。销售同比增幅分析包括销售收入同比分析、毛利率同比分析、毛利润同比分析。

通常对销售数据采取的同比时间段为：月度同比、季度同比、本年累计同比、年度同比。

实例分享

永辉生活“双 11”：同比增长 250%、爆款单品环比增长 874%

3. 门店各指标计划完成情况

门店各指标计划完成情况主要指销售收入和毛利率的计划完成情况。

$$销售收入计划完成率 = \frac{月度实际销售收入}{月度销售计划} \times 100\%$$

$$毛利率计划完成率 = \frac{月度实际毛利率}{月度计划毛利率} \times 100\%$$

通过对两项指标计划完成情况分析，可以看出月度时间段内门店的计划完成情况，从而分析销售不理想的原因，评定时间段内促销活动的有效性等。分析区域内各门店的计划完成情况，充分掌握计划完成进度，合理调整后期的经营方向。

4. 品牌 TOP5 与 LAST4

评定 TOP5 的几个主要指标：销售数量、销售额同比、毛利率同比、综合贡献率等。其中品牌综合贡献率的计算公式为：

$$品牌综合贡献率 = 销售收入占比 \times 50\% + 毛利润占比 \times 50\%$$

评定 LAST4 的几个主要指标：人效、商品结构、销售数量趋势、客单价趋势。

表 5－3 列出了某男装门店品牌综合贡献率排名。

表 5－3　某男装门店品牌综合贡献率排名　　（单位：元）

排名	品牌	销售收入	占比	含税毛利	占比	综合贡献率
1	[0097] 鄂尔多斯	599 291.30	26.73%	157 061.57	23.46%	25.09%
2	[0150] 皮皮狗	350 302.90	15.62%	108 361.66	16.18%	15.90%
3	[10361] 天柏绒斯	186 392.00	8.31%	58 661.03	8.76%	8.54%
4	[3851] 帕罗	183 228.00	8.17%	58 049.00	8.67%	8.42%

续表

排名	品牌	销售收入	占比	含税毛利	占比	综合贡献率
5	[3723]珍贝	167 373.10	7.46%	51 336.60	7.67%	7.57%
6	[0099]鹿王	109 289.80	4.87%	33 034.75	4.93%	4.90%
7	[2473]米皇	90 230.60	4.02%	29 658.27	4.43%	4.23%
8	[0164]金利来	79 050.70	3.53%	25 682.09	3.84%	3.68%
9	[0100]盘古	82 124.00	3.66%	22 693.18	3.39%	3.53%
10	[19267]Rose Stone	78 866.00	3.52%	22 909.09	3.42%	3.47%
11	[0193]梦特娇	69 592.00	3.10%	23 662.60	3.53%	3.32%
12	[14009]贝加尔	61 759.50	2.75%	19 528.06	2.92%	2.84%
13	[10252]鲨鱼	55 369.30	2.47%	18 866.04	2.82%	2.64%
14	[0024]皮尔·卡丹	48 345.70	2.16%	15 413.53	2.30%	2.23%
15	[7557]金棒棰	34 262.50	1.53%	9 799.08	1.46%	1.50%
16	[3872]德黎格尔	27 638.00	1.23%	8 654.33	1.29%	1.26%
17	[3944]雪莲	19 193.50	0.86%	6 227.27	0.93%	0.89%
合计		2 242 308.90	100.00%	669 598.15	100.00%	

研究品牌TOP5的意义：根据20/80原则，TOP5是门店经营品类最重要的品牌，影响门店的营业额走向以及预算完成状况；TOP5品牌是门店的风向标，可以直接了解到消费者动向；TOP5的商品库存状况一定程度上决定了门店缺货率。

研究LAST4的意义：LAST4会反映出门店管理中出现的问题；扶持落后是门店运营的主要工作内容之一；无法扶持的品牌便是淘汰的主要对象。

5. 平效、人效分析

平效是指门店1平方米的效率，一般是作为评估门店实力的一个重要标准。

其计算公式为：

$$平效=\frac{销售业绩}{门店面积}$$

$$平方米毛利=\frac{含税毛利}{经营面积}$$

人效，即人的效率，也称为管理人的有效能力。人效同时也是用来衡量人力资源价值，形成一种计量现有人力资源获利能力的指标。

其计算公式为：

$$人效=\frac{销售收入}{员工人数}$$

人均毛利的计算公式为：

$$人均毛利=\frac{含税毛利}{员工人数平效考核经营面积的利润率}$$

实例分享

鱼一刀酸菜鱼超级平效引人瞩目

6. 客流量、客单价分析

零售业客流量、客单价应以固定比例同比逐月增长，但也存在下降的可能，此项指标主要用于分析客流量、客单价增降的原因。

客单价的高低主要与门店的定位以及目标消费者的消费能力有关，但是，从理论上分析，如果能够延长消费者平均滞留时间，也就有可能让某个消费者创造更高的客单价。

影响客流量的因素中，内部影响因素包括门店促销活动、门店内品牌变化、老客户的维护、同城分店开业、门店购物环境等；外部因素包括天气因素、季节交替、节假日因素、商圈内竞争门店开业、新兴购物方式的冲击等。

表 5－4 列出了有可能导致销售额与客单价出现变化的几个原因。

表 5－4　销售额与客单价变化原因

销售额	销售笔数	客单价	原　因
下降	上升	下降	客流增多，销售的多为低价商品，或促销活动期间折扣商品较多，但未起到促销作用
上升	上升	下降	客流增多，销售的多为低价商品或折扣商品，促销活动作用明显
上升	下降	上升	高端商品销售较好，或因品牌调整而将低端商品淘汰
下降	下降	上升	高端商品销售较好，或品牌调整未达到当前的目标
下降	下降	下降	客流减少，品牌结构存在不合理的状况，商圈竞争激烈
上升	上升	上升	高端商品销售良好，门店档次逐步提升，进入销售提升通道

知识拓展

盒马鲜生如何通过突破平效极限提升销售

（四）影响销售收入的因素

影响门店销售收入的因素包括内部因素和外部因素，其中内部因素包括服务质量、人员配备、品牌定位等，外部因素包括政策因素、市场因素、其他因素等。下面结合案例分析某门店内外部影响因素对销售收入的影响。

实例分享

某男装商场5月份销售数据

（五）确定销售计划

1. 根据同比确定销售计划

同比通常指的是本年度某一时期的发展水平与上一年度同一时期的发展水平进行对比。

销售计划＝上一年度同期销售额 ×（1+ 同比）

2. 根据环比确定销售计划

环比通常指的是同一区域计划表中，该时间段与上一个时间段之间的数据对比。

下期销售计划＝上期销售额 ×（1+ 环比）

3. 根据销售成长率确定销售计划

销售成长率，是指今年销售实绩与去年实绩相比的比率。例如有的门店管理层下达指标："明年的销售收入额需达到今年的120%"，此时，就不需任何计算了，使用上述的数值即可。

但若想精确计算成长率，需要从分析近几年的成长率着手，尤其是利用趋势分析预测下年度的成长率，需要求出平均成长率。例如，计算某一门店3年的平均成长率，假设2021年是当年，则3年前销售收入总额是指2019年的销售收入总额。具体计算公式为：

$$3\text{年销售平均增长率}=\left(\sqrt[3]{\frac{\text{当年销售收入总额}}{\text{3年前销售收入总额}}}-1\right)\times 100\%$$

有时以"经济成长率"或"业界成长率"来代替销售成长率，但无论采用哪种方法，均需运用下列公式来计算销售收入增长的目标值：

下年度销售收入增长的目标＝今年销售实绩 × 销售成长率

4. 根据市场占有率确定销售计划

市场占有率是一定时期、一定市场范围内门店实现的销售额（量）占业界同类门店总销售额（量）的比率。无论是何种企业，市场占有率愈高者，其市场地位就愈稳固，所以，任何企业都希望提高市场占有率，但由于受到法令及自由竞争的限制，各企业的市场占有程度都有限度，拓展市场并非易事。门店若想增加市场占有率的目标值，应主要以过去的趋势为基础，然后再制定稍高些的目标值，最后，根据决定后的数值，计算销售收入的目标额。但是，首先要超过需求预测各值，求出整个业界的销售收入。

$$市场占有率=\frac{门店实际销售额}{业界同类门店销售额}\times 100\%$$

$$销售计划=业界销售预测值\times 门店市场占有率目标值$$

一般来说，成长性比较好、销售能力比较强的门店，市场占有率会有逐年不断上升的趋势。有远见和有能力的门店，往往通过不断创新来争取更新、更大的市场。

5. 根据消费者购买力确定销售计划

根据消费者购买力确定销售计划，是通过估计门店服务范围内消费者的购买力状况来预测门店的销售额。其基本程序如下：

（1）设定门店的服务范围，并调查这一范围内的人口数、户数、收入额及消费支出额。

（2）调查门店服务范围内同类门店的数目及平均销售能力。

（3）估计各门店的销售收入。

（4）确定门店的销售计划值。

实例分享

五粮液调整商家销售计划量

2020年6月18日，五粮液公司以“调整后不增量”、“调整计划后不投放至传统渠道”和“调整后不再投入渠道政策”三项原则，对现有传统商家计划量进行优化调整，主要针对经典五粮液、五粮液1618、39度五粮液，调整幅度大、涉及范围广。

据悉，本次计划量优化调整后，五粮液将升级渠道体系，提升渠道能力，重点构建以新零售和企业团购为核心的优质新增销售渠道，以实现高质量销售。值得注意的是，以后，五粮液将不会再发展新的传统商家，并且本次调整的计划量只会投放到新零售和团购渠道。对于五粮液1618、39度五粮液的渠道政策，也只保留宴席等消费者活动，取消其他政策。

通过本次对计划量的调整不难看出，五粮液正在继续将渠道数字化。据了解，2019年，五粮液先后与阿里巴巴、华为等企业签订战略合作协议，来推动营销数字化转型落地落实。

据相关人士透露，五粮液新零售管理公司已成立，该公司将以互联网思维开展消费者运营，建立线上渠道的精准营销体系及消费者会员中心，探索多维合作体系，构建运营管理标准。

资料来源：http://www.linkshop.com.cn/web/archives/2020/449783.shtml?sf=wd_search.

6. 根据市场扩大率（或实质成长率）确定销售计划

这是根据门店希望其在市场的地位扩大多少，或希望较业界实质成长多少，来决定销售收入目标值的方法。

市场扩大率是门店今年市场占有率与去年市场占有率之比，而实质成长率则是表示门店成长率与业界成长率之比。所以，当门店今年的销售额等于去年的值时，不一定是“维持原状”，唯有当实质成长率为100%时，也就是业界的成长率与门店成长率相等的时候，才可称为“维持原状”。

从上述角度看，当门店的成长率等于业界成长率的时候，也就是门店的经营赶上业界的成长速度时，则业界成长率才等于门店的自然增加率（也就是名义上的成长率）。因此，唯有门店成长率高于业界成长率，才谈得上是“实质”的成长。

谁也不敢保证经济环境永远稳定，而且具有成长性。因为事实上，成长率多少有递减的情况。若门店成长率的减少幅度小于业界的成长率，则其实质成长率必然超过100%，表示门店实绩的减少幅度小于整个业界。

若实质成长率为100%而维持原状，则可以大胆想象，门店前后两年的市场占有率相等，此时，其市场扩大率与实质成长率一样，同为100%。所以，当市场占有率增加时，市场扩大率与实质成长率也随之增加；反之，当市场占有率减少时，市场扩大率与实质成长率也随之减少，并且二者相等，如表5－5所示。

表5－5 市场扩大率与实质成长率的关系

	去年	今年	成长率
门店实绩	100	150	50%
业界实绩	1 000	1 200	20%
市场占有率	10%	12.5%	—

市场扩大率本应根据市场占有率来计算，但是由于门店不易求得市场占有率，所以可另觅他途，而从业界的成长率着手，因为只要掌握业界的成长率，即可掌握门店的成长率，然后再通过二者计算实质成长率，最后再据此推算市场扩大率。只要实质成长率大于100%，则其超出的部分就是市场的扩大部分，以结果来说，其市场占有率必随之增加，同时，也会提高其市场地位。当实质成长率小于100%时，则反之。

因此，决定下年度市场扩大率目标值，以及推测业界的成长率之后，再以下列公式来求出销售收入的目标值。

下年度销售收入增长的目标＝本年度销售实绩×业界成长率×市场扩大率

7. 根据损益平衡点公式确定销售计划

销售收入可分成“成本”与“利润”两部分，成本可再分解成“固定成本”与“变动成本”两项。固定资本是不随销售数量的增减而变动的成本，如主管人员的薪水、房屋租金、保险费等；变动成本是与销售数量的增减几乎成正比例变化的成本，如制造业的直接原料、直接人工、销售运费、包装费等。

当销售收入（或销售数量）为0时，其变动成本不产生，而固定成本却必然产生。销售收入与成本、利润的关系如下：

销售收入＝成本＋利润

销售收入＝变动成本＋固定成本＋利润

变动成本随销售收入（或销售数量）的增减而变动，故可通过变动成本率来计算每单位销售收入的增减率：

$$变动成本率=\frac{变动成本}{销售收入}$$

销售收入－变动成本率 × 销售收入＝固定成本

可利用上述公式，推导出下列损益平衡点公式：

销售收入 ×（1－变动成本率）＝固定成本

8. 根据经费倒算确定销售计划

门店在经营中无法避免人事费、折旧费等营业费用的产生，至于“纯益”更是和门店的存亡攸关。实际运营中主要以销货毛利率目标值为基准，然后再计算出销货收入。若想使该值更合乎实际且具体，可按照产品及部门的毛利来计算销货收入目标值。其计算程序如下：

（1）决定整个门店所需的毛利。

（2）决定商品的毛利目标。

（3）分配商品的毛利目标。

（4）通过商品预定的毛利率计算销货收入目标值。

（5）总计各商品的销货收入目标值，其值是门店的销货收入目标值。

如表5－7所示，表中的毛利贡献度就等于毛利百分比，表示甲、乙、丙三种商品销售毛利所占的比例，也就是表示各商品对总毛利的贡献。

表5－6　以毛利贡献求算销货收入目标　（单位：万元）

	毛利贡献度	所需毛利	毛利目标	预定的毛利率	销货收入目标
甲商品	60%		1 200	20%	6 000
乙商品	25%		500	25%	2 000
丙商品	15%		300	30%	1 000
合计	100%	2 000	2 000		9 000

9. 根据销售人员的申报确定销售计划

这是逐级累积第一线销售负责人的申报，借以计算门店的销售收入目标值的方法。因为第一线销售人员（如推销员、业务人员等）最了解销售情况，所以，根据他们估计而申报的销售收入，必然是最能反映当前状况，而且最有可能实现的销售收入。如果第一线销售人员的总预测值和经营者的预测一致，则最为理想。采用本方法时，务必注意下列两点：

（1）申报时尽量避免过分保守或夸大。预估销售收入时往往会出现过分夸大或极端保守的情形。预估销售收入时，应依员工的能力来申报“可能”实现的销售收入值，所以管理人员务必使员工明确这一点。

（2）检查申报内容。第一线销售管理者应避免过分夸张与保守，需检查申报内容是否符合市场规律，即判断申报内容是否符合发展趋势以及市场购买力。

知识拓展

十家主要百货企业全渠道及数字化情况

三、动态调整销售计划

绩效评估之后，必须对未达到的目标或标准进行分析，找出原因及问题所在，提出相应的解决办法，从而促进门店更好地发展，实现经营目标。下面针对安全性、收益性、效率性改善等方面分别加以说明。

（一）安全性改善

如果门店投资大，获利率不高，经营不善，就会导致巨大亏损。因此，门店必须保证有充足的自有资本。如果只想靠现金付款、开长期支票或靠借款来获取资金，对门店而言则存在相当大的风险。因此，门店还应该采用其他对策来提高其安全性。

（1）避免不当的库存金额，降低资金积压。要做好库存管理，对于商品要适当订购，做好商品 A、B、C 分级管理，淘汰滞销品。

（2）可以延长货款的付款周期，但不能影响商品的进货价格及品质。

（3）避免不必要或不适当的设备投资。

（4）妥善规划资金的来源与运用。

（5）保证适当的银行保证额度及余额。

（二）收益性改善

收益的关系式如下：

毛利润 = 营业额 − 进货成本 − 损耗

营业利润 = 毛利润 − 销售费用及一般管理费用

净利润 = 营业利润 + 营业外收入 − 营业外支出

由以上关系式可知，收益性改善的对策如下：

（1）提升营业额。降低商品进货价格，对高利润率的商品加强推销，加强变价及损耗的管理控制，创造商品特色及差异化，以提高商品的附加价值。

（2）降低进货成本。通过集中采购，与供应厂商议价，降低商品进价；减少中间环节；开发有特色、附加价值高的商品；保持合理的商品结构。

（3）减少损耗。一是针对商品采购、定价、进货验收、卖场展示、变价作业、退货作业、收银作业、仓储管理、商品结构等流程处理不当而引起的损耗进行处理；二是对生鲜品的技术处理、运送作业、品质管理、陈列量、商品结构的不恰当管理导致的损耗进行处理；三是对由于设备质量较差造成的商品损失及时进行处理。除此之外，对财务中出现的如传票漏记、计算错误，以及顾客偷窃、员工偷窃、不当折扣、高价低卖等其他管理不当造成的损失也应及时进行处理。

（4）降低销售费用及一般管理费用。降低占门店大部分费用的人事费、折旧费、租金及电力费用的支出。首先应提高人员效率，降低人事费，将电子自动订货系统（Electronic Ordering System，EOS）、销售点终端（Point of Sales，POS）系统导入门店管理，使作业流程数字化，妥善安排营运计划，有效运用兼职人员，节省人力、物力，简化管理部门；其次可以在不影响价格的前提下，减少投资以降低折旧费；引进专柜，分担部分租金；节省电力，不开不必要的灯；严格控制费用预算，有效运用广告促销费用。

（5）增加营业外收入。门店常从以下几个方面增加营业外收入：一是引进专柜收取租金和收取新品上架费；二是门店可以将店内的墙壁、柱子出租给厂商或广告商，在不影响整体美观的情况下收取看板广告费，或与供应商协商，在商品销售量或年度营业额达到某一水平时获得年度折扣；三是在店庆、周年庆、节庆及日常促销时向厂商收取广告赞助费。

（6）减少营业外支出。营业外支出主要是指利息支出、投资损失。采取强化自有资金、做好投资评估、减少投资损失等方式来减少营业外支出。

直通职场

连锁药店增加利润的建议

知识拓展

多场景屏幕为助力提升线下汽车 4S 门店营销能力与用户体验

（三）效率性改善

1. 提高商品效率

提高商品效率主要是指提高商品周转率及交叉比率。要提高商品效率就必须提高销售额、毛利率并减少存货。减少存货并非一味地降低库存量，否则易发生缺货、断货的情形。此外，必须在营运的进、销、存流程中做好商品的存货管理。

2. 提高人员效率

有效运用人力资源，合理控制人数，以提高人员效率。换言之，即重视人的质和量。在质的方面，必须规定各部门、各层级人员的资格条件，慎重选人，有计划地培养人才；同时制定奖惩办法，创造良好的工作环境，让员工的潜能充分发挥出来。在量的方面，应制定各部门人员的标准编制，控制员工人数，简化事务流程，使用省力化、省人化的设备，妥善运用兼职人员，训练并培养员工的第二专长、第三专长，使不同部门的人员可相互支援。

3. 提高场地运用效率

开店之前，必须做好销售预测及门店规划。首先，分析该地区的消费者密度、消费者等级、消费发展潜力、消费者收入水平及消费能力；其次，考察该地区的道路设施、人口流量、交通线、停车方便性、交通安全性等交通条件；最后，对该地区的竞争门店及其竞争力进行充分调查、比较和分析，从而确定商品配置和卖场布局。

四、开展销售执行的督导和修正

（一）活动执行流程分析

对于门店来说，执行流程的第一步就是对流程进行认真分析。对于一些运作复杂的单店而言，公司提供的流程文件可能过于庞杂而使理解流程变得困难。这时就有必要通过绘制流程图对流程进行梳理，将复杂的关系直观地显现出来，以便切实厘清和理顺流程关系。在这个基础上，单店还应该就单一流程，尤其是关键执行过程的结构展开研究，确认其中的关键步骤和容易失控的环节，为实施管理提供切实的依据。

（二）督导业务流程规范执行

保证流程得到规范执行是门店肩负的基本任务。在理解流程的基础上，门店首先应该按照规范要求组织流程资源、落实岗位职责、监督流程进程，并做好定期稽核工作。高阶管理者在门店中具有跨流程系统管理的权力，尤其需要担负起督导流程运作的责任。

（三）业务流程检查与评估

检查的目的是对流程执行进行纠偏，它经常与流程进程同步开展。评估的目的是寻找深层次问题并对流程绩效做出综合评价。常见的流程评估指标包括数量、质量和效率等。管理者可以将这些指标进行同期对比，也可以将总部提供的标准作参考进行对比，或者在可能的情况下，与其他门店进行对比。通过对比分析，找出存在的不足，提出在门店层面上可以操作的改进办法。

（四）业务流程执行改进

根据流程检查与评估暴露出来的问题，认真分析原因，应用PDSA循环改进的方式，对流程执行过程进行改进。首先，门店中流程改进的一项关键内容是克服瓶颈障碍，在总部的支持下予以系统解决。其次，明确流程绩效责任人，促使流程绩效归口部门更加明确，确保执行力提升。

业务流程运营环境经常处于变化中，管理者务必以实时跟进的方式确认并控制重要因素的波动，从而为业务流程运作及管理创造良好环境。

五、工作和目标达成总结

门店可以从以下几个方面对执行情况进行总结：

第一，活动执行是否依据以消费者为中心的导向？

以消费者为中心的导向是一种基本的营销观念，它强调门店应以满足消费者需求、增加消费者价值为一切问题的出发点。在这个过程中，门店能否取得价值以及能获取多少价值都取决于消费者利益的满足程度。因此必须在业务流程管理中贯彻以消费者为中心的导向，才能使业务活动紧密围绕消费者价值的增值展开。

第二，活动执行是否着眼于端对端的全程控制？

与一般性组织业务流程覆盖范围一样，门店中的业务流程管理也覆盖了从消费者研究开始到消费者价值实现的全过程，同样包含市场营销、消费者服务、销售管理、采购管理、生产管理等基本流程，以及提供紧密支持的质量管理、财务管理和设施设备管理等流程。

第三，活动执行是否把业务绩效作为管理成效的重要标准？

业务绩效通常反映在数量、质量和效率三个方面的数值及其变动中。门店存在的商业目的从根本上说仍然是盈利，但是这种盈利是建立在消费者利益充分满足的基础上的。消费者利益满足状态会直接通过门店获得的有关收益、消费者满意度、消费者忠诚度等指标反映出来。此外，为了实现良好的消费者价值增值，门店业务流程运作还会有一系列成本支出。两者的空间就是门店最终的经营绩效水平，所以后者可以成为检验门店业务流程管理成效的依据，亦即检验消费者价值增值管理活动水平的重要标准。

第四，活动执行是否强调规范化、持续性和系统化？

门店在连锁经营体系中始终处于执行地位，所以其业务流程管理的规范化只包含按照总部设计好的流程规范和工作标准完成相应的组织、监督、协调和向总部反馈信息等工作。系统化是针对流程控制门店全局运营而提出的，它要求门店管理者不仅要关注业务流程之间的相互关系，还要将与之有关的支持保障流程也纳入管理范畴。

六、复盘门店经营业绩

（一）经营业绩分析的作用

经营业绩分析是指通过对特定运营周期商品销售的实际数据和有关资料的分析，对计划目标执行情况进行检验与评估的管理行为。

经营业绩分析在门店运营中起到如下作用。

1. 检验目标计划达成与偏差状况

检验目标计划达成与偏差状况是经营业绩分析最基本的功能。只有通过多角度、多层次的销售分析，才能全面评估计划目标达成与偏差的实际情况，使在销售实际中暴露出来的问题得到系统分析。此外，经营业绩分析强调以事实为依据，通过数据反映销售取得的实际成果，使计划目标达成与偏差检验建立在客观、公正的基础上，有利于门店运营的后期整改。

2. 为下期销售计划调整提供依据

经营业绩数据和资料能清晰地表明到底哪些品类或单品在为门店创造实实在在的业绩，哪些品类或单品在白白消耗有限资源。类似的管理效率提升问题都可以从本期经营业绩分析中找到明确的答案，为门店调整下期销售计划指明方向。

3. 发现本期商品销售过程中出现的问题

在销售过程中积累的问题需要得到门店的重视和改进，定期形成分析制度，有利于监控工作常态化，为门店开展 PDSA 循环改进工作提供保障。门店会同有关人员对本期销售过程中出现的问题进行认真研究，找出关键原因，然后逐一加以排除，这就可以使门店运营水平得到提升。

4. 为部门和员工考核与激励提供资料

部门和员工考核的一个重要指标是生产效率，定期经营业绩分析可以总结出部门和员工的定额指标完成情况，为员工考核提供确凿资料。在此基础上，通过激励措施调动部门和员工的工作积极性，使之为门店创造更大的效益。

（二）门店经营业绩分析方法

1. 比较分析法

比较分析法又称为差距分析法，是一种简单且常见的分析方法。其核心是将两个或两个以上的同类经济指标进行数量比较，从而揭示它们的差异程度并对有关指标进行评价。实践中比较分析法又可以从绝对值对比和相对值对比这两个角度进行。

绝对值比较是将两个或两个以上的同类经济指标按照数量绝对值进行大小比较的方法。例如，销售计划 1 800 万元，销售实绩 2 000 万元，则其超额部分为 200（=2 000－1 800）万元。

相对值比较是将两个或两个以上的同类经济指标按照相对比值大小来衡量差距的比较方法。例如，销售计划 1 800 万元，销售实绩 2 000 万元，则实际销售完成情况为计划目标的 111.1%。

在经营业绩分析中，可以将这些经济指标做纵向的年度、月度同期对比，也可以做横向的同类型门店对比，还可以在品类和单品间做比较。

2. 动态分析法

动态分析法常将同一经济指标下不同时期的两个数值进行比较，通过观察这一指标在时间上的变动情况来揭示这一经济指标的发展趋势。门店中常见的动态分析角度包括：增长量、增长速度（这两种方法同比较分析法）、发展速度等。其基本计算公式如下：

$$发展速度=\frac{报告期数值}{基期数值}\times 100\%$$

$$增长速度=\frac{(报告期数值-基期数值)}{基期数值}\times 100\%$$

$$发展速度=增长速度+1$$

例如，销售计划 1 800 万元，销售实绩 2 000 万元，则发展速度为 111.1%，增长速度为 11.1%。

3. 结构分析法

结构分析法是根据某个指标的各个组成部分占整体指标的比重来进行分析的方法。经营业绩分析中常见的结构分析角度包括品类（销售 / 毛利）结构、品牌（销售 / 毛利）结构、单品（销售 / 毛利）结构、费用结构和库存结构等。ABC 分类法就是在结构分析法的基础上演变而来的一种简单分析方法。结构分析法的基本计算公式为：

$$结构指标=\left(\frac{总体中某一部分}{总体总量}\right)\times 100\%$$

结构分析法在门店间的横向比较中具有非常重要的作用。例如，中国连锁经营协会进行的餐饮业调查中发现：门店投资额在 100 万元以下的占 71%，其中门店面积在 300 平方米以内的占总数的一半。这说明门店投资额在 100 万元以下、面积在 300 平方米以下的项目仍是特许餐饮投资的重点。门店面积过大，一旦选址不理想，上座率就会降低，从而影响企业的投资回报。

4. 因素分析法

因素分析法是利用统计指标体系分析现象总变动中各个因素影响程度的一种统计分析方法。在门店经营业绩分析中最常使用的方法是连环替代法，即在分析多种因素影响事物变动时，为了观察某一因素变动带来的影响而将其他因素固定下来，如此逐项分析、逐项替代的分析方法。

例如，某一个财务指标及有关因素的关系如下：

实际指标：$P_0=A_0\times B_0\times C_0$

标准指标：$P_s=A_s\times B_s\times C_s$

实际指标与标准指标的总差异 $=P_0-P_s$

这一总差异同时受到 A、B、C 三个因素的影响，它们各自的影响程度可分别由以下计算求得：

A 因素变动的影响 $=(A_0-A_s)\times B_s\times C_s$

B 因素变动的影响 $=A_0\times(B_0-B_s)\times C_s$

C 因素变动的影响 $=A_0\times B_0\times(C_0-C_s)$

最后，可以将以上三个因素各自的影响数相加就等于总差异（P_0-P_s）。

例如，某门店的具体经营数据如表 5－7 所示。

表 5－7　某门店经营业绩　　（单位：元）

项目	计划	实际业绩	差异
销售额	380 000	400 000	提升 20 000
毛利率	12%	12.5%	提升 0.5%
毛利润	45 600	50 000	提升 4 400

实际业绩比计划增加毛利润：

50 000 － 45 600 = 4 400（元）

毛利润的增加受两个因素的影响：

（400 000 － 380 000）× 12% = 2 400（元）——由于销售额增加而影响的毛利润

（12.5% － 12%）× 400 000 = 2 000（元）——由于毛利率提高而影响的毛利润

综合影响：2 400 + 2 000 = 4 400（元）

5. 目标达成率分析法

目标达成率分析法是指标实际与计划的对比，可以看出该指标的达成情况，所以常用来检验和考核工作任务执行的成效。经营业绩分析中经常使用的目标达成率包括销售目标完成比、毛利目标完成比、费用目标控制比等单项业绩控制指标和平效目标达成比、人效目标达成比等综合经营效率控制指标。

根据经营业绩分析门店运营管理 PDSA 循环改进的精神，在本轮滞销商品处理完毕后，门店应认真进行总结，在总部同意与支持下，将其中一些明显由失误导致的滞销因素通过制度建设与管理活动剔除掉，而将一些正确的处理方法固化下来，以便今后有章可循。这样就可以尽量将滞销商品控制在一个可以接受的水平上，不使其对门店商品管理造成拖累。

直通职场

影响餐饮店业绩的 4 大因素

单元三

3

营销活动推广

案例导入

蜜雪冰城的“神曲”营销真的就只是“甜蜜蜜”？

2021年6月3日，蜜雪冰城在其各大社交媒体的官方账号上陆续发布了一首魔性“洗脑”的宣传歌曲，此曲一经发布就被网友定义为“神曲”。在随后的很长时间内，此事件在各大社交媒体持续发酵。

在B站，以“蜜雪冰城”为关键词，排名前20与主题曲有关的热门视频累计相加，播放量高达6 000+ 万。

在微博，“蜜雪冰城新歌”和“这是蜜雪冰城新歌吗”两个话题的阅读量破6亿。

在抖音，关于“蜜雪冰城”的话题播放量高达55亿，累计话题量近百亿。

那么，《你爱我，我爱你，蜜雪冰城甜蜜蜜》这首让人无限“上头”的主题曲是如何成功地激起了网友的热情呢？

首先，歌曲本身与蜜雪冰城品牌的“亲民、大众”调性高度契合，而且，主题曲节奏欢快，歌词简单重复，极具魔性，被网友称为“洗脑恰饭歌”。歌曲本身因为这三大要素顺利地奠定了成为年轻人“玩梗”的良好基础。

其次，得益于蜜雪冰城品牌15 000余家线下门店。门店的顾客成为蜜雪冰城线上传播的KOC自有资产，而无限裂变的线上流量又为线下门店带去高人气，这种线下、线上彼此相互促进的模式，共同推动事件持续发酵。

此外，最为重要的是，蜜雪冰城顺应时代潮流，在主题曲事件中，将短视频平台作为主要的传播媒介，在B站、抖音、快手、微博、微信等平台均有布局。通过这些受年轻人欢迎的平台与年轻人建立深度链接。

《你爱我，我爱你，蜜雪冰城甜蜜蜜》是如何在社交媒体/短视频平台传播的呢？

从整体传播周期来看，蜜雪冰城话题事件在微信、B站、抖音、微博、快手平台均有布局，在事件开启后的第四周，迎来全网爆点高光时刻。在事件前期，B站整体声量较高，抖音、快手、微博紧随其后，而在事件末期，微信平台声量爆发。

从蜜雪冰城在各大社交媒体上的品牌声量分布，可以较为清晰地厘清一条高质量的品牌话题传播路径，即品牌造梗—KOL在各大平台的玩梗—爆梗—接梗—解梗。

你是否有这样的疑问，蜜雪冰城主题曲为什么会率先在B站引爆，而不是在流量型平台，如微博或者抖音引爆呢？

从用户流量角度看，微信、抖音、微博、快手用户体量大，B站用户增长最快。

从用户黏性角度看：B站和微信用户黏性较强，B站活跃“粉丝”单人日均观看KOL时长最高、微信点开次数最多。

从用户年龄分布角度看：微博30岁以下用户较多，微信30岁以上用户多，B站大多为18岁及以下用户，抖音和小红书用户大多为26～40岁，快手的用户以18岁以下为主。

从用户兴趣爱好角度看：微博、微信用户兴趣较为广泛，抖音用户对于娱乐、美妆、游戏兴趣最大，快手的用户则主要关注美食和游戏，B站用户对3C、美食较为喜欢，小红书用户主要关注女性类领域。

从商业化浓度看：微博、小红书、微信、抖音商业化气息较重，目前处于品牌必争的投放红海；B站投放竞争较小。

从转化能力角度看：小红书和B站转化力最高，小红书用户点击商品率最高，B站用户落地页引流能力最强。

从投放成本角度看：无论从互动成本还是“粉丝”单价成本角度，短视频平台相较图文型平台性价比更高。

蜜雪冰城主题曲事件看似只是一次简单的话题事件，但实际上各大社交媒体都在发挥各自的营销优势，彼此关联，合力将品牌快速引爆。相信更多品牌会通过此次事件，依托社交媒体，找到属于自己的话题营销密码。

思考：

1. 蜜雪冰城是用什么营销手段来吸引年轻人的？
2. 蜜雪冰城和其他品牌相比，差异在哪里？

一、商品售卖统计和分析

门店运营分析需要通过日、周、月、年4个分档的营业数据分析，准确掌握营业收入情况、营业支出情况、消费人数变化、人均消费变化、品类变化、阶段性消费变化等。

每日做好数据记录，取得门店经营数据、财务数据、库房数据的支持。数据采集后进行分析，并且每周、每月、每年做出分析报告，分析经营当中出现的问题，做好数字支持工作。每月、每年做出经营预算报告，明确当月、当年各门店应达成的经营目标，并在每日记录中随时发现问题并上报，以达到随时改进目标的目的。

通过以上分析，可随时掌握门店每日收入、支出情况，并以此为依据，做出成本核算、营业额预估计划，将门店的收入、支出两大项做到有据可依，明确门店经营标准。

以上分析报表通常以3种形式体现，即表格式、曲线图式、饼图式。

（一）每日营业分析

1. 每日营业收入分析

每日营业收入分析主要需关注实际现金收入、当日折扣额、实际消费者人数、人均消费额、当日毛利率这五大项，通过数据明确记录每日经营情况。

通过记录每日营业额，随时掌握门店收入情况，并在发生变化时第一时间做出应变。记录每日营业额 1 至 3 个月以后，还可以掌握每月收入平均值，即可按照比例设定下月营业额，作为门店营业核算基础。

2. 每日支出项目分析

每日支出项目分析需关注所有支出项目，如发票使用额、礼品发放额，通过记录明确每日支出项目。

每日支出项目记录 1 至 3 个月后，即可掌握每月支出平均值，作为成本预算依据，每月核定下月成本项目标准，并在支出超出计划时明确原因，从而据此改进。表 5－8 是某餐厅门店一周每日营业记录表。

表 5－8　某餐厅门店一周每日营业记录表

一周每日营业记录表　　××年××月××—××日								
××店收入统计								
星期	天气	营业目标	总收入	当日折扣额	实收现金	消费人数	人均消费	前期合计
一								
二								
三								
四								
五								
六								
日								
××店支出统计								
星期	可控费用			可变费用		吧台费用		当日合计
	水费	电费	燃料费	原材料	吧台支出	发票支出	小礼品支出	
一								
二								
三								
四								
五								
六								
日								

(二)每周营业分析

每周营业分析的内容包括:

(1)记录门店各品类项目销售情况,以此为依据定期分析并改进。

(2)记录费用支出情况,核定是否符合当月费用预算。

(3)记录一周消费人数变化。

通过记录品类项目销售数据,确认每周品类销售情况、费用控制情况、消费人数变化情况,并随时做出调整改进。表 5-9 是某餐厅门店周营业情况记录表。

表 5-9 某餐厅门店周营业情况记录表

周营业情况记录表								×× 年 ×× 月 ×× 日		
×× 店收入统计										
菜品 ※※ 大项销售金额								本周费用		本周人数
※※	※※	※※	※※	※※	※※	※※	※※	原材料	其他	
×× 店支出统计										
菜品 ※※ 大项销售金额								本周费用		本周人数
※※	※※	※※	※※	※※	※※	※※	※※	原材料	其他	

(三)每月营业分析

每月营业分析可分为两大项:一是每月单日营收对比图(见图 5-20)、支出日曲线图案;二是月度记录表格,以年为记录单位,作为年度分析依据。

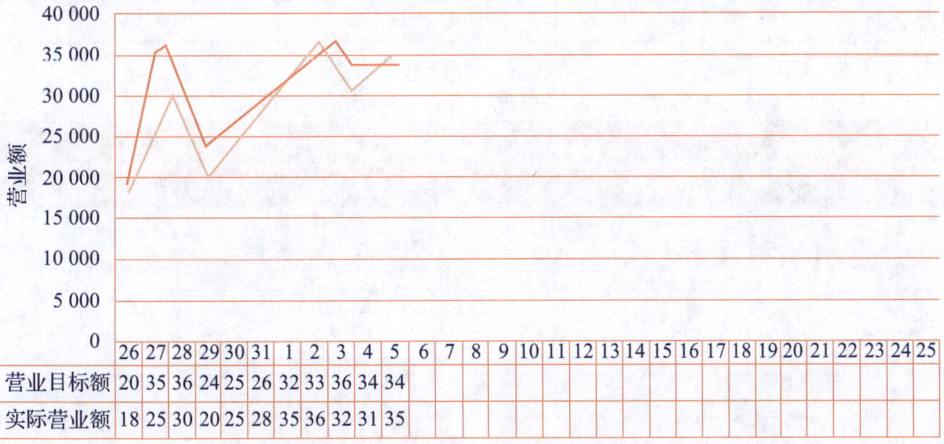

	26	27	28	29	30	31	1	2	3	4	5	6	7	8	9	10	11	12	13	14	15	16	17	18	19	20	21	22	23	24	25
营业目标额	20	35	36	24	25	26	32	33	36	34	34																				
实际营业额	18	25	30	20	25	28	35	36	32	31	35																				

图 5-20 门店每月单日营收对比图

例如，使用饼图，可以明确表现出当月营业收入比例、原材料成本比例、固定支出比例、人员工资比例这四大项，如图 5－21 所示，可随时掌握门店经营变化。

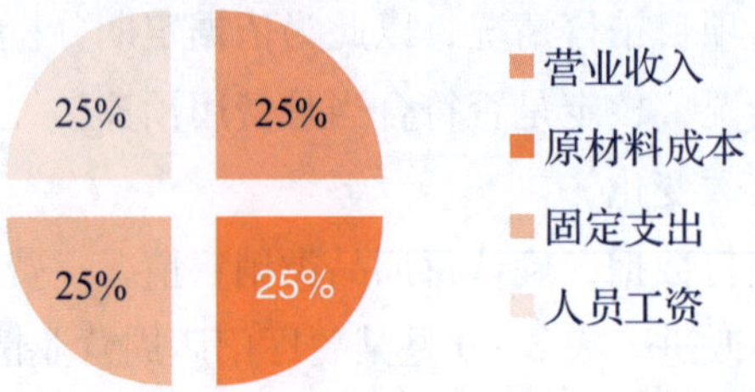

图 5－21　某餐厅门店每月大项比例图

注：1. 营业收入为实际现金收入；
2. 原材料成本包括食品原材料、前厅低值易耗品；
3. 固定支出包括水、电、燃料，清洁用品，其他支出等；
4. 人员工资为当月实际发放工资总额。

月度分析记录主要作为定期分析依据及后期预算依据，通过数据分析达到控制各项成本的目的，以便更好地控制经营。某餐厅门店月度分析记录如表 5－10 至表 5－12 所示。

表 5－10　某餐厅门店每月经营情况对比表

每月经营情况对比表												×× 年
项目	1月	2月	3月	4月	5月	6月	7月	8月	9月	10月	11月	12月	备注
当月应收入													
月实际现金													
原材料成本													
其他支出													
水、电成本													
燃料成本													
就餐人数													
人均消费													
发票使用													
礼品金额													

表 5－11　某餐厅门店每月销售排行分析表

菜品每月销售排行分析表								×× 年 ×× 月
排行、品项	※※	※※	※※	※※	※※	※※	※※	※※
1								
2								
3								
4								
5								
6								
7								

续表

排行、品项	※※	※※	※※	※※	※※	※※	※※	※※
8								
9								
10								
11								
12								
13								
14								
15								
16								
17								
18								
19								
20								
总销售金额（元）:			占总销售额比例（%）:					

表 5－12　某餐厅门店每月人力成本分析表

每月人力成本分析表			×× 年 ×× 月	
月初人数	本月入职人数	本月离职人数	本月工资发放总额	备注
本月入职人员名单	本月入职人员入职日期	本月离职人员名单	本月离职人员离职日期	
本月人工成本率		本月人均产出额		
计算公式：（工资总额 ÷ 总营业额）× 100%		计算公式：（总营业额 － 原料成本）÷ 员工人数		

（四）年度营业分析

1. 年度营业分析的内容

年度营业分析主要依据年度总体收入和年度总体成本的数据。

（1）年度总体收入，包括应收款、实际收入金额，如表 5－13 所示。

表 5－13　某餐厅门店年度收入汇总表

年度收入汇总表				2020 年
年度应收入金额（元）			年度实际收入金额（元）	
单月记录	菜品收入	酒水收入	其他收入	计划外收入
1 月				
2 月				
3 月				
4 月				
5 月				
6 月				
7 月				
8 月				
9 月				
10 月				
11 月				
12 月				
年度合计				
总收比例				

（2）年度总体成本，包括原材料成本，门店水、电、燃料费用，门店清洁、维修、办公、活动费用，税费，以及房屋租金、公关费用、折旧费等。

2. 年度收入分析

对年度收入做出表格记录并以饼图对比，可清晰地看出当年年度收入所占总收入的比例，如图 5－22 所示。图 5－23 是某餐厅门店年度收入分类曲线图。

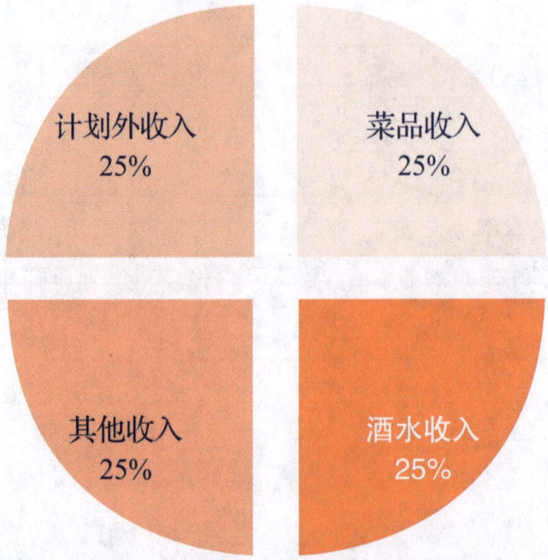

图 5－22　某餐厅门店年度收入占总收入比例饼图

	1月	2月	3月	4月	5月	6月	7月	8月	9月	10月	11月	12月
菜品收入	220 000	145 690	214 589	326 549								
酒水收入	11 000	156 894	65 989	32 662								
其他收入	5 485	4 585	8 515	454 545								
计划外收入	878	986	5 422	744 554								

图 5-23 某餐厅门店年度收入分类曲线图

3. 年度净利润分析

年度净利润可通过表格进行记录，得到当年年度盈亏明细。表 5－14 为某餐厅门店年度净利润总表。

表 5－14　某餐厅门店年度净利润总表

年度净利润汇总表			
项目	金额（元）	所占比例（%）	备注
年度总收入金额			
年度总折扣金额			
年度总现金收入			
年度总支出成本			
年度总应支付款项			
年度净利润			

4. 年度成本分析

以月份为单位做出成本对比曲线图（见图 5－24），可以明确得知门店总体成本情况，并以此为依据做出下一年度经营预算。

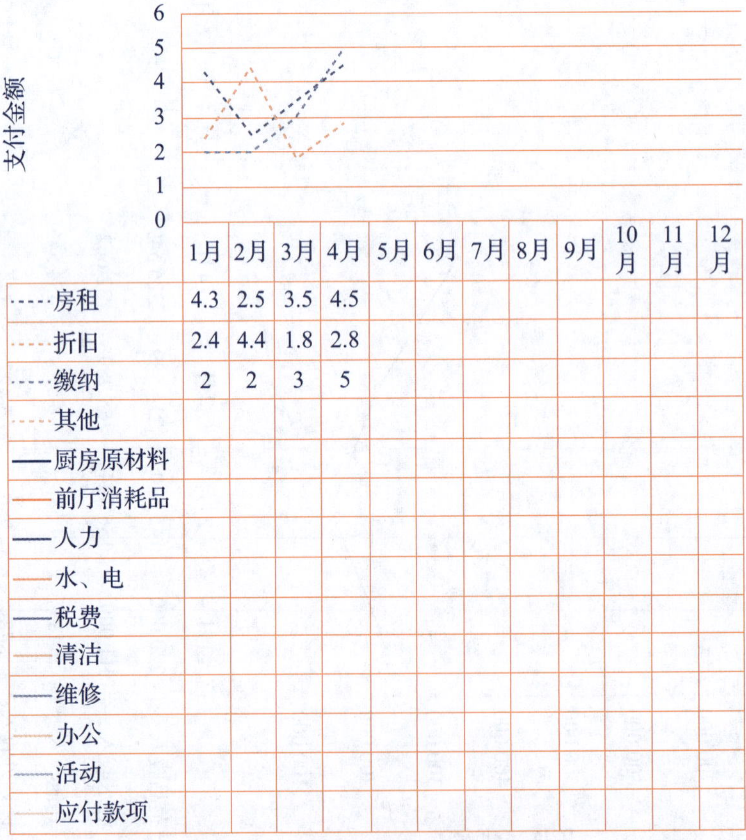

	1月	2月	3月	4月	5月	6月	7月	8月	9月	10月	11月	12月
房租	4.3	2.5	3.5	4.5								
折旧	2.4	4.4	1.8	2.8								
缴纳	2	2	3	5								
其他												
厨房原材料												
前厅消耗品												
人力												
水、电												
税费												
清洁												
维修												
办公												
活动												
应付款项												

图 5－24　某餐厅年度成本对比曲线图

知识拓展

9种常见数据分析方法

二、引流活动和推广数据分析

流量分析思路就像一个流量转化漏斗（见图 5－25），通过转化率可以对产品各链路效率进行判断和优化。我们可以形象地认为互联网产品本身就是一个虚拟的漏斗，那么，用户从开始浏览到最终完成下单行为有多少被直接阻挡在了“滤网”之上？有多少顺利地到达了我们预设的“转化行为区域”？

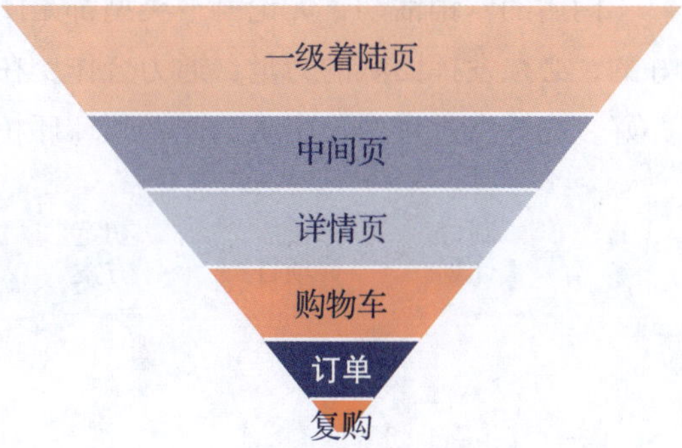

图 5－25 流量转化漏斗

（一）常见概念

要搞明白流量转化漏斗需先了解常见的几个概念。

1. 独立访客（UV）

一个用户代表一个独立访客，对于 UV 的统计方式通常有几种，App 端通常按设备 ID 来区分，既有多少设备 ID 就认为有多少 UV，PC 端则按 cookieID（网页访问信息）来区分，但用户经常会清空网页浏览信息，故此种方式并不是很可靠。不过当前以 App 端为主，影响不大。

2. 用户访问次数（PV）

一个用户通常一天会多次访问，会记录多个 PV，PV 和 UV 的比值代表一个用户访问的次数。

3. 到商品详情页的流量（IPV_UV）

IPV_UV 类似于 UV，不过两者对象不同，前者是到商品详情页的访客，后者是到 App 或者到页面的流量。

4. 到商品详情页的点击次数（IPV）

一个用户可能会浏览多个商品，在统计不同商品浏览量的时候，记录多个 IPV，和 IPV_UV 的比值代表一个用户访问的商品数量。

5. 购买 UV

即最终支付的 UV。

（二）引流活动和推广数据分析主要解决的问题

（1）每天的 PV 有多少？

（2）每天的 UV 有多少？

（3）转化率是多少？

（4）浏览过程中有没有用户流失了？用户流失在哪个步骤？

（5）复购比例是多少？

（6）每天的新增用户是多少？

三、营销活动流程和表格制定

门店的营销活动，无论哪一类型都是团体行为，仅凭单方面的努力是很难把活动做好的，必须发挥团队的力量，通力合作，在每一环节都把细节做好，才能出色地把活动办好。在这个过程中，团队工作必须环环相扣，有一个完善的流程，如图 5－26 所示。

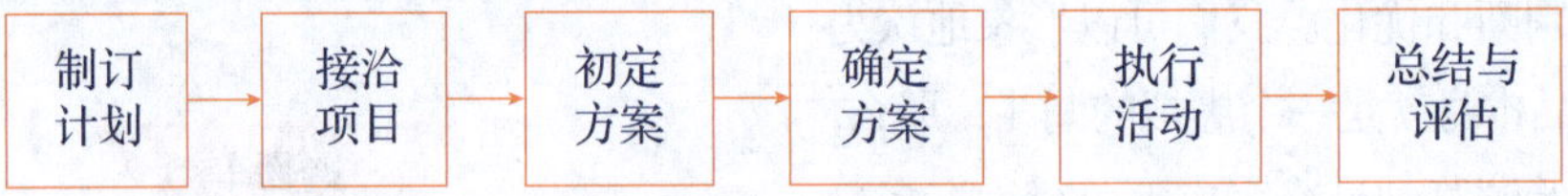

图 5－26　营销活动流程

（一）制订计划

门店的营销活动一般有应季活动、节庆活动、周年庆典活动、竞争应对性活动、特定商品促销活动（新品、库存积压品）、品牌宣传活动等。通常来说，营销活动的目的一般为：

（1）短期内提升销售业绩；

（2）打击竞争对手；

（3）提升某一商品的销售量；

（4）提升品牌的知名度和美誉度。

开展营销活动前，应制订具体的计划，确定活动的主题、活动的目的和活动的时间，较大型的营销活动必须提前一个月进行准备。

（二）接洽项目

确定营销活动主题与时间后，商品部与供应商及与门店业务需求紧密相关的其他个人或单位接洽，进行谈判。谈判内容包括：商品价格、商品供货数量、供应商活动联动、赞助费用、广告赞助等。

同时，由企划部门尽快做出活动方案模板，并由相关负责人审核，负责人审核通过后转送到商品部。

（三）初定方案

商品部根据营销活动的主题、季节性、商品库存量与厂商的要求，在 4 天内提供参加活动的商品明细（品名、规格、原价、促销价），并注明商品的促销方案（买赠、折价、特价等）。

（四）确定方案

商品部初步拟定商品促销方案后，在 2 天内通知运营管理部一起进行讨论、审核，确定最终的商品促销方案，并传送相关部门审核。

（五）执行活动

相关部门审核通过后，回传给企划部和商品部，并由商品部在活动前 7 天内下发到门店进行备货。相关部门可以根据销售数据报表，确定出营销活动的指标，设计相关表格，发放到各个部门。

企划部根据最终的商品促销方案，进行 DM 单的制作，以及相关宣传资料、物料（如横幅、街贴、橱窗广告、室内广告、游车广告、音乐等）的制作。

后勤部门根据活动方案和企业部的要求，对相关的物料进行采购，及时对活动赠品进行补货。

总务部根据活动时间对所需的场地、占用的街道或相关事项，向相关行政管理部门进行备案申请，在活动前 2 天确定申请的结果，并通知活动门店。

营运部在活动前 5 天内制定好销售预算、销售考核方案，活动布置陈列方案，费用预算方案等，并在活动前的 3 天或者 4 天内举行活动动员大会，由人力资源部门协助。

营运部、企划部、商品部在营销活动期间进行巡店，检查营销活动的效果与存在的问题，找到需改进的地方。

知识拓展

管控流程表

（六）总结与评估

营销活动结束后，后勤部门对需要回收的物资、物料进行回收。

各部门对营销活动进行总结与评估：

（1）财务部对活动销售数据、费用支出、损耗费用进行统计，并分析盈亏结果。

（2）商品部统计活动商品的销售情况，总结商品的定位。

（3）营运部统计分析销售增长与排名情况，开会进行总结与表扬。

知识拓展

营销活动后期工作表

实例分享

恒佑翔商贸数字化营销活动

四、营销活动的跟踪和评价分析

（一）营销活动的跟踪

在营销活动前、活动中和活动后要跟踪执行情况，相关部门可以制定营销活动流程跟踪表，如表 5－15 所示。

表 5－15　营销活动流程跟踪表

活动阶段	内容							
活动前	活动报名	活动须知	活动名称	报名时间	活动时间	活动对象	下单数量	报名量
		商品要求	是否网上销售	折扣	销量	评价	价格	图片
		网店/店铺要求	类目	装修	销售额（月）	评价（月）	其他	
	商品报名	选择商品	商品编号	原价	活动价	销量	评价	价格
活动中	工作内容	方案	内容	具体细节			时间节点	完成时间
	整合营销	活动预热	门店装饰/店铺装修					
			短信群发					
			邮件群发					
			宣传单印制					
			导购人员推广					
		店铺活动	关联产品（宝贝）设置					
			其他商品活动					

续表

<table>
<tr><th>活动阶段</th><th colspan="6">内　容</th></tr>
<tr><td rowspan="15">活动中</td><td rowspan="6">导购 / 客服培训</td><td>活动通知</td><td>活动通知</td><td></td><td></td><td></td></tr>
<tr><td rowspan="5">活动安排</td><td>产品知识</td><td></td><td></td><td></td></tr>
<tr><td>话术（编辑快捷语）</td><td></td><td></td><td></td></tr>
<tr><td>导购（旺旺安排）</td><td></td><td></td><td></td></tr>
<tr><td>分流设置</td><td></td><td></td><td></td></tr>
<tr><td>服务意识</td><td></td><td></td><td></td></tr>
<tr><td colspan="6"></td></tr>
<tr><td rowspan="6">仓库准备</td><td rowspan="2">活动通知</td><td>通知仓库人员</td><td></td><td></td><td></td></tr>
<tr><td>通知快递</td><td></td><td></td><td></td></tr>
<tr><td rowspan="4">人员安排</td><td>打单</td><td></td><td></td><td></td></tr>
<tr><td>备货</td><td></td><td></td><td></td></tr>
<tr><td>扫描</td><td></td><td></td><td></td></tr>
<tr><td>发货</td><td></td><td></td><td></td></tr>
<tr><td>方案</td><td>内容</td><td colspan="2">具体细节</td><td>时间节点</td><td>完成时间</td></tr>
<tr><td rowspan="9">活动后</td><td>活动收尾</td><td>店铺活动调整</td><td colspan="2"></td><td></td><td></td></tr>
<tr><td colspan="6"></td></tr>
<tr><td rowspan="2">售后服务</td><td>退换货处理</td><td colspan="2"></td><td></td><td></td></tr>
<tr><td>电话回访</td><td colspan="2"></td><td></td><td></td></tr>
<tr><td colspan="6"></td></tr>
<tr><td rowspan="3">活动总结</td><td>运营总结</td><td colspan="2"></td><td></td><td></td></tr>
<tr><td>客服总结</td><td colspan="2"></td><td></td><td></td></tr>
<tr><td>仓库总结</td><td colspan="2"></td><td></td><td></td></tr>
</table>

（二）营销活动数据分析流程

1. 活动前的准备

（1）和运营方商定本次活动的目标——很好地培养业务的敏感性。

（2）搭建好指标体系和报表——提前做好，预留应急时间。

（3）确定好输出格式——活动中、活动后每天输出哪些数据，采用什么形式。

2. 活动中记录

（1）记录第一天数据——详细看指标体系的报表数据，看是否哪里有异常，及时作出修改，因为前期修改成本非常小。

（2）记录 1 ～ 3 天数据——预估活动目标的完成度，看是否需要做适当调整。

（3）定时输出活动战报——每天早上输出，让所有人知道情况。

（4）整理活动 1 周后数据——进行一次详细复盘，提供给管理层，并提出建议。

3. 活动后复盘

（1）活动的短期效果——包括目标完成度，参与人数、品牌传播指数等。

（2）活动的长期效果——通过活动带来的长期用户数，而不是低价值用户数。

（3）活动存在的问题——包括产品设计和消费者反馈等。

尽量在活动后的 1 ～ 2 周输出，保证输出报告的时效性。

（三）数据分析中的指标解析

数据分析通常是将数据库中的原始数据进行归纳整理，形成一个可供高层管理者使用的数据集合。数据分析的结构，是门店制订订货、补货、促销计划以及调整经营措施的基本依据。

门店营销活动的数据分析主要包括以下指标。

1. 售罄率

售罄率是指一定时间段某种货品的销售占总进货量的比例。它是考核一批进货销售多少比例才能收回销售成本和费用的一个指标，便于确定货品销售到何种程度可以进行折扣销售、清仓处理的一个合理尺度。

$$\text{售罄率}=\frac{\text{销售件数}}{\text{进货件数}}\times 100\%$$

2. 客单价

客单价是指每一个消费者平均购买商品的金额，即平均交易金额。

$$\text{客单价}=\frac{\text{销售金额}}{\text{成交笔数}}$$

3. 客单量

客单量是指平均每个消费者购买货品的数量。

$$\text{客单量}=\frac{\text{销售数量}}{\text{成交笔数}}$$

4. 存销比

存销比是指在一个周期内，商品库存与周期内日均销量的比值，是用来反映商品即时库存状况的相对数。实务中，更为精确的方法是使用日均库存和日均销售的数据来计算，从而反映当前的库存销售比例。也就是反映用多少个单位的库存来实现 1 个单位的销售，这是反映周转率的一个指标数据（计算单位可以是数量，也可以是金额）。

$$存销比=\frac{月末库存}{月总销售额}\times100\%$$

5. 销售金额、件数占比

销售金额、件数占比是所售商品（单款、品类）的销售金额或件数占销售总金额或总件数的百分比。

$$销售金额占比=\frac{（单款、品类）销售金额}{销售总金额}\times100\%$$

$$销售件数占比=\frac{（单款、品类）销售件数}{销售总件数}\times100\%$$

6. 销售平均单价

销售平均单价是指某一时期所售商品（品类、单款）的平均单价。

$$销售平均单价=\frac{销售总金额}{销售总件数}$$

7. 7 天平均销量

所售商品（单款、品类）过去 7 天平均每天销售件数。

$$7天平均销量=\frac{一周销售总件数}{7}$$

8. 库存周转天数

按照目前的销售情况现有库存数量还可以卖多少天。

$$库存周转天数=\frac{库存数量}{7天平均销量}$$

9. 商品周转率

商品周转率是指销售额与平均存货的比值，反映商品从入库到售出所经过的时间和效率。衡量商品周转水平的最主要指标是：周转次数和周转天数。

周转次数指一年中，库存（配送中心和门店）能够周转几次；周转天数表示库存周转一次所需的天数。

$$商品周转率（次数）=\frac{销售额}{平均库存}=\frac{销售额}{\left[\frac{（期初库存+期末库存）}{2}\right]}$$

$$商品周转率（天数）=\frac{365}{周转次数}$$

10. 交叉比率

交叉比率是指毛利率与商品周转率的乘积，它反映的是门店在一定时间内的获利水平。交叉比率数值越大越好，因为它同时兼顾商品的毛利率及周转率，其数值越大，表示毛利率越高且周转越快。

交叉比率 = 毛利率 × 商品周转率

（四）报表准备及 Excel 基础运用

以某服装公司销售报表为例，分析款式销售报表和品类销售报表。表 5－16 为系统导出数据。

表 5－16　销售报表

排名	商品代码	颜色	商品名	零售价	总数量	总金额（元）	当前库存
1	CQXI259	L01	休闲裤	468	26	12 168	36
2	ATTI2365	EO1	短袖天丝 T 恤	690	14	9 660	12
3	AZRI2319	LO01	牛仔短裤	468	15	7 020	22
4	HDP1110	6	西裤	530	11	5 830	9
5	THP2806	30	短袖柔光彩丝 T 恤	1 880	3	5 640	4
6	ADCI2668	D01X	短袖休闲衬衫	690	8	5 520	13
7	AQRI2116	L01	牛仔裤	690	8	5 520	20
8	CQXI2523	D01	休闲裤	329	15	4 935	–1
9	ADCI2760	L01	短袖休闲衬衫	436	11	4 796	12
10	CDBI2527	B03	短袖丝光棉衬衫	780	6	4 680	4
11	ATBI2438	A04	短袖丝光棉 T 恤	660	7	4 620	16
12	ATBI2580	L04	短袖丝光棉 T 恤	699	6	4 194	13
13	…		…			…	

1. Excel 基础运用

我们选择某服装公司销售报表中的商品代码、颜色、商品名、零售价、总数量、销售数量占比、总金额、销售金额占比、7 天平均销售量、当前库存、库存周转天数来进行 Excel 表格的运用演示，如表 5－17 所示。

2. 款式销售报表

在做款式销售报表的时候，通常选择统计的指标为：色款号、零售价、销售件数、销售金额、销售件数占比、销售金额占比、7 天平均销量、库存数量、库存周转天数，如表 5－18 所示。

3. 品类销售报表

在做品类销售报表的时候，通常选择统计的指标为：品类、款数、销售件数、销售金额、销售平均单价、销售件数占比、销售金额占比、库存数量、库存周转天数，如表 5－19 所示。

表 5－17 Excel 基础运用

排名	商品代码	颜色	商品名	零售价（元）	总数量	销售数量占比（%）	总金额（元）	销售金额占比（%）	7 天平均销量	当前库存	库存周转天数（天）
1	CLXI3139	D01	长袖棉 T 恤	439	5	6	2 195	4	0.71	2	2.8
2	CCCI3081	A04	长袖休闲衬衫	439	3	3	1 317	2	0.43	4	9.3
3	CLXI313	DO1	长袖棉 T 恤	599	3	3	1 797	3	0.43	5	11.7
4	CQRI3004	L01	牛仔裤	639	3	3	1 917	4	0.43	18	42
5	AACI1821	L01	长袖正统衬衫	660	2	2	1 320	2	0.29	3	10.5
6	ACB13535	L02	长袖丝光棉衬衫	850	2	2	1 700	3	0.29	6	21
7	AKHI3116	L06	短版夹克	890	2	2	1 780	3	0.29	9	31.5
8	AYYI3316	E01	羊毛衫	790	2	2	1 580	3	0.29	9	31.5
9	CAXT3790	D01	长袖正统衬衫	469	2	2	938	2	0.29	7	24.5
10	CCBI347	L01	长袖丝光棉衬衫	790	2	2	1 580	3	0.29	7	24.5
11	CQRI2614	L01	牛仔裤	499	2	2	998	2	0.29	14	49
12	CQZI3601	D01	五袋裤	569	2	2	1 138	2	0.29	20	70

yukie：
点击右键，插入一列（销售数量占比）

yukie：
在空白格里输入＝G3/87*100%

yukie：
在空白格里输入＝I3/54643*100%

yukie：
在空白格里输入＝G3/7

表 5－18　款式销售报表

排名	色款号	零售价	销售件数（件）	销售金额（元）	销售件数占比（%）	销售金额占比（%）	7 天平均销量	库存数量	库存周转天数（天）
1	CTBI2582-L01	775	20	15 500	2.38	3.67	2.86	7	2
2	ATBI2376-N05	574	18	10 340	2.14	2.45	2.57	6	2
3	ATBI2376-J08	580	17	9 860	2.02	2.34	2.43	6	2
4	AKH12531-L10	752	13	9 780	1.55	2.32	1.86	22	12
5	CTBI2457-E01	626	15	9 390	1.78	2.23	2.14	9	4
6	CTBI2582-N07	780	12	9 360	1.43	2.22	1.71	23	13
7	AQZI2639-D02	580	16	9 284	1.90	2.20	2.29	7	3
8	AQRI2685-LO5	493	18	8 882	2.14	2.10	2.57	12	5
9	AQZI2639-D01	599	14	8 386	1.66	1.99	2.00	1	1
10	ATBI2559-E01	529	13	8 180	1.55	1.94	1.86	23	12
11	AQXI2407-E01	475	17	8 083	2.02	1.92	2.43	10	4
12	AQXI2407-L06	492	15	7 385	1.78	1.75	2.14	15	7
13	…	…	…	…	…	…	…	…	…

表 5－19　品类销售报表

品类	款数	销售件数（件）	销售金额（元）	销售平均单价（元）	销售件数占比（%）	销售金额占比（%）	库存数量	库存周转天数（天）
短袖丝光棉衬衫	5	7	4 835	691	7	11	15	15
短袖休闲衬衫	3	3	1 255	418	3	3	73	170
短袖正统衬衫	3	7	2 139	306	7	5	12	12
短袖丝光棉 T 恤	16	25	13 436	537	26	30	198	55
短袖棉 T 恤	11	14	5 609	401	14	12	240	120
短袖高档 T 恤	0	0	0	0	0	0	0	
短袖天丝 T 恤	0	0	0	0	0	0	46	0
长袖丝光棉 T 恤	0	0	0	0%	0	54	0	
短款夹克	0	0	0	0	0	0	84	0
马夹	2	1	599	599	1	1	32	224
中长款夹克	0	0	0	0	0	0	93	0
皮装	0	0	0	0	0	0	33	0
牛仔裤	8	17	8 386	493	17	18	553	228
休闲裤	8	17	6 371	375	17	14	249	103
五袋裤	3	6	2 601	434	6	6	172	201

续表

品类	款数	销售件数（件）	销售金额（元）	销售平均单价（元）	销售件数占比（%）	销售金额占比（%）	库存数量	库存周转天数（天）
西裤	1	290	290	1%	1	42	294	
皮鞋	0	0	0	0	0	0	34	0
休闲皮带	0	0	0	0	0	0	3	0
夹包	0	0	0	0	0	0	1	0
休闲包	0	0	0	0	0	0	–1	0
正统皮带	0	0	0	0	0	0	23	0
合计	60	98	45 521	465	100	100	1 957	140

实例分享

品类销售报表

品类	款数	销售件数（件）	销售金额（元）	销售平均单价（元）	销售件数占比（%）	销售金额占比（%）	库存数量	库存周转天数（元）
短袖丝光棉衬衫	3	7	4 406	629	3	3	15	15
短袖休闲衬衫	5	10	4 664	466	4	4	59	41
短袖正统衬衫	2	2	804	402	1	1	19	67
短袖丝光棉 T 恤	20	71	43 282	610	31	33	209	21
短袖棉 T 恤	11	23	9 397	409	10	7	132	40
短袖高档 T 恤	1	1	820	820	0	1	2	14
短袖天丝 T 恤	3	8	5 926	741	4	5	66	58
短款夹克	3	7	5 040	720	3	4	70	70
西裤	1	2	2 400	1 200	1	2	0	0
皮装	1	1	3 980	3 980	0	3	15	105
牛仔裤	8	18	8 858	492	8	7	266	103
休闲裤	6	19	8 850	466	8	7	220	81
五袋裤	13	36	18 324	509	16	14	363	71
皮鞋	8	13	10 544	811	6	8	277	149
合计	96	227	129 784	572	100	100	2 868	88

（五）数据分析实例及对策

1. 一个法则

遵循 80/20 法则，门店大部分的销售额来自小部分种类的货品。

2. 两个对比

同比：今年某一时期数据与去年同期数据的对比。

环比：现在的统计周期与上一个统计周期比较。

3. 三个分析

（1）畅销款分析，如图 5－27 所示。

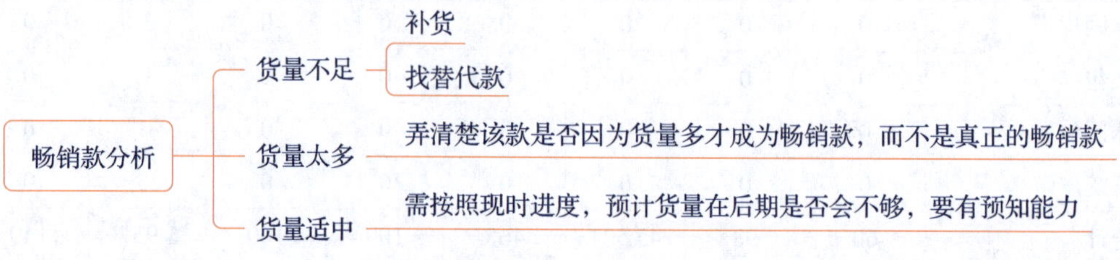

图 5－27　畅销款分析

实例分享

畅销款分析表

序号	款号	本周	上周	库存	问题	对策
1	CTX12143	6	2	2	货量不足	补货
2	ATB12656	3	1	0	全部卖完，已补不到货，需找寻替代款式	根据替代款式分析表，找合适的替代款

（2）滞平销款分析，如图 5－28 所示。

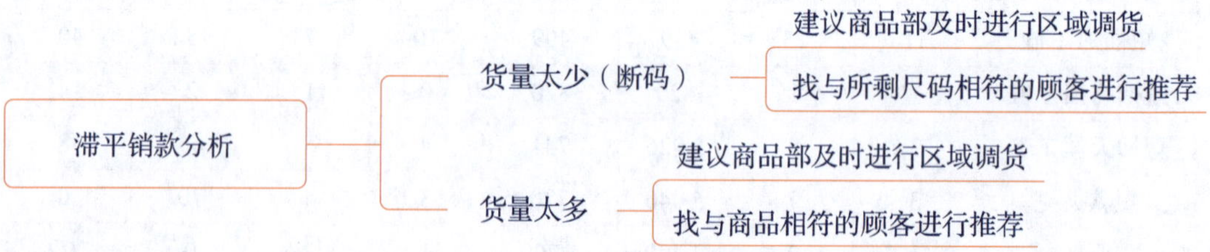

图 5－28　滞平销款分析

实例分享

滞平销款分析表

款号	因素											对策
	产品							营运				
	版型	面料	图案	领型	颜色	价格	风格	搭配	陈列	人员	其他	
AECI 2701	宽松	全棉	斜条纹	八字领	浅绿色	436	商务	搭休闲裤	不够突出	不够重视	无	调整陈列，主推适合人群

（3）品类分析，如图 5－29 所示。

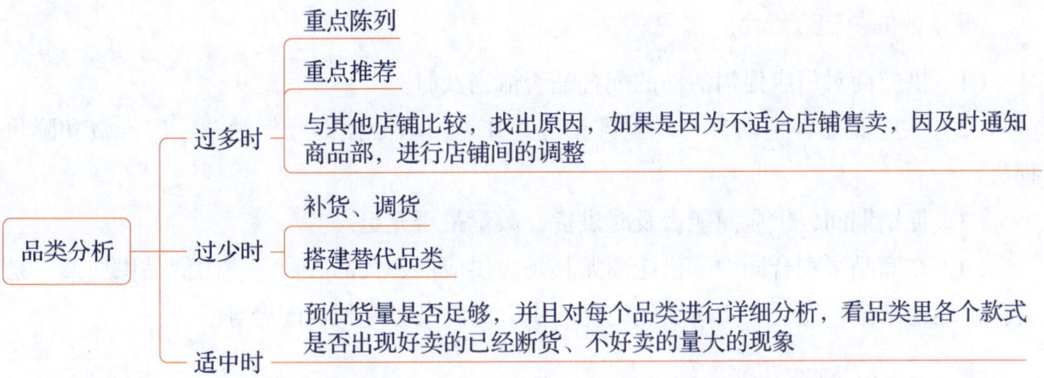

图 5－29　品类分析

五、重大节日营销活动评估

（一）评估促销商品的销售情况

（1）评估同比销售增长率、促销毛利增长、DM 费用、宣传费用、活动实际费用、促销净盈利、折扣的完成情况，见表 5－20。

表 5－20　同比销售情况评估表

门店	实际销售	毛利率	同比销售	同比毛利率	同比销售增长率	促销毛利增长	DM 费用	宣传费用	活动实际费用	促销净盈利	折扣

（2）根据各类别评估同比销售增长（减少）率、同比毛利增长（减少）完成情况。

由此可以分析出销售同比最高的商品；销售同比最低的商品；每种商品因促销活动带来的销售变化。

（二）评估促销目标的完成情况

（1）评估门店提交运营部的销售目标情况，见表 5－21。

表 5－21　销售目标完成情况评估表

门店	预计销售目标	实际销售额	销售完成率	预计毛利率	实际毛利率	毛利率完成	活动预算费用	活动实际费用	费用率

（2）确认运营部审批下发门店的销售目标。

由此可以分析出没有完成销售目标的原因，并找出相应的改进措施。

想要提升门店节日营销效果必须做到：明确目标；突出促销主题；关注促销形式；把产品卖点节日化；促销方案科学化；促销活动设计精细化。

（三）评估供应商配合的情况

（1）供应商对门店促销活动的配合是否恰当及时。

（2）供应商能否主动参与、积极支持，并为门店分担部分促销费、广告费和降价损失。

（3）促销期间，供应商能否及时供货，数量是否充足。

（4）在商品采购合同中，供应商尤其是大供应商、大品牌商、主力商品供应商，是否作出促销承诺，而且切实落实促销期间供应商的义务并积极配合等。

（四）评估门店运营的情况

（1）从总部到门店，各个环节的配合状况。主要包括：配送中心运行状况评估；门店运行状况评估；总部运行状况评估。

（2）促销人员评估。评估可以帮助促销员全面并迅速地提高自己的促销水平，督促其在日常工作流程中严格遵守规范，保持工作的高度热情，并在促销员之间起到相互带动促销的作用。

促销人员的具体评估项目：促销活动是否连续，是否达到促销活动目标，是否有销售的闯劲，是否在时间上具有弹性，能否与其他人一起工作，是否愿意接受被安排的工作，文书工作是否干净、整齐，是否与消费者保持密切关系，是否让消费者感到受欢迎。

思政园地

商务部办公厅关于推动便利店品牌化连锁化发展的工作通知

商办流通函〔2019〕223号

各省、自治区、直辖市、计划单列市及新疆建设兵团商务主管部门：

为了贯彻落实中央经济工作会议精神和《政府工作报告》部署，适应消费升级趋势，健全便民商业设施，提高消费便利性和居民生活品质，坚持以人民为中心，满足人民日益增长的美好生活需要，商务部决定在全国推进品牌连锁便利店建设工作。现就有关事项通知如下：

一、高度重视品牌连锁便利店发展工作

便利店是最贴近老百姓生活的零售业态，是满足人们便利消费需求、服务民生的重要载体。近年来，我国品牌连锁便利店加快发展，增速连续多年位居零售业态前列，但仍存在品牌连锁门店总量不足、布局不合理、服务功能不完善、经营能力不强等问题。推动便利店品牌化连锁化发展，有利于提高消费便利性、提升消费品质、激发消费潜力，是一项重要的民生工程。各地要提高认识，把发展品牌连锁便利店纳入重要工作日程，作为落实消费升级行动计划、推动实体零售转型升级的重要抓手，有计划有步骤持续推动。

二、结合实际确定重点推进城市

品牌连锁便利店发展工作以城市为单位推进。按照“全面部署、重点推进、逐级

延伸”的工作步骤，直辖市、计划单列市和省会城市的品牌连锁便利店发展工作要在2019年先行启动，各地要在重点推进这部分城市的基础上，结合当地经济发展实际，有条件的地方可再选择一些其他城市推进。

三、抓紧制定品牌连锁便利店发展工作方案

各地商务主管部门要指导有关城市结合现有工作基础，按照全国品牌连锁便利店发展工作会议精神以及《品牌连锁便利店发展工作方案编制要点》要求，推动品牌化、连锁化、智能化，抓紧研究制定工作方案，明确工作目标、工作重点和保障措施。要组织咨询机构、智库专家、行业协会、企业代表等参与方案制定和论证，提高方案的针对性和可操作性。直辖市、计划单列市和省会城市要在7月底之前将工作方案报商务部，其他城市于9月底之前报送。

四、完善支持品牌连锁便利店发展的政策体系

各地要针对影响品牌连锁便利店发展的突出问题，借鉴北京、西安、福州等城市做法，以深化“放管服”改革、优化营商环境为重点，推动出台支持品牌连锁便利店发展的政策，从店铺选址、注册登记、经营许可、技术应用、供应链建设等方面予以支持，为便利店的发展营造良好的营商环境。要抓好已出台政策的落实工作。

五、加强组织保障

商务部将建立部、省、市三级联动工作机制，从便利店布局、发展质量、政策环境、工作机制等方面研究制定品牌连锁便利店发展工作指标，重点对直辖市、计划单列市和省会城市进行指导推动，每季度统计汇总和反馈进展情况和问题。各省级商务主管部门要加强对相关城市的督促指导，明确时间表和阶段性成果，压实工作责任，将工作方案落实到位。有关城市要建立跨部门的协调工作机制，发挥好相关职能部门以及区县、街道等基层政府的作用；建立政企常态化沟通机制，及时听取和解决企业发展中遇到的问题。

六、及时总结推广典型经验和做法

商务部将组织编制品牌连锁便利店发展报告，采取多种交流方式，总结推广各地推动品牌连锁便利店发展的典型经验和做法。各地商务主管部门要积极组织媒体进行宣传报道，利用多种渠道开展交流合作，为便利店的发展营造良好的舆论氛围。相关工作进展情况及意见建议及时报商务部。

附件：《品牌连锁便利店发展工作方案编制要点》

商务部办公厅
2019年7月1日

资料来源：中华人民共和国商务部．商务部办公厅关于推动便利店品牌化连锁化发展的工作通知．（2019-07-01）[2021-08-08]．http://www.mofcom.gov.cn/article/h/redht/201907/20190702880143.shtml.

通关练习

一、知识素养

1. 门店区域应如何划分？
2. 商品陈列的方法有哪些？
3. 销售计划与历史数据有什么关系？
4. 根据门店制定的销售目标，如何对营销活动执行进行督导及修正？
5. 数字化门店如何设计节假日的引流活动？
6. 数字化门店营销活动的流程步骤有哪些？
7. 如何追踪和分析数字化门店营销活动的效果？
8. 数字化门店如何实现多渠道以达成经营目标？
9. 数字化门店如何动态调整日销售计划、月销售计划？
10. 数字化门店如何总结经营业绩？

二、实践操作

1. 店铺周五销售金额为 10 277 元、数量 11 件，进店客数 30 人，最后有 7 位顾客成交。请问该店铺今天的客单量、客单价各是多少？

2. 店铺 10 月份销售总金额为 409 070 元，截至月末库存为 1 852 904 元。请问该店铺的存销比是多少？

3. 店铺 6 月份销售总金额为 409 070 元，共 781 件，其中 ATTI2365（天丝短 T 恤）款共卖了 20 件，金额 13 800 元，另一款 ADCI2880（短袖休闲衬衫）卖了 7 件，金额 3 276 元。请问这两款的销售金额和件数占比各是多少？

4. A 店铺 7 月 5 日—10 日短袖丝光棉 T 恤类销售金额为 17 389 元，件数为 29 件，同类型的 B 店铺该品类销售金额 10 240 元，件数为 16 件。请问 A、B 两店的销售平均单价各是多少？

5. 店铺在 7 月 11 日—17 日共销售了短袖 T 恤类 63 件，目前库存还剩 409 件，在途新货还有 48 件。请问该品类的库存周转天数是多少？

参考文献

1. 李卫华，陈琦．零售数据分析与应用［M］．北京：高等教育出版社，2016.

2. 程莉，郑越．品类管理实战［M］．北京：电子工业出版社，2020.

3. 新媒体商学院．新媒体运营一本通：营销推广＋活动策划＋文案写作［M］．北京：化学工业出版社，2020.

4. 杜凤林．新零售实践：智能商业时代的零售进阶路径［M］．北京：中国纺织出版社，2018.

5. 殷中军，张爱林．社交电商新零售［M］．北京：机械工业出版社，2020.

6. 尹元元，朱艳春．渠道管理［M］．2 版．北京：人民邮电出版社，2017.

7. 廖利军．新零售运营与实践：全渠道电商与物流供应链方法＋技巧＋案例［M］．北京：电子工业出版社，2020.

8. 勾俊伟．新媒体运营：产品运营＋内容运营＋用户运营＋活动运营［M］．北京：人民邮电出版社，2018.

9. 阿里巴巴商学院．电商数据分析与数据化营销［M］．北京：电子工业出版社，2019.

10. 吴英劼，刘丹．增长起跑线：数字营销实战指南［M］．北京：电子工业出版社，2020.

11. 阿里巴巴商学院．内容营销：图文、短视频与直播运营［M］．北京：电子工业出版社，2019.

12. 曹虎，等．数字时代的营销战略［M］．北京：机械工业出版社，2017.

13. 王先庆，彭雷清，曹富生．全渠道零售：新零售时代的渠道跨界与融合［M］．北京：中国经济出版社，2018.

14. 孙一晖，郭婧．赢在全渠道：运营方法与实践［M］．北京：电子工业出版社，2020.

15. 时胜利．新零售全渠道营销实战：获客、成交、复购与裂变［M］．北京：人民邮电出版社，2019.

16. 谭贤．O2O 融合：打造全渠道营销和极致体验［M］．2 版．北京：人民邮电出版社，2018.

17. 赵宏田，江丽萍，李宁．数据化运营：系统方法与实践案例［M］．北京：机械工业出版社，2018.

18. 廖敏慧，吴敏，李乐．电子商务文案策划与写作：软文营销内容营销创意文案［M］．2 版．北京：人民邮电出版社，2019.

19. 中国连锁经营协会校企合作委员会．数字化营销［M］．北京：高等教育出版社，2018.

20. 王升盈．基于美团外卖顾客在线评论的情感分析研究［D］．燕山大学，2018.

21. 崔永生．基于文本挖掘的在线评论感知有用性评价及应用研究［D］．辽宁大学，2018.

22. 张艳芳．在线评论文本和评级的不一致性及商家反馈对商品销量的影响研究［D］．北京邮电大学，2018.

23. 蒋婷．社会化媒体环境中的品牌与粉丝关系研究［D］．苏州大学，2017.

24. 陈子璇．如何激发自媒体中的用户评论［J］．视听，2020（12）：153-154.

25. 于媛媛．时尚类自媒体与留言用户的互动研究［D］．浙江传媒学院，2020.

26. 卢会意．消费者创新理论下的自媒体粉丝营销策略研究［D］．华南理工大学，2017.

27. 史雁军．数字化客户管理［M］．北京：清华大学出版社，2018.

28. 杰夫·索罗．一本书读懂大数据客户分析［M］．北京：中国工信出版社，2016.

29. 阿黛尔·里弗拉．用户画像［M］．北京：机械工业出版社，2020.

30. 中国连锁经营协会校企合作委员会．零售数据分析与应用［M］．北京：高等教育出版社，2016.

31. 赵宏田．用户画像：方法论与工程化解决方案［M］．北京：机械工业出版社，2020.

32. 苏朝晖．客户关系管理：建立、维护与挽救［M］．2 版．北京：人民邮电出版社，2020.

33. 蔡瑞林，徐德力．客户关系管理实务（修订本）．北京：北京交通大学出版社，2011.

34. Rubin I M，Plovnick M S，Fry R E. Task-oriented team development［M］. New York: McGraw-Hill，1978.

35. 斯蒂芬·罗宾斯．管理学［M］．北京：中国人民大学出版社，1997.

36. 范征．连锁企业门店营运管理［M］．北京：电子工业出版社，2017.

37. 蒋小龙．连锁企业门店营运与管理［M］．北京：化学工业出版社，2016.

38. 王霞，武宏伟．简析连锁门店经营的特征与功能［J］．知识经济，2011（12）：101-115.

39. 黄宪仁．连锁店操作手册［M］．北京：电子工业出版社，2017.

40. 郑彦，卫海英．连锁企业门店营运与管理［M］．西安：西安电子科技大学出版社，2015.

41. 陈光辉．连锁店经营目标管理的计算公式［J］．连锁与特许管理工程师，2006，（6）：64-65.

42. 范祝平．从一到百门店复制［M］．北京：中国财富出版社，2016.

43. 巴里·伯曼，乔尔·埃文斯，等．零售管理［M］．北京：中国人民大学出版社，2010.

44. 王新刚．品牌管理［M］．北京：机械工业出版社，2020.

45. 凯文·莱恩·凯勒．战略品牌管理［M］．北京：中国人民大学出版社，2020.

46. 席佳蓓．品牌管理［M］．南京：东南大学出版社，2017.

47. 孙玮琳，颜莉霞．店长实务［M］．北京：中国人民大学出版社，2020.

48. 陆影．连锁门店营运与管理实务［M］．4 版．大连：东北财经大学出版社，2018.

49. 郑昕．连锁门店运营管理［M］．北京：机械工业出版社，2017.

50. 袁东．单店运营管理［M］．北京：中国人民大学出版社，2014.

图书在版编目（CIP）数据

门店数字化运营与管理教程：中级 / 居长志，李加明，王方主编. -- 北京：中国人民大学出版社，2021.10

"1+X"职业技能等级证书配套教材. 门店数字化运营与管理系列

ISBN 978-7-300-29952-5

Ⅰ.①门… Ⅱ.①居… ②李… ③王… Ⅲ.①商店－运营管理－数字化－职业技能－鉴定－教材 Ⅳ.①F717-39

中国版本图书馆 CIP 数据核字（2021）第 195163 号

"1+X"职业技能等级证书配套教材·门店数字化运营与管理系列

门店数字化运营与管理教程（中级）

主　编　居长志　李加明　王　方

副主编　夏承龙　彭　亮　方　芳

Mendian Shuzihua Yunying yu Guanli Jiaocheng (Zhongji)

出版发行	中国人民大学出版社		
社　　址	北京中关村大街 31 号	**邮政编码**	100080
电　　话	010－62511242（总编室）		010－62511770（质管部）
	010－82501766（邮购部）		010－62514148（门市部）
	010－62515195（发行公司）		010－62515275（盗版举报）
网　　址	http://www.crup.com.cn		
经　　销	新华书店		
印　　刷	天津鑫丰华印务有限公司		
开　　本	787 mm × 1092 mm　1/16	**版　　次**	2021 年 10 月第 1 版
印　　张	18	**印　　次**	2023 年 8 月第 3 次印刷
字　　数	387 000	**定　　价**	58.00 元
